ARKITEKTURA
E
KOMPJUTERAVE

Agim Çami

Botim i parë

ARKITEKTURA E KOMPJUTERAVE
Botim i parë

nga

Agim Çami
Lektor i lëndës "Arkitekturë e Kompjuterave" në Univeritetin e Tiranës
agimcami@gmail.com

ISBN-13: 978-1466354425

ISBN-10: 1466354429

Përmbajtja

Parathënie

Libri "Arkitektura e Kompjuterave" e ka zanafillën në një cikël të shkurtër leksionesh të përgatitura, në fillimin e viteve '90, për studentët e Degës së Informatikës së Fakultetit të Shkencave Natyrore të Tiranës. Asokohe Profesor Kristian Bukuroshi, Drejtor i Institutit të Informatikës dhe Matematikës së Aplikuar (INIMA) dhe titullar i lëndës "Arkitekturë Kompjuterash", e kaloi atë plotësisht nën drejtimin tim. Me kalimin e viteve, bërthama e leksioneve u rrit, u ndryshua dhe u përshtat disa herë deri sa erdhi më në fund në një libër ...

Libri i kushtohet tërësisht ndërtimit dhe funksionimit te kompjuterave. Në kapitujt e tij, trajtohen koncepte të rëndësishme të tilla si :

- Kapitulli1, formatet e paraqitjes se numrave, operatorët arithmetikë e logjikë, etj.
- Kapitulli 2, struktura e instruksioneve, mënyrat e adresimit, numri i operandave, etj.
- Kapitulli3, funksionimi i CPU, "mikromakinat", procesorët "pipeline", etj.
- Kapitulli 4, i dedikohet tërësisht sekuencorëve të njësisë së kontrollit dhe performancave.
- Kapitulli 5, hierarkia e kujtesave, karakteristika thelbësore të kujtesave, kujtesa kashé, etj.
- Kapitulli 6, ndërfaqësimi CPU-Periferikë, ndërprerjet, DMA, Procesorët I/O, etj

Përdorimi i duhur në shqip i terminologjisë ka qenë një ndërmarrje e vështirë. Kështu një pjesë e termave janë përkthyer. Sidoqoftë pjesës më të madhe të termave i është bashkangjitur edhe versioni i tyre në anglisht e shpesh edhe në frëngjisht.

Cilët janë lexuesit e këtij libri ? Pavarësish se ju intereson hardware ose software, konceptet kryesore në ndërtimin dhe organizmin e kompjuterit janë të njëjta dhe po aq të vlefshme për këdo. Në ketë aspekt "Arkitektura e Kompjuterave" është një disiplinë që bën pjesë në formimin bazë të profesionisteve të informatikës. Prandaj, në se kërkoni seriozisht të bëni përpara në profesionin tuaj, këtu do të gjeni baza të shëndosha për tu mbështetur. Sidoqoftë mos harroni se Edsger Dijkstra thotë : "Informatika ka lidhje me kompjuterat, aq sa Astronomia me teleskopët".

Po e mbyll me një thënie, që mendoj se vlen për çdo libër, të përkthyesit të shquar Vedat Kokona , i cili në parathënien e fjalorit të tij të parë frëngjisht-shqip shkruan : "Fjalorët janë si sahatët: më i keqi është më mirë se asgjëja dhe, nga më i miri, mos prit kurrë të jetë krejt i përpiktë. Dhe unë u nisa për udhë… "

Agim Çami

Tiranë, tetor 2011

Hyrje

Kompjuterat janë konceptuar që të realizojnë përpunimin e informacionit sipas dëshirës ose kërkesës së përdoruesit.

Për këtë arsye duhet që një kompjuter të realizojë këto tre funksione themelorë :

1. **Të kapë informacionin** që do të përpunohet dhe të kthejë rezultatet e përpunimit. Pra, kompjuteri realizon funksionin e komunikimit me ambientin jashtë tij.

2. **Përpunon informacionin**, pra realizon funksionin themelor të tij që është ai i përpunimit të informacionit.

3. **Memorizon** :
   - Informacionin që do të përpunohet.
   - Rezultatet e ndërmjetme dhe përfundimtare.
   - Përpunimet që do t'u nënshtrohet informacion i kapur.

Pra, kompjuteri realizon edhe funksionin e memorizimit ose të kujtesës së informacionit.

Mënyra sipas së cilës përdoruesi kërkon të përpunojë të dhënat, paraqitet në formën e një bashkësie instruksionesh ose siç quhet ndryshe të një programi. Një instruksion duhet të tregojë:
   - Përpunimin që duhet të kryhet.
   - Cilat të dhëna do të shërbejnë si operanda.
   - Çdo të bëhet me rezultatin, pra ku do të vendoset ai.

Tre funksioneve bazë të një kompjuteri, pra komunikimi me ambientin e jashtëm, përpunimi dhe memorizimi, i korrespondojnë njësi të ndryshme hardware, analiza e të cilave në veçanti dhe funksionimi i tyre në tërësi do të jetë objekt i këtij cikli leksionesh për Arkitekturën e Kompjuterave.

Pak Histori...

Me gjithë përpjekjet, nuk munda dot të anashkaloj trajtimin e historisë pasionante të kompjuterave. Prandaj, më poshtë përmenden vetëm telegrafisht disa data të rëndësishme në historinë e kompjuterave elektronikë, ndërkohë që makina e parë llogaritëse mekanike u krijua më 1623 nga Wilhelm Schickard e pasuar nga "Pascaline", krijuar nga Blaise Pascal në vitin 1642.

Gjenerata e parë e kompjuterave elektronikë

1946 (filloi më 1943)

ENIAC (Electronic Numerical Integrator and Calculator) në Universitetin e Pensilvanise i konceptuar nga John Mauchly dhe Presper Eckert.
Hardware :
Llamba elektronike, MTBF – koha mesatare ndërmjet dy defekteve- e rendit 15 minuta. Peshonte 30 ton dhe përbëhej nga 18.000 llamba elektronike.
Programet (software) :
Programim në gjuhë makinë.
Përdorimi :
Llogaritja e tabelave balistike, qëllime ushtarake etj.
Shënim : Një nga projektet më të rëndësishme të kësaj periudhe ishte projekti **EDVAC** (Electronic Discrete Variable Computer) parimet bazë të të cilit u formuluan nga **John Von Neuman** në vitin 1945. Sipas këtij projekti programi regjistrohej në kujtesë se bashku me të dhënat. EDVAC u realizua praktikisht në vitin 1951.

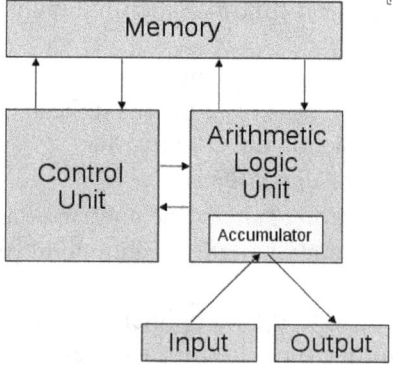

Ky është skematikisht kompjuteri sipas konceptit te Von Neuman

Gjenerata e dytë

1955

IBM 7094

Hardware :
Transistorë dhe qarqe të stampuar
Programet (software) :
Sistem shfrytëzimi i tipit « batch », programim në asambler, më pas në FORTRAN.
Përdorimi :
Llogaritje numerike

Gjenerata e tretë

1964

IBM 360, CDC 6000, të ndjekur nga minikompjuterat PDP 11

Hardware :
Qarqe të integruar, paralelizëm në ekzekutimin e instruksioneve për të rritur shpejtësinë.
Programet (software) :
Kompilatorë të gjuhëve të programimit : : FORTRAN 56, Cobol 60, Algol 60, ndjekur nga Basic 64, APL 69, Lisp, Pascal 69, C 70. Sisteme shfrytëzimi me ndarje kohe, minikompjutera (OS Unix 1970).
Përdorimi :
Kompjutera qëndrore (mainframe); kompjutera të specializuar për administrim ose llogaritje matematikore.

Gjenerata e katërt

1976

Mikrokompjuterat Apple II (1978), ndjekur nga IBM PC (1981)

Hardware :
Mikroprocesorë VLSI (Very Large Scale Integration) krijuar për herë të parë nga Intel më 1971 (Intel 4004) : 1 MHz, 1KB - 8 KB RAM.

Programet (software) :
Aplikime të manipulimit të tabelave dhe tekstit. OS mainframe. përdormi i kujtesës virtuale.
Përdorimi :
Mikrokompjutera personale. Shërbimet informatike të ndërmarrjeve dhe institucioneve janë të përqendruara në qendra të posaçme (qendra përpunimi të të dhënave).

Gjenerata e pestë

1984

Macintosh, Workstation Sun

Hardware :
Mikroprocesorë 16 bite: 8 MHz, 512KB – 1MB RAM.
Programet (software) :
Sisteme shfrytëzimi për PC (MSDOS) dhe MacOS, i cili përdor ndërfaqe grafike me ikona dhe mouse.
Përdorimi :
Mikrokompjutera individualë, shfaqen progresivisht rrjetat lokale (LAN). Ndërmarrjet ndjekin politiken e decentralizimit të shërbimeve informatike (downsizing).

Gjenerata e gjashtë

1992

PC Wintel

Hardware :
Mikroprocesorë : 33 MHz, 640 KB - 4Mo RAM (1992), 10 Milion transistorë, 1GHz, 128MB RAM
Superkompjutera : 150 Gigaflops (Fujitsu VPP 700, 1999)
Programet (software) :
Explorer për WEB(1994), e-mail, mutimedia, image 3D
Përdorimi :
Kompjuterat përdoren masivisht, ndërkohë që rritja e fuqisë llogaritëse mundëson përpunimin e imazheve dhe zërit. WEB (1991) përdoret masivisht që prej 1994.

Gjenerata aktuale

2010-2011

Procesorë "multicore", Windows7, iOS5, Android, iPhone, iPad, "data centers" dhe "cloud computing".

Hardware :
Procesorë 6-10 core , komunikim pa përcjellës (wi-fi, 3G dhe 4G), SSD (Solid State Disks), "mobile smart devices", "Multi touch screens".

Programet (software) :
Virtualizim (VMWare, Windows 2008), aplikime të përqëndruara në "Cloud".

Përdorimi :
Në sajë të komunikimit, gjithmonë më të shpejtë dhe të sigurtë, në Internet, aplikime dhe të dhëna përqëndrohen përherë e më shumë në "cloud" dhe në "data centers". Rrjetet sociale (Facebook, Twitter etj.) fitojnë popullaritet të shpejtë duke bashkuar virtualisht njerëzit. Mobiliteti ofrohet gjithmonë e më shumë si një mundësi duke bërë që të dhënat tona të përqëndohen në qëndra gjigande të dhënash dhe aplikimesh. A mos po përjetojmë vallë rikthimin e "mainframe-ve" modernë?

Cili është motivi kryesor që udhëheq zhvillimet në arkitekturën e kompjuterave?
Eshtë rritja e performancave të kompjuterave nëpërmjet rritjes së shpejtësisë, paralelizmit dhe specializimit të njësive përbërëse të tij.
Motive të tjerë dytësorë janë edhe rritja e efikasitetit energjetik, e cila bën të mundur rritjen e autonomisë dhe zvogëlimin e kostove operative për energji. Rritja e qëndrueshmërisë në punë ("reliability") është një aspekt tjetër që së bashku me uljen e kostos së kompjuterave kanë evoluar ndjeshëm në vite.
A ekziston një ligjësi sipas së cilës zhvillohet ky evolucion i kompjuterave dhe i informatikës në përgjithësi?
Në vitin 1965 Gordon Moore në një artikull vërente se kompleksiteti i komponentëve elektronikë dyfishohej për çdo vit dhe se kjo tendencë do të ruhej edhe të paktën për 10 vjet.
Në vitin 1975 Moore rishikonte këtë tendencë duke arritur në përfundimin se dyfishimi i dendësisë se komponentëve arrihej në një

periudhë dy vjeçare tashmë. Pra, sipas tij tendenca e rritjes ka një pjerrësi më të vogël, por ajo do të ishte e tillë për një kohë të gjatë.

Këto parashikime të Moore janë konsideruar si "ligji i Moore" *("Moore's Law.")*, i cili thotë se " densiteti i qarqeve gjysmëpërçues dyfishohet çdo dy vjet".

Në vitin 1995 Gordon Moore duke krahasuar evolucionin e kujtesave DRAM dhe mikroporocesorëve vërente se rritja e densitetit të këtyre komonenteve ishte mjaft afër parashikimeve të tij të bëra shumë vite më parë. Kështu nga viti 1971-2001 densiteti i transistorëve është dyfishur çdo 1.96 vite. Në figurën dhe tabelën e mëposhtëme ilustrohet « ligji i Moore » për rastin e Mikroprocesorëve Intel.

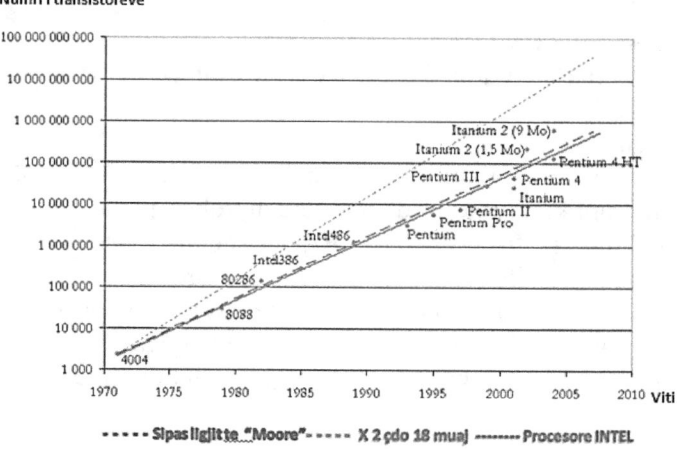

Qarkullon edhe një version 18 mujor i "ligjit të Moore". Sipas tij, parametra të tillë si performanca, kapaciteti, shpejtësia e kompjuterave dyfishohet çdo 18 muaj. Gordon Moore e ka mohuar autorësinë e këtij versioni. Prandaj ai konsiderohet edhe si "pseudo-ligji i Moore".

Modeli	Viti i leshimit	No. i transistoreve
4004	1971	2,250
8008	1972	2,500
8080	1974	5,000
8086	1978	29,000
80286	1982	120,000
80386 processor	1985	275,000
8048 DX processor	1989	1,180,000
Pentium processor	1993	3,100,000
Pentium II processor	1997	7,500,000
Pentium III processor	1999	24,000,000
Pentium 4 processor	2000	42,000,000
Itanium	2001	25,000,000
Core Duo	2006	151,000,000
Core2	2006	291,000,000
Core i7	2008	730,000,000
Xeon "Nahlem-X"	2010	2,300,000,000

KAPITULLI 1

PARAQITJA E NJËSIVE THEMELORE TE NJË KOMPJUTERI

Si çdo sistem kompleks, një kompjuter mund të paraqitet nga një bashkësi nën-sistemesh komplementare, që do të thotë se vetëm tërësia e këtyre nën-sistemeve realizon një sistem të dobishëm për përdoruesin.

Në një vështrim të përgjithshëm kompjuterin do ta konsiderojmë si bashkimin e një nën-sistemi qendror dhe të disa nën-sistemeve periferike, siç është paraqitur në figurën e mëposhtëme (fig. 1.1).

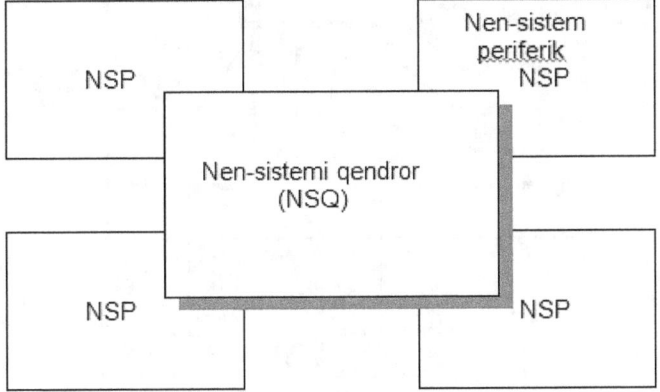

Figura 1.1

Secili nga këta nën-sisteme kryen funksione të përcaktuar qartë. Vetëm NSQ mund të komunikoje drejtpërsëdrejti me NSP-të, ndërsa këta të fundit nuk mund të komunikojnë ndërmjet tyre.

Me sipër përmendem se kompjuteri duhet të realizojë tre funksione themelore, të cilët janë:

- përpunimin e informacionit,
- ruajtjen e informacioni,
- komunikimin me ambientin e jashtëm.

Dy funksionet e fundit realizohen nga nën-sistemet periferikë, ndërsa ai i përpunimit të informacionit nga nën-sistemi qendror. Për të realizuar këtë funksion, NSQ është i pajisur me burime* të tij të brendshme (kujtesa, operatore, regjistra etj.).

Krahas funksionit të përpunimit të informacionit, NSQ komandon edhe burimet e nën-sistemeve periferikë të cilët mund të jenë disqe, shirita magnetike, printera etj. Këto burime janë pasive, në kuptimin që vetëm NSQ është në gjendje të marre vendime që lidhen me punën e vetë NSQ ose që kërkojnë ndërhyrjen e nën-sistemeve periferikë. Pra, me fjalë të tjera NSQ realizon një rol të dyfishte:

- përpunon informacionin,
- komandon/kontrollon punën e të gjithë sistemit (kompjuterit).

Në një vështrim paksa më të detajuar njësitë përbërëse të një kompjuteri dhe transferimi i informacionit ndërmjet tyre janë paraqitur skematikisht në figurën 1.2.

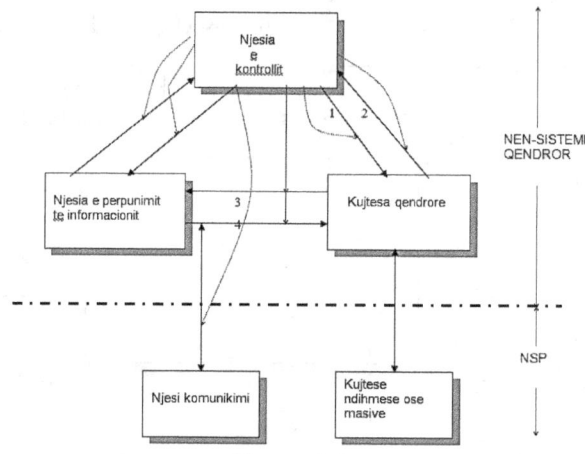

Figura 1.2

---

* burim (resource, angl.) - Njesi e nevojshme per funksionimin e një procesi.

Në këtë figurë, transferimet e informacionit janë paraqitur me vija të plota, ndërsa "komandat" e gjeneruara nga njësia e kontrollit janë paraqitur me vija të ndërprera.

Para se të trajtojmë shkurtimisht funksionin dhe ndërtimin e secilës prej njësive të figurës se mësipërme, le të sqarojmë kuptimin e disa termave që përdoren shpesh në informatikë.

- **Njësi qëndrore** : quhet bashkësia e njësisë se përpunimit, të njësisë së kontrollit dhe kujtesës qëndrore. Pra, termi " njësi qëndrore" është ekuivalent me "nën-sistemi qendror".

- **Procesor ose C.P.U. (Central Processing Unit):** quhet bashkësia e njësisë se përpunimit dhe njësisë se kontrollit.

- **Njësi periferike** : quhen njësitë e komunikimit me ambientin e jashtëm dhe kujtesat ndihmëse.

Të trajtojmë tani shkurtimisht funksionin dhe strukturën e secilës prej njësive të paraqitura në figurën 1.2.

1.1 Njësia e kontrollit
(Control Unit, ang. Unité de Contrôle, fr.)

1.1.1 Funksioni i njësisë se kontrollit

Njësia e kontrollit komandon dhe koordinon veprimet e njësive të ndryshme për ekzekutimin e instruksioneve të programit. Duke ju referuar figurës 1.2, njësia e kontrollit realizon:

1. Adresimin e kujtesës qëndrore për leximin e një instruksioni (shigjeta no.1),
2. Instruksioni lexohet një njësinë e kontrollit, shigjeta no.2, me qëllim që kjo e fundit ta këtë atë në dispozicion gjatë kohës së nevojshme për ekzekutimin e instruksionit,
3. Dekodon instruksionin e lexuar,
4. Komandon ekzekutimin e tij. Kështu në rastin e një instruksioni të thjeshtë, p.sh. instruksion përpunimi(ADD), njësia e kontrollit komandon:

    4.1 Transferimin e operandave nga kujtesa qëndrore në drejtim të njësisë se përpunimit (shigjeta no.3).

    4.2 Ekzekutimin e instruksionit.

    4.3 Vendosjen e rezultatit në kujtesë (shigjeta no.4)

Faza 1 (adresimi i kujtesës qëndrore) dhe faza 2 (leximi i instruksionit në CU) zakonisht njësohen me një emër të vetëm të quajtur "lexim i instruksionit, që në anglisht quhet "fetch".

Pra, nga sa pamë në këtë paragraf, në mënyrë të përmbledhur mund të themi se njësia e kontrollit angazhohet plotësisht në realizimin e instruksioneve, të cilët në mënyrë sistematike kalojnë nëpër tre faza : faza e leximit të instruksionit ose faza fetch, dekodimi dhe ekzekutimi i tij.

1.1.2 Struktura e njësisë së kontrollit

Në figurën 1.3 paraqitet njësia e kontrollit me elementët kryesorë përbërës të saj.

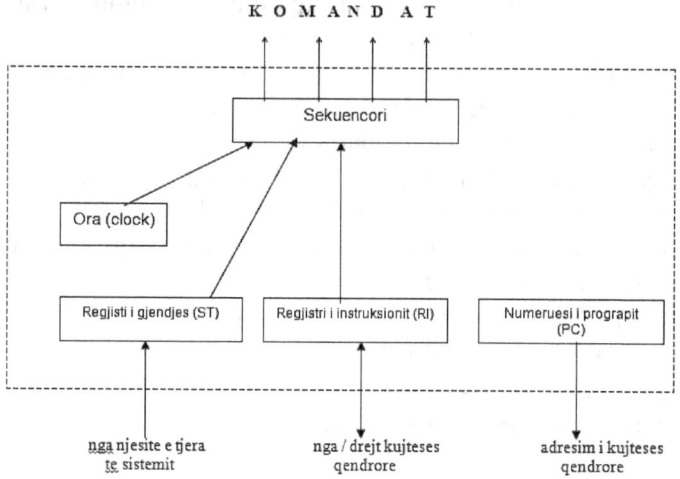

Figura 1.3

Njësia e kontrollit në përgjithësi përbëhet nga :

- Sistemi i orës (clock), i cili rregullon renditjen e komandave në kohë
- Regjistri i quajtur "numëruesi i programit" (në anglisht program counter ose PC), i cili në fund të ekzekutimit të një instruksioni përmban adresën e instruksionit pasardhës.
- Regjistri i instruksionit (RI) në të cilin vendoset instruksioni që po ekzekutohet.
- Regjistri i gjendjes (ST), i cili memorizon gjendjen e njësive të ndryshme që kontrollohen (monitorohen) prej njësisë se kontrollit. Ky regjistër formohet nga bistabla të veçantë, të cilët komandohen pavarësisht nga njeri tjetri dhe që quhen indikatorë të gjendjes (ang. Flags, inducateurs, fr.).
- Sekuencori, i cili është "zemra" e njësisë së kontrollit. Në funksion të instruksionit të memorizuar në RI, të regjistrit të gjendjes ST dhe të sinjalit të orës, sekuencori gjeneron komandat e nevojshme për realizimin e instruksionit.

1.1.3 Zgjerimet e mundshme të njësisë se kontrollit

Në raste të caktuara, njësia e kontrollit mund t'ia shpërndajë ose delegojë disa prej funksioneve të saj disa njësive kontrolli lokale dhe të specializuara. Të tilla mund të jenë p.sh. kontrolli i shkëmbimeve me periferinë, kontrolli i një instruksioni përpunimi kompleks (shumëzim, pjestim, veprime me presje notuese) etj.

Në këtë rast njësia qëndrore e kontrollit realizon vetëm inicializimin ose lëshimin e operacionit, ndërsa në përfundim të realizimit të tij, ajo merr prej njësisë lokale të kontrollit informacion mbi përfundimin e tij.

Pra do të dallojmë dy nivele kontrolli:

- Njësia qëndrore e kontrollit
- Njësi lokale kontrolli

1.2 Kujtesa

1.2.1 Funksioni i kujtesës

Funksioni i kujtesës ose memories se një kompjuteri konsiston kryesisht në ruajtjen :

- e programit,
- të dhënave,
- të rezultateve të ndërmjetme dhe përfundimtare.

1.2.2 Struktura e kujtesës qëndrore

Në figurën 1.4 është paraqitur në mënyrë shumë skematike ndërtimi i një kujtesë qëndrore. Në realitet kjo kujtesë është më e komplikuar se sa është paraqitur këtu. Ky thjeshtëzim është bërë vetëm për qëllime didaktike.

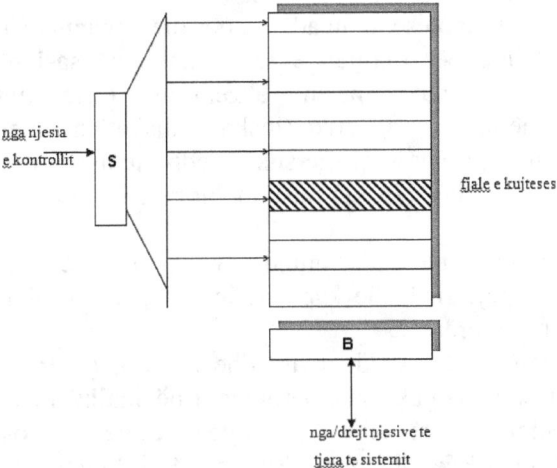

Figura 1.4

Kujtesa qëndrore e një kompjuteri lejon ruajtjen e një numri të madh fjalësh në formë binare. Në përgjithësi kujtesës qëndrore i bashkëngjitet një

21

regjistër i quajtur regjistër i zgjedhjes ose i seleksionimit, të cilin do ta shënojmë me **S**. Në këtë regjistër vendoset adresa, e cila nëpërmjet dekoduesit do të seleksionoje fjalën e kërkuar në kujtesë.

Informacioni i seleksionuar nëpërmjet S lexohet në kujtesë dhe vendoset në një regjistër të quajtur buffer ose tampon i cili shërben si ndërmjetës midis kujtesës dhe njësive të tjera të sistemit. Në figurën 1.4 ky regjistër është shënuar me shkronjën **B**.

1.2.3 Hierarkia e kujtesës

Në praktike, për realizimin e kujtesës nuk ekziston një bartës material i njëjtë. Prandaj, për arsye teknologjike në një kompjuter do të gjejmë :

- Një kujtesë qëndrore relativisht të shpejtë dhe me kapacitet ose madhësi që ndryshon nga disa KB deri në disa dhjetëra MB. Në këtë kujtesë vendosen kryesisht programi që po ekzekutohet dhe të dhënat shoqëruese.

- Një kujtesë lokale e shpejtë e përbërë nga një numër i kufizuar regjistrash, të cilët zakonisht shërbejnë për memorizimin e rezultateve të ndërmjetëm. Këta regjistra mund të jenë me kapje të veçantë, d.m.th. në këta regjistra mund të lexohet/regjistrohet në mënyrë të pavarur nga njeri-tjetri, ose të organizuar në formën e një kujtesë lokale ose stive. Cilido qoftë organizimi i tyre, karakteristikë e përbashkët është fakti se në këta regjistra lexohet/shkruhet shumë më shpejt se në kujtesën qëndrore dhe se numri i tyre është shumë më i vogël (disa dhjetëra regjistra) se sa i asaj kujtese.

- Disa kujtesa ndihmese, të ngadalta, por me kapacitet shumë të madh, të cilat shërbejnë për ruajtjen e të dhënave në sasi të mëdha ose të programeve që nuk janë në ekzekutim. Këto kujtesa realizohen kryesisht me bartës magnetike (disk ose disketë magnetike, shirita etj.). Vitet e fundit po përdoret me sukses edhe teknologjtë e lazerit (DVD, Blue-Ray etc.) dhe "NAND flash memory".

Nga sa paraqitem më sipër, mund të bëhet fjalë për hierarki të kujtesës në lidhje me shpejtësinë dhe kapacitetin e saj, gjë e cila është paraqitur skematikisht në figurën 1.5

Në këtë figurë është evidentuar edhe një lloj tjetër kujtese, e quajtur "kujtesë kashé", e cila nuk është përmendur në analizën e mësipërme.

Nga pozicioni në të cilin kjo kujtesë është vendosur në hierarki, kuptohet se shpejtësia dhe madhësia e kësaj kujtesë gjendet ndërmjet regjistrave dhe kujtesës qëndrore. Ndërsa persa i përket vendndodhjes se kësaj kujtesë në strukturën e një kompjuteri, mund të themi se kjo kujtesë vendoset ndërmjet procesorit qendror dhe kujtesës qëndrore. Pra, çdo kërkim i njësisë se kontrollit për instruksion ose operandë në kujtesën qëndrore, do të kryhet fillimisht në kujtesën kashé, dhe vetëm n.q.s. ajo ç'ka kërkohet nuk gjendet këtu, nëpërmjet një mekanizmi të posaçëm do të kërkohet automatikisht dhe do të gjendet në kujtesën qëndrore.

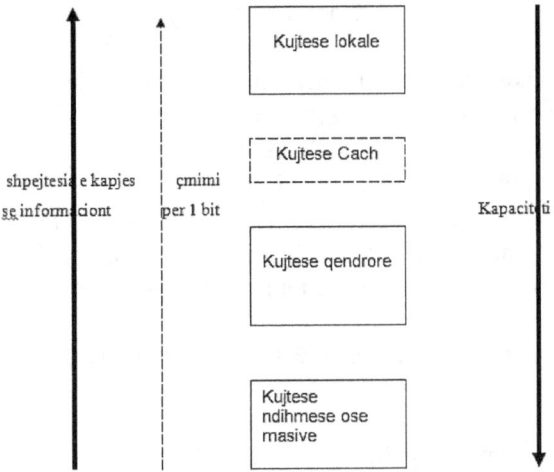

Figura 1.5

1.3 Formati i të dhënave

1.3.1 Shkurtimisht mbi formatin e të dhënave
Informacionet që qarkullojnë në një kompjuter mund të jenë:
- Instruksione
- Adresa
- Të dhëna

Persa i përket të dhënave, ato mund të jenë:
a. Numerike (paraqitje numrash)
b. Jo numerike (paraqitje të zinxhirëve të karaktereve)

1.3.1a Paraqitja e numrave
Ekzistojnë paraqitje të ndryshme të numrave në kompjuter. Kështu në një kompjuter të dhënë mund të ekzistojnë njëkohësisht disa paraqitje të tilla. Por në të njëjtin kompjuter, një lloj i caktuar paraqitjeje, ka gjithmonë të njëjtin format.

Dihet që një numër karakterizohet nga :
- Shifra e tij karakteristikë ose mantisa.
- Rendi i madhësisë ose eksponenti.
- Shenja.

23

Paraqitja e shifrave karakteristike ose mantisës se numrit mund të jetë:
- Në formë binare të pastër.
- Në formë BCD (Binary Coded Decimal).

Rendi i madhësisë ose eksponenti i numrit mund të jetë:
- Në formë fikse dhe në këtë rast kemi të bëjmë me atë që quhet "paraqitje me presje fikse", në të cilën numrat konsiderohen të gjithë si të plotë, ose të gjithë si thyesorë.
- Në formë variabël dhe në këtë rast kemi të ashtuquajturën "paraqitje me presje notuese", ku rendi i madhësisë paraqitet nga një eksponent, i cili mund të jetë pozitiv ose negativ.

Shenja e numrit tregohet nga një bit suplementar, i cili në përgjithësi merr vlerat:

$S=0$ --- numër pozitiv

$S=1$ --- numër negativ

Paraqitja e numrave negative mund të bëhet nëpërmjet njërës nga tre format e mëposhtme:
- Bitit të shenjës S dhe vlerës absolute të numrit
- Në formën komplement i dyshit
- Në formën komplement i njëshit

1.3.1b Paraqitja e informacioneve jo-numerike

Në përgjithësi, informacionet jo-numerike janë zinxhirë karakteresh me gjatësi variabël. Secili karakter paraqitet nga një bashkësi e caktuar bitësh, numri i të cilëve në vartësi të kodit të përdorur mund të jetë 6-8.

Ekzistojnë mjaft kode që përdoren për paraqitjen e këtyre informacioneve, por më të përdorurit janë kodi ASCII (me 7 bitë dhe në variantin e përmirësuar të tij me 8 bite) dhe kodi EBCDIC me 8 bitë.

1.3.1c Përfundim i rëndësishëm

Sekuenca e bitëve që paraqet të dhënat, nuk kanë një kuptim të përcaktuar në vetvete. E njëjta sekuencë bitësh mund të paraqesë një numër të plotë i shënjuar ose jo, një numër me presje notuese dhe pse jo edhe një zinxhir karakteresh. Janë pikërisht instruksionet ato që përcaktojnë domethënien e sekuencave të bitëve në kujtesë. Kështu, siç do të shikojmë me detaje në Kapitullin 2, në se një instruksion operon me operanda të tipit FP (Floating Point, pra presje notuese), atëherë sekuenca e bitëve në kujtesë ku gjenden këto operanda do të konsiderohen si numra me presje notuese.

Le të analizojmë tani më me detaje paraqitjen e numrave sipas kodit BCD, me presje fikse dhe me presje notuese.

1.3.2 Paraqitja e numrave sipas kodit BCD

Meqenëse për paraqitjen e numrave ne njerëzit përdorim sistemin me bazë 10, është e domosdoshme që për t'u përdorur nga kompjuteri, numrat duhet të konvertohen më parë në bazë 2. Për shfrytëzimin e rezultateve në formë numerike, konvertimi i anasjelltë, pra nga binar në dhjetor, është gjithashtu i domosdoshëm.

Për të realizuar një konvertim të shpejtë binar – dhjetor dhe anasjelltas, përdoren disa lloje kodimesh. Kjo realizohet duke koduar me një sekuence bitësh secilën shifër të numrit dhjetor në veçanti, prandaj këta kode quhen kode dhjetore. Kodi më i përdorur është ai B.C.D. që do të thotë Binary Coded Decimal.

Në kodin BCD, secila shifër d_i e numrit dhjetor paraqitet nëpërmjet 4 bitëve b_{i3}, b_{i2}, b_{i1} dhe b_{i0} në formë binare të zakonshme. Kështu paraqitja BCD e numrit dhjetor 971 do të jetë në formën:

1001 0111 0001

Kodi BCD është një kod i peshuar ose siç quhet ndryshe pozicional, sepse një bit i çfarëdoshëm bij do të këtë peshën :

$$B_{ij} = 10^i \, 2^j$$

Përparësitë e kodeve dhjetore

Avantazhi më i rëndësishëm i këtyre kodeve është konvertimi i thjeshtë ndërmjet paraqitjes se brendshme të kompjuterit, që lejon vetëm simbolet 0 dhe 1 dhe paraqitjes dhjetore të numrave.

Të metat

• Për paraqitjen e një numri, kodet dhjetore përdorin më shumë bite se sa kodet binare të pastër. Pra për paraqitjen e tyre nevojitet më shumë hapësirë në kujtesë. Kështu, nëqoftëse me n bite mund të paraqesim 2^n numra në formën binare të pastër, sipas kodit BCD mund të paraqesim afërsisht $10^{n/4}$ ose $2^{0.83n}$.

• Hardware që nevojitet për të realizuar operacionet arithmetike ndërmjet operandave të paraqitura sipas kodit BCD është më kompleks në krahasim me atë që nevojitet në rastin kur numrat paraqiten në formën binare të pastër.

1.3.3 Paraqitja e numrave me presje të fiksuar

Supozojmë se për paraqitjen e numrave binare me shenjë përdoret një fjalë me gjatësi n bite, siç është treguar më poshtë :

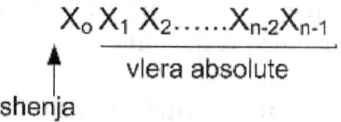

$$X_0 \ X_1 \ X_2 \ldots\ldots X_{n-2} X_{n-1}$$
vlera absolute

shenja

Pra, për paraqitjen e shenjës se numrit përdoret një bit i veçantë, ndërsa n-1 bitët e tjerë paraqesin vlerën absolute të numrit. Në këtë mënyrë, precizioni që lejon ky format është n-1 bite.

Në rastin e paraqitjes se numrave me presje fikse, presja nuk paraqitet në formë eksplicite; ajo vendoset në mënyrë implicite në një vend fiks brenda fjalës. Në këtë rast, secili bit X^i i vlerës absolute të numrit ka peshë fikse të formës 2^{k-i} ku k varet nga pozicioni i presjes binare.

Ekzistojnë dy raste ekstreme:

a. Numrat paraqiten të plotë, d.m.th. kur presja binare vendoset në të djathte të bitit me peshë më të vogël X_{n-1}. Kështu p.sh. 54.3 leke mund të paraqiten në formë ekuivalente si 543 qindarka. Në këtë rast, mund të paraqiten numra të plotë me vlerë absolute $|N|$ në intervalin: $0 <= |N| <= 2^{n-1}$, ku n është numri i biteve të fjalës me të cilën paraqitet numri me presje fikse.

b. Paraqitja e numrave thyesore, rasti pra kur presja vendoset ndërmjet X_0 dhe X_1. Në këtë rast madhësia e vlerave absolute të numrave që mund të paraqiten shtrihet në intervalin : $0 <= |N| <= 1 - 2^{-n}$

Për ilustrim, më poshtë, jepen disa paraqitje të numrave me presje fikse për rastin e kompjuterit të tipit DPS7.

- **Forma e shkurtër (2 byte) , pa shenjë dhe me shenjë "S"**

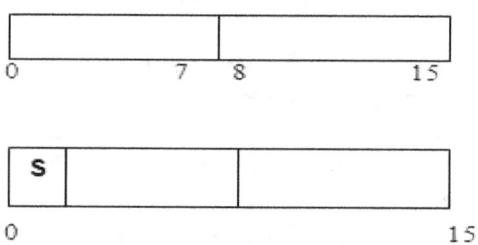

- **Forma e gjatë (4 byte) pa shenjë dhe me shenjë.**

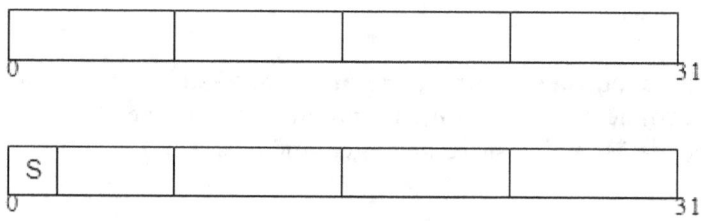

ku S – shenja e numrit

S= 0 numri është pozitiv

S= 1 numri është negativ; në këtë rast numri paraqitet në formën komplement i dyshit.

1.3.4 Paraqitja e numrave me presje notuese

Një numri të paraqitur sipas formës me presje notuese, i vihen në korrespondencë tre numra si më poshtë:

- mantisa **M**
- eksponenti **E**
- baza **B**

Këta tre komponentë se bashku paraqesin numrin N sipas formës:

$$N=(-1)^S * M * B^E$$

Ku : M është mantisa, B - baza, E - eksponenti dhe S është shenja e numrit N.

Meqenëse baza B është një numër konstant, nuk është e nevojshme të përfshihet në kodin e numrit, por të nënkuptohet duke e trajtuar atë si implicite. Në këtë mënyrë, <u>një numër me presje notuese do të memorizohet në kompjuter si një çift numrash me presje fikse :</u>

- mantisa M, e cila zakonisht është një numër i plotë ose thyesor.
- eksponenti E, që është një numër i plotë.

Precizioni i numrit përcaktohet në radhë të parë nga numri i bitëve që përdoren për paraqitjen e mantisës M. Ndërsa rendi i tij do të varet nga baza B dhe eksponenti E.

Paraqitja me presje notuese është "redontante" ose me tepri, në kuptimin që i njëjti numër mund të paraqitet në forma të ndryshme. Kështu p.sh. të tre format e mëposhtëme janë ekuivalente :
$1*10^{18}$, $0,1*10^{19}$, $0,01*10^{20}$

Në kompjuter natyrisht është e dëshirueshme që të përdoret një paraqitje e vetme e numrave me presje notuese. Për këtë, përdoret ajo që quhet "mantisë e normalizuar".

Konsiderojmë rastin ku mantisa është një numër thyesor në formën shenjë + vlerë absolute dhe B=2. Në këtë rast mantisa quhet e normalizuar n.q.s. shifra në të djathtë të presjes binare nuk është 0, d.m.th. nuk ekzistojnë zero të tepërta në vlerën absolute të numrit. Kështu në shembullin e mësipërm, forma e vetme e normalizuar është $0,1*10^{19}$.

Në këtë mënyrë, normalizimi bën që vlera absolute |M| e një mantisë thyesore të këtë vlerë: **½ <= |M| <1**

Shënim: Shembujt dhjetore të mësipërm janë marre vetëm për lehtësi ilustrimi. Në realitet paraqitja në kompjuter e numrit do të jetë binare.

27

Në rastin e paraqitjes se numrave me presje notuese, paraqitja e numrit zero ka disa probleme të veçanta.

Kështu për të paraqitur numrin zero do të duhej që M=0 ndërsa eksponenti E mund të këtë vlerë të çfarëdoshme, sepse është e qartë që $0*B^E=0$ për çfarëdo vlerë të E-se.

Në realitet, shpesh, gjatë rrugës se llogaritjeve, të cilat çojnë drejt një rezultati zero, gabimet që lindin si pasojë e përafrimit të numrave, bëjnë që mantisa të jetë një numër shumë i vogël, por jo plotësisht zero.

Për të zgjidhur këtë problem, merren në konsiderate dy kushtet e mëposhtëme.

1. Me qëllim që ky numër të konsiderohet plotësisht zero, duhet që eksponenti i tij të jetë një numër shumë i madh negativ, të cilin do ta shënojmë me –K. Në qoftë se për paraqitjen e eksponentit përdoren n bite (duke përfshirë edhe shenjën), atëherë numrat e plotë të shënjuar që mund të paraqiten do të ndodhën në intervalin $(-2^{n-1}, 2^{n-1}-1)$ ose $(-2^{n-1}+1, 2^{n-1})$. Pra vlera e numrit K do të jetë $2^{n-1}-1$ ose 2^{n-1}. (Të kihet parasysh se numrat negative paraqiten në formën komplement i 2-it).

2. Nga ana tjetër, është e dëshirueshme që numri zero të paraqitet nga një sekuence vetëm me shifra zero. Kjo për arsye se, duke bërë që numri zero do të paraqitet njësoj si në formën me presje notuese, ashtu edhe në atë me presje fikse, realizimi praktik i instruksioneve që testojnë vlerën zero do të lehtësohej shumë.

Konsideratat e mësipërme bëjnë që eksponenti i numrave të paraqitur sipas formatit me presje notuese të kodohet sipas kodit që quhet "kodi me tepri K" (ang. exess-K code), d.m.th:

EXP=E+K

ku:

EXP është zona eksponent e numrit me presje notuese. Ajo quhet **KARAKTERISTIKE** ose eksponent i zhvendosur,

E – vlera e dëshiruar e eksponentit.,

K – zhvendosja (ang. bias).

Në tabelën e mëposhtëme paraqiten vlerat e eksponentit të paraqitur në formatin me 8 bite për dy vlerat e mundshme të numrit K, që janë $K_1 = 2^{8-1}$ = 128 dhe $K_2=2^{7-1}=127$.

Tabela 1.1

EXPONENTI ose Karakteristika (EXP)	EXP pa shenje	Vlerat e shenjuara te E	
		K1=127	K2=128
1 1 1 ... 1 1	255	+128	+127
1 1 1 ... 1 0	254	+127	+126
.....	.....	.....	.....
1 0 0 ... 0 1	129	+2	+1
1 0 0 ... 0 0	128	+1	0
0 1 1 ... 1 1	127	0	-1
0 1 1 ... 1 0	126	-1	-2
.....	.....	.....	.....
0 0 0 ... 0 1	1	-126	-127
0 0 0 ... 0 0	0	-127	-128

Nga tabela vihet re se kur EXP është 0, pra të gjithë bitët janë 0, atëherë vlera e shënjuar e eksponentit E, është një numër maksimalisht negativ, respektivisht -127 ose −128. Pra në këtë mënyrë, duke përdorur një exponent me tepri K, realizojmë njëherazi dy kushtet e mësipërme.

1.3.5 Kufizime të paraqitjes së numrave në kompjuter

Ndryshimi kryesor ndërmjet numrave të paraqitur në kompjuter me numrat në realitet konsiston në faktin se numrat e kompjuterave janë të kufizuar në madhësi dhe në saktësi. Këto kufizime mund të çojnë në rezultat të pasaktë në se ai është më i madh se më i vogël se kufiri i lejuar i paraqitjes së numrave. Këto anomali quhen "overflow" (kapërderdhje) ose "underflow", të cilat mund të gjenerojnë një ndërprerje.

1.4 Shembuj formatesh të paraqitjes së numrave

1.4.1 Formati i numrave me presje notuese në kompjuterat e serisë IBM 360/370 dhe DPS7.

Paraqitja e numrave thyesore në këta kompjutera bëhet sipas formatit të mëposhtëm.

```
0  1                    7  8                          31 (63, 127)
  ┌─┬──────────────────────┬────────────────────────────────┐
  │S│ KARAKTERISTIKA        │        MANTISA                 │
  └─┴──────────────────────┴────────────────────────────────┘
```

ku : S – biti i shenjës
Karakteriska - 7 bite (0-127)
Baza e numrit B = 16
Mantisa, në vartësi i të precizionit, mund të paraqitet me 24 bitë. Në këtë rast kemi të bëjmë me atë që quhet paraqitje FP (Floating Point) e shkurtër ose e thjeshtë.
Vlera e zhvendosjes K është 2^6 = 64, prandaj E=Karakteristike – 64.
Numri N, sipas këtij formati do të shprehej me formulën:

$$N = (-1)^S * 16^{E-64} * (0,M)$$

Ku : M, është mantisa e shprehur në formën e një numri hexadecimal me 6, 14 dhe 28 shifra. Kështu numri $0,125*16^5$ do të kodohet   në formën :

0   1000101   00100000 ...0000

S   EXP   Mantisa M

Mund të provohet se në formatin me 32 bit (mantisa= 24 bitë), mund të paraqiten numra në intervalin $-5,40x\ 10^{-79}$ deri në $7,2\ x\ 10^{75}$ (afërsisht).

1.4.2   Numrat me presje notuese sipas standardit IEEE 754

Qe prej vitit 1980 ekziston një standard botëror në lidhje me formatin e numrave me presje notuese. Ky standard i nxjerre prej IEEE (Institute of Electrical and Electronics Engineers) përcakton formatin e numrave me presje notuese të paraqitur me 32 dhe 64 bite. Ky standard është përdorur gjerësisht në kompjuterat e konceptuar pas vitit 1980.
Formati i paraqitjes se numrave me presje notuese në versionin 32 bit të këtij standardi është si më poshtë.

0 1   8 9   31

S	KARAKTERISTIKA	MANTISA

S – biti i shenjës,
Karakteriska është 8 bite e koduar sipas kodit me tepri 127 ; pra $K=2^{8-1}$ – 1 =127. Baza e numrit B = 2.
Mantisa M paraqitet si një numër thyesor (<1) me 23 bite në formën shenjë S + vlerë absolute.
Përmendëm se mantisa duhet të jetë një numër i normalizuar, pra që ajo nuk ka shifra zero të tepërta pas presjes binare. Kjo presupozon që biti i parë i mantisës të jetë gjithmonë me vlerë binare 1. Ky fakt ka bërë që në

standardin IEEE754, ky bit të mos paraqitet në mënyre eksplicite, por të "fshihet" duke u marre parasysh në mënyrë implicite nga njësia arithmetike dhe logjike që trajton numrat me presje notuese. Në këtë mënyrë precizioni i numrit do të rritet me një bit.

Numri real N, sipas standardit IEEE754 me 32 bite do të paraqitej nga barazimi i mëposhtëm:

$$N = (-1)^S * 2^{E-127} * (1,M)$$

ku 0<E<255.

Kështu p.sh. numri N=-1.5 do të paraqitet në formën:

$$1 \quad 01111111 \quad 1000\ldots\ldots 0$$

$$S \qquad EXP \qquad Mantisa\ M$$

Numrat që mund të paraqiten sipas këtij formati, shtrihen në intervalin $(1.18*10^{-38}, 3.4*10^{38})$.

Formati me 64 bite i standardit IEEE 754 ka formën e mëposhtëme:

```
0  1                        11 12                      63
┌──┬──────────────────────┬──────────────────────────┐
│ S│ KARAKTERISTIKA       │      MANTISA             │
└──┴──────────────────────┴──────────────────────────┘
```

ku :

S – biti i shenjës,

Karakteriska është 11 bitë e koduar sipas kodit me tepri 1023 ; pra $K=2^{11-1} -1 =1023$,Baza e numrit B = 2,

Mantisa M paraqitet si një numër thyesor (<1) me 52 bite në formën shenjë S + vlerë absolute.

Numri real N do të paraqitet sipas barazimit:

$$N=(-1)^S * 2^{E - 1023} * (1,M)$$

ku : 0<E<2047

Shembull tipik i përdorimit të standardit IEEE 754 janë koo-procesorët matematike 8X87 të familjes se mikroprocesorëve 4X86 të Intel. Këta koo-procesorë përdorin formatin IEEE 754 me 32 dhe 64 bite. Aktualisht të gjithë mikroprocesorët përdorin këtë standard.

1.5 Njësia e përpunimit

Kjo njësi përbëhet nga:

- Njësia arithmetike dhe logjike, të cilën do ta shënojmë shkurt ALU (Arithmetic and Logic Unit),
- Një numër regjistrash, të cilët shërbejnë për memorizimin e operandave dhe rezultateve të ndërmjetëm,

- Indikatorë të gjendjes (ang. flags),
- Eventualisht nga një ose disa njësi kontrolli lokale, të cilat shërbejnë për realizimin e operacioneve komplekse si p.sh. shumëzim, pjestim etj.

Operacioni i përpunimit, që duhet të kryejë njësia e kontrollit komandohet nga njësia qëndrore e kontrollit. Kjo e fundit, nëpërmjet sinjaleve komandues që ajo gjeneron, duhet të tregojë:

- operacionin që duhet të kryejë ALU,
- cilët regjistra do të prekë ky operacion,
- çdo të bëhet me rezultatin.

Skematikisht paraqitja e ALU do të ishte si në figurën e mëposhtëme (figura 1.6).

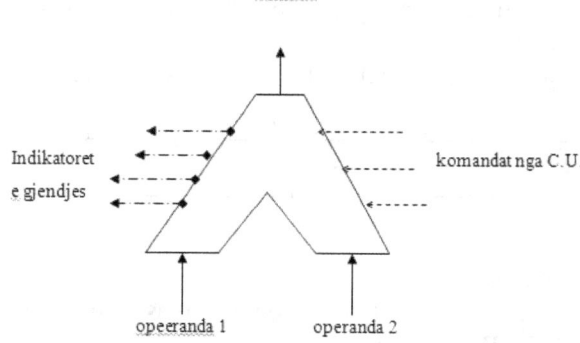

Figura 1.6

Me poshtë do të trajtojmë më me detaje ndërtimin e një njësisë ALU duke filluar nga elementi bazë i saj që është gjysmë-shumatori.

1.5.1 Gjysmë shumatori

Gjysme shumatori është një qark kombinator, i cili realizon mbledhjen e dy shifrave binare Xi dhe Yi. Tabela e vërtetësisë është si më poshtë:

Hyrje		Dalje	
Xi	Yi	Si	Ci
0	0	0	0
0	1	1	0
1	0	1	0
1	1	0	1

Ku: "Si" është shuma binare ndërsa "Ci" është mbetja binare që rezulton nga mbledhja e Xi dhe Yi.

$$Si = Xi \oplus Yi \quad dhe \quad Ci = Xi*Yi$$

Skema elektronike që realizon këto dy funksione do të kishte formën e paraqitur në figurën e mëposhtëme:

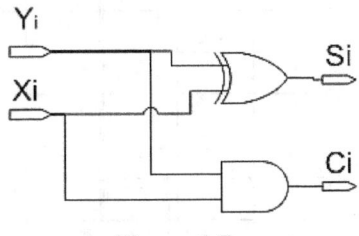

Figura 1.7

1.5.2 Shumatori i plotë
Operatori që realizon mbledhjen e dy shifrave binare Xi dhe Yi duke marre parasysh edhe mbetjen në hyrje të tij, quhet shumator i plotë. Tabela e vërtetësisë do të ishte si në tabelën 1.2.

Nga tabela rezultojnë dy barazimet e mëposhtëme:

$$SI = \bar{X}iYi\overline{Ci-1} + Xi\bar{Y}i\overline{Ci-1} + \bar{X}i\bar{Y}iCi-1 + XiYiCi-1 = \overline{Ci-1}(\bar{X}iYi + Xi\bar{Y}i) + Ci-1(\bar{X}i\bar{Y}i + XiYi) = C_{i-1} \oplus Si$$

Pra, përfundimisht SI= C_{i-1} $\oplus$Si   ku : Si=Xi$\oplus$Yi

$$Ci = XiYi\overline{Ci-1} + \bar{X}iYiCi-1 + Xi\bar{Y}iCi-1 + XiYiCi-1 = XiYi(\overline{Ci-1} + Ci-1) + Ci-1(Xi\bar{Y}i + \bar{X}iYi) = XiYi + Ci-1(Xi \oplus Yi)$$

Tabela 1.2

Hyrje			Dalje	
Xi	Yi	C_{i-1}	Si	Ci
0	0	0	0	0
0	1	0	1	0
1	0	0	1	0
1	1	0	0	1
0	0	1	1	0
0	1	1	0	1
1	0	1	0	1
1	1	1	1	1

Duke pasur për bazë këto dy barazime, realizimi i shumatorit të plotë do të ishte si në figurën e mëposhtëme:

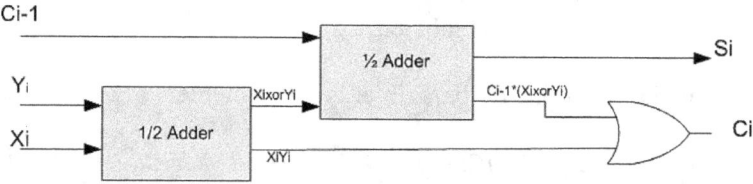

Figura 1.8

Pra, një shumator i plotë mund të realizohet nga dy gjysmë-shumatorë. Skematikisht një shumator i tillë është paraqitur në figurën 1.9

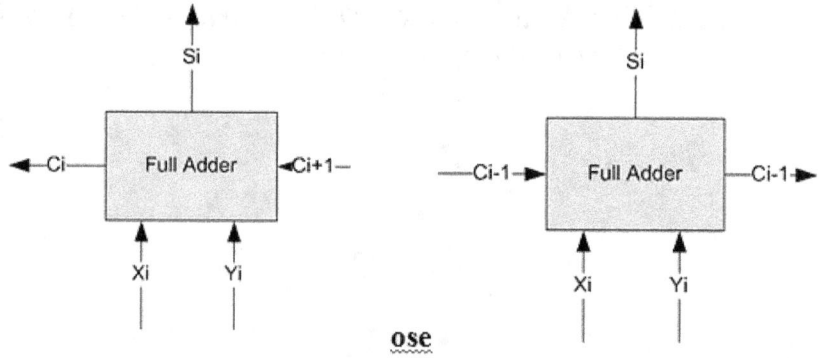

ose

Figura 1.9

1.5.3 Shumatori paralel

Operatori, i cili realizon mbledhjen e të gjithë bitëve të numrave X dhe Y në një cikël të vetëm clocku quhet shumator paralel.

Shumatori paralel formohet nga lidhja në kaskadë e *n* shumatorëve të plotë siç është paraqitur në figurën 1.10.

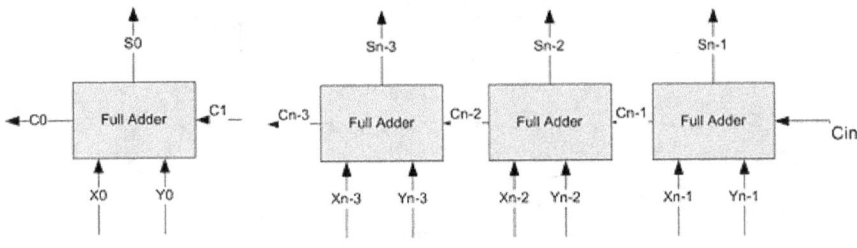

Figura 1.10

Secili shumator i plotë që bën pjesë në këtë shumator paralel, bitin e mbetjes Ci të stadit paraardhës (në të majte të tij) ja kalon stadit pasardhës. Pra, mbetja zhvendoset në formë seri nga e djathta në të majtë. Ky fakt bën që këta shumatorë të quhet edhe "shumator me mbetje të dallgëzuar" (ripple carry adder).

Skematikisht shumatori paralel paraqitet në figurën 1.11:

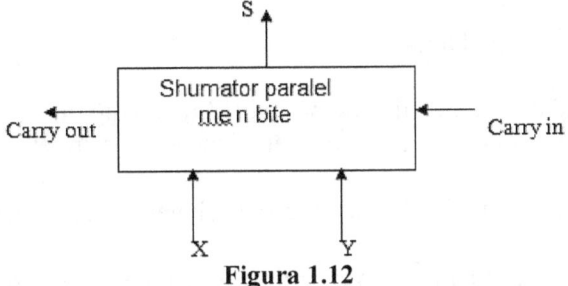

Figura 1.12

1.5.4 Shumatori seri

Skematikisht një shumator i tillë është paraqitur në figurën 1.13.

Në një cikël clocku gjenerohet shuma Si dhe mbetja Ci, e cila përdoret nga shumatori i plotë në ciklin pasues të clock-ut. Një shumator i tillë është shumë i ngadaltë, pasi për mbledhjen e dy numrave me *n* bite nevojiten *n* cikle clocku. Nga ana tjetër ky shumator kërkon fare pak elemente dhe pavarësisht nga numri *n* i bitëve të dy numrave që mblidhen.

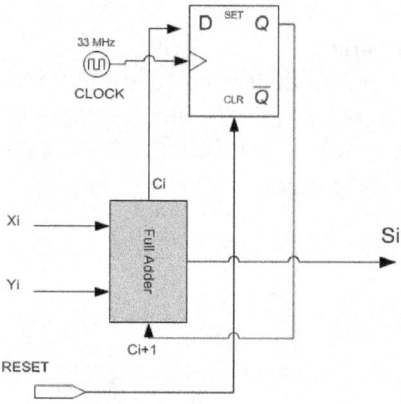

Figura 1.13

Për arsyet e mësipërme pjesa dërmuese e shumatorëve që përdoren në kompjutera realizohen të formës paralele.

1.5.4 Carry-Lookahead adder

Të shohim se cila është shpejtësia me të cilën kryet veprimi i mbledhjes në një shumator të tipit "ripple carry adder".

Për rastin më të keq, që i përket rastit kur një mbetje ("carry") gjenerohet nga çdo stad i shumatorit, do të rezultojë kjo kohë vonese për "rriple carry adder":

$t_{adder} = t_{shum} + (n-1)t_{carry}$

ku :

t_{shum} është koha e nevojshme për mbledhjen e një biti

t_{carry} _ është koha e nevojshme për gjenerimin e mbetjes në një stad të shumatorit.

Pra, vonesa maksimale është proporcionale me numrin e bitëve që mblidhen.

Si mund të përshpejtojmë veprimin e mbledhjes në një shumator?

Për këtë, le të rimarrim ekuacionin e mbetjes që gjenerohet në një shumator të plotë

$$Ci = XiYi\overline{Ci-1} + \bar{X}iYiCi-1 + Xi\bar{Y}iCi-1 + XiYiCi-1 = XiYi(\overline{Ci-1} + Ci-1) + Ci-1(Xi\bar{Y}i + \bar{X}iYi) = XiYi + Ci-1(Xi \oplus Yi)$$

Në se shënojmë me G = Gjeneroj ("Generate") = XiYi dhe P=Përçoj ("Propagate") = $Xi \oplus Yi$

Përftojmë : $C_i = Gi + PiC_{i-1}$.

Cila është arsyeja që përdoren termat G = Gjeneroj ("Generate") dhe P=Përçoj ("Propagate") ?

Po të vini re me kujdes ekuacionin e mësipërm dhe tabelën e vërtetësisë të shumatorit të plotë, do të shikoni se komponenti XiYi krijon, gjeneron një mbetje Ci, ndërsa komponenti $Xi \oplus Yi$ percjell të pandryshuar mbetjen C_{i-1}.

Një gjysmë-shumator i tillë paraqitet skematikisht në figurën e mëposhtëme :

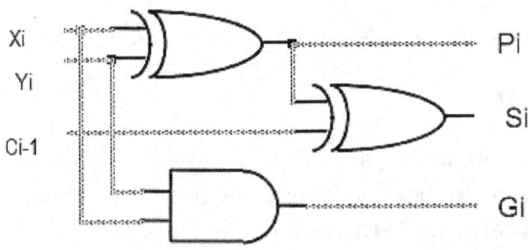

Pra, ndryshe nga një shumator i plotë që gjeneron mbetjen Ci, në këtë rast ajo zëvendësohet nga daljet Gi – Generate dhe Pi – Propagate

Figura 1.14

Le të përpiqemi të krijojmë një shumator të plotë me 4 bite, i cili përdor « Generate Gi » dhe « Propagate Pi ». Ekuacionet që përcaktojnë mbetjet e çdo stadi do të jenë si më poshtë :

$C_0 = g0 + (p0 . c0)$

$C_1 = g1 + p1 . c0 = g1 + p1 .(g0+p0.c0) = g1+ p1 g0+ p1 . p0 . c0$

$C_2 = g2 + (p2 . g1) + (p2 . p1 . g0) + (p2 . p1 . p0 . c0)$

$C_3 = g3 + (p3 . g2) + (p3 . p2 . g1) + (p3 . p2 . p1 . g0) + (p3 . p2 . p1 . p0 . c0)$

Qarqet kombinatorë që realizojnë mbetjet C0,C1,C2 dhe C3 janë qarqe të thjeshtë me dy nivele portash si në figurën 1.15.

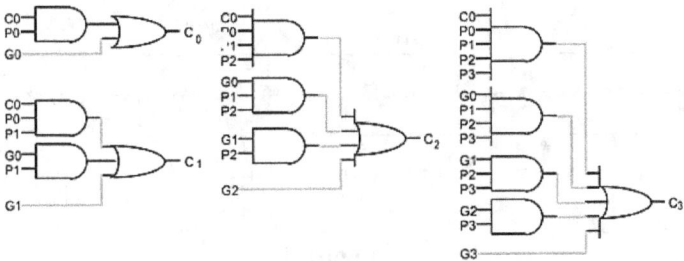

Figura 1.15

37

Duke i grupuar këto porta në një qark të vetëm të quajtur « Qark kombinator Carry-Lookehead » do të përftojmë shumatorin e plotë me katër bite si në figurën e mëposhtëme.

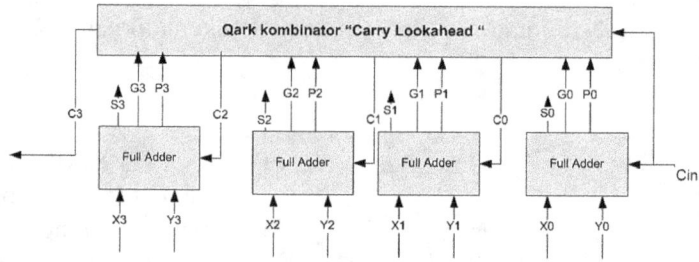

Figura 1.16

Krijuam kështu shumatorin që njihet me emrin « **Carry Lookahead Adder** » ose **Shumator me Mbetje të Parashikuar**. Ndryshe nga "Carry ripple adder", ku për të llogaritur vlerën e C4 (Cn në përgjithësi) duhet të presim llogaritjen e C3 (Cn-1 në përgjithësi), në një shumator të tillë, mbetja C4 ose Cn llogariten në të njëjtën kohë si dhe mbetjet e tjera Co, C1, C2, C3, Cn-1. Prej ku rrjedh një përfitim i ndjeshëm në shpejtësinë e përllogaritjes së shumës.

Si mund të krijojmë një shumator me 16 bite duke përdorur teknikën « Carry Lookahead»?

Në rastin më të thjeshtë, mjafton të lidhim në kaskadë 4 shumatorë « Carry Lookahead Adder » me nga 4 bite secili. Krijojmë kështu një shumator, i cili është një kombinim i dy teknikave "Carry Lookahed" me "Ripple Carry". Një shumator i tillë tregohet në figurën 1.17.

Mënyrë tjetër për të krijuar një shumator me 16 bite është duke bashkuar 4 shumatorë « Carry Lookahead Adder » nëpërmjet një qarku « Carry Lookahead Unit ». Krijohet kështu një « Carry Lookahead Adder » i plotë, i cili paraqitet në figurë (figura 1.18).

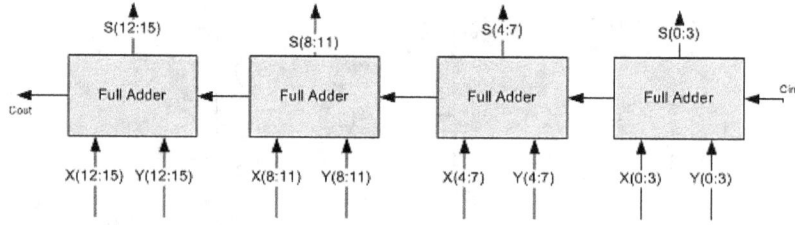

Figura 1.17

Ekzistojnë edhe teknika të tjera për krijimin e shumatorëve siç janë p.sh. "Carry Bypass", "Carry Select", "Brent-Kung adder" etj. Sidoqoftë "Carry lookehead" është nga më performantët dhe pak e ndikuar nga numri i biteve që mblidhen. Grafikisht ky fakt paraqitet në figurën 1.19.

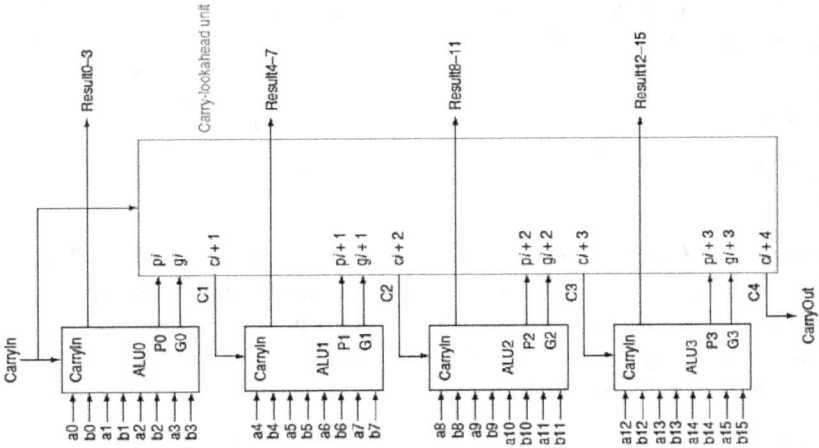

Figura 1.18

1.5.5 Zbritja

Shumatori paralel shërben vetëm për numrat e pashënjuar dhe pozitive, sepse shenja 0 e një numri pozitiv mund të konsiderohet si një zero e tepërt e një numri të pashenjuar.

Eshtë e qartë se mbledhja e numrit $-X$ me Y është ekuivalente me zbritjen e X nga Y. Zbritja realizohet thjesht kur zbritësi është në formën komplement i 2-shit.

Komplement i 2-shit i një numri të plotë X do të ishte :

$$-X = \overline{X}_0\,\overline{X}_1\,\overline{X}_2\ldots\ldots\overline{X}_{n-1} + 1 = \overline{X} + 1 \qquad (3)$$

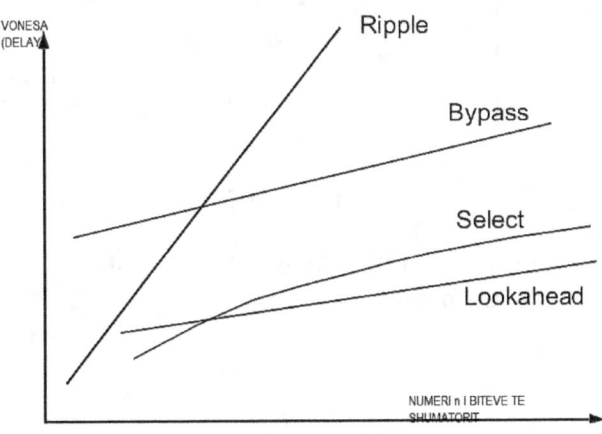

Figura 1.19

Mënyra më e pëlqyeshme për marrjen e pjesës komplement i 1-shit është nëpërmjet funksionit

$X \oplus s$

ku s është një variabël i tillë që :

kur   s=1 $X \oplus 1 = \overline{X}$

s=0 $X \oplus s = X$

Supozojmë tani se Y dhe $X \oplus s$ aplikohen në hyrje të shumatorit paralel. Shtimi i 1-shit në ekuacionin (3) mund të realizohet duke aplikuar variablin s në linjën Carri-in të shumatorit. Pra, shumatori paralel i paraqitur më sipër, tani do të marrë formën e paraqitur në figurën 1.20.

Në këtë skemë do të kishim :

s=0   S=Y + X   kryhet veprimi i mbledhjes

s=1 $S = Y + \overline{X} + 1 = Y - X$ kryhet veprimi i zbritjes

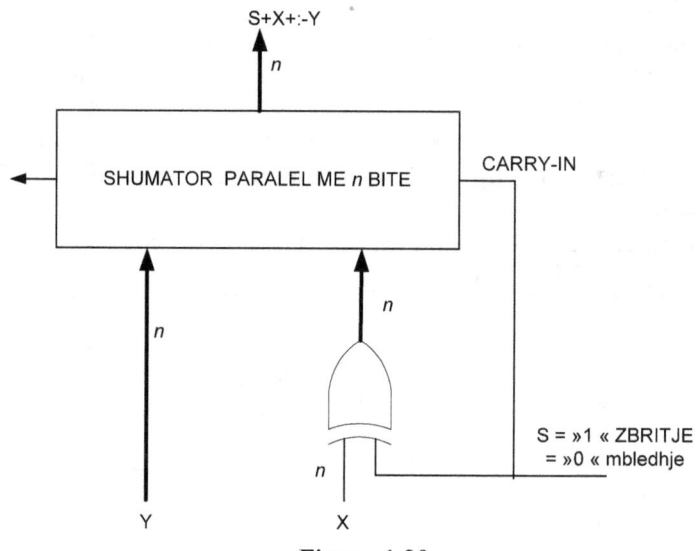

Figura 1.20

Për këtë arsye skema e mësipërme quhet mbledhës-zbritës në formën komplement i 2-shit me n bitë.

1.6 Ndërtimi i njësisë arithmetike dhe logjike (ALU)

Ndërtimi i një ALU tipike është paraqitur në figurën e mëposhtëme:

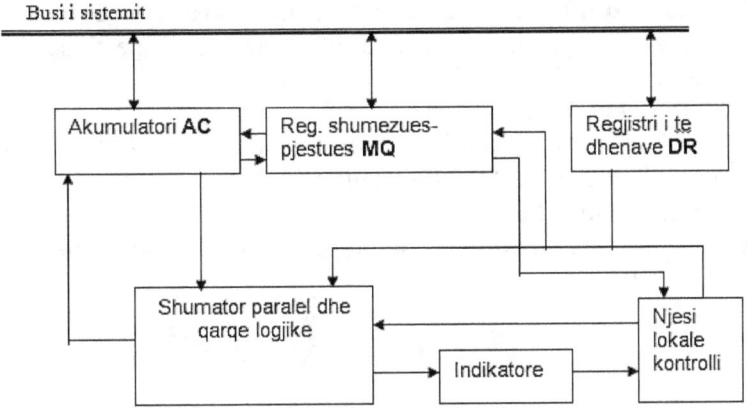

Figura 1.21

Për memorizimin e operandave përdoren tre regjistra:

- akumulatori AC
- Regjistri shumëzues-pjestues MQ (multiplier –quotient)
- Regjistri i të dhënave DR (Data Register)

AC dhe MQ janë të organizuar si një regjistër i vetëm AC.MQ, me të cilin mund të realizohen zhvendosje majtas dhe djathtas. Përpunimi i operandave realizohet nëpërmjet shumatorit paralel, si hyrje e të cilit shërbejnë regjistrat AC dhe DR, ndërsa rezultati vendoset në AC.

Regjistri MQ quhet i tillë, pra shumëzues-pjestues, sepse në të vendoset shumëzuesi gjatë operacionit të shumëzimit ose pjestuesi gjatë pjestimit. Në regjistrin DR vendoset i shumëzueshmi ose i pjestueshmi, ndërsa rezultati vendoset në regjistrin AC.MQ.

Në mënyrë të përmbledhur përdorimi gjatë operacioneve i regjistrave të ndryshëm të ALU është si më poshtë:

- Mbledhje   AC   ← AC+DR
- Zbritje   AC   <- AC – DR
- Shumëzim   AC.MQ <- DR * MQ
- Pjestim   AC.MQ <- MQ / DR
- Edhe (AND) AC   <- AC DR
- Ose (OR)   AC   <- AC DR
- XOR   AC   <-AC + DR
- JO (NOT)   AC   <- AC

1.7 Aneksi i Kapitullit 1

1.7.1 Shumëzim i numrave me presje fikse. Realizimi i shumëzuesit.

Për realizimin e shumëzimit,në një ALU me presje fikse, përdoren këta regjistra:

AC.MQ <- DR X MQ

Në regjistrin MQ vendoset shumëzuesi, në DR vendoset i shumëzueshmi, ndërsa në AC.MQ rezultati.

Le të marrim një shembull

Të realizohet shumëzimi i dy numrave të paraqitur në formë binare : Y = 1010; X = 1101

```
     1010      --- Y = y_0 y_1 y_2 y_3
     1101      --- X = x_0 x_1 x_2 x_3
    ----------

     1010      --- x3xY
     0000      --- x_2 x2Y
     1010      --- x_1 x2^2Y
     1010      --- x_0 x2^3Y
    ------------------

  10000010
```

Pra, produkti P do të llogaritet sipas formulës $P = \sum_{j=0}^{3} x_j 2^{3-j} Y$

Algoritmi i mësipërm nuk është shumë i përshtatshëm, pasi duhet që produktet $x_j 2^i Y$ te memorizohen deri në mbledhjen përfundimtare të tyre. Prandaj, në një kompjuter, për realizimin e operacionit të shumëzimit, çdo term i ri $x_j 2^i Y$ i shtohet shumës së produkteve të mëparshme, të cilët quhen produkte të pjesshme. Në këtë rast, mjafton të memorizohet vetëm kjo shumë. Sipas kësaj ideje, algoritmi i mësipërm do të merrte formën si më poshtë:

```
     1010               Y
     1101               X
    -------------------
     00000000           P_0 = 0
     1010
    -------------------
     1010               P_1 = P_0 + x_3 Y
     0000
    -------------------
     00001010           P_2 = P_1 + X_2 2Y
     1010
    -------------------
     00110010           P_3 = P_2  + x_1 2^2Y
     1010
    -------------------
     10000010           P_4 = P_3 + X_0 2^3Y
```

Pra, do të kemi që

$$P_{i+1} = P_i + x_j 2^i Y$$

Termi $2^i Y$ është ekuivalent me zhvendosjen me "*i*" pozicione majtas të numrit Y. Pra, si konkluzion mund të themi se operacioni shumëzimit reduktohet në zhvendosje majtas të shumëzueshmit Y dhe mbledhje te produkteve të pjesshëm.

Në praktikë kjo ide realizohet pak më ndryshe :

Produktet e pjesshme P_i , që memorizohen në regjistrin AC.MQ, zhvendosen djathtas duke ruajtur të shumëzueshmin Y, që ndodhet në regjistrin DR, të palëvizur. Pra do të kemi:

$$P_i \leftarrow P_i + x_j Y ; \quad P_{i+1} = 2^{-j} P_i$$

Shenja e rezultatit do të përcaktohet nga relacioni

$$p_0 = x_0 \oplus y_0$$

Për të konkretizuar këto që thamë le të marrim një shembull.

1.7.2 Realizimi i një shumëzuesi me presje fikse

Kërkohet të realizohet shumëzimi i dy numrave me presje fikse me 8 bitë :

$$X = x_0 x_1 x_2 ... x_7 \text{ dhe } Y = y_0 y_1 y_2 .... y_7$$

për të përfituar produktin P = X * Y.

Secili numër shprehet në formën : shenjë + vlerë absolute, ku bitët x_0 dhe y_0 paraqesin shenjën e numrit (0 = numër pozitiv, 1 = numër negativ). Pjesa e vlerës absolute shprehet në formën e një numri thyesor (< 1), d.m.th. që presja binare vendoset në mënyrë implicite ndërmjet bitit 0 dhe 1 të numrit (x_0, x_1; y_0, y_1)

Kështu numri X do të paraqesë numrin $\quad N = \sum_{i=1}^{7} x_i 2^{-i}$ kur x

=0, ndërsa do të paraqesë numrin

"*-N*" kur x =1.

Për të realizuar shumëzimin, fillimisht do të llogaritet vlera absolute e produktit :

$$P_M \leftarrow X_M Y_M \qquad (1)$$

ku : X_M dhe Y_M janë vlerat absolute respektivisht të numrave X dhe Y, ndërsa $P_M = p_1 p_2 p_3 ... p_{14}$ është vlera absolute e produktit. Shenja e produktit llogaritet sipas shprehjes :

$$p_0 = x_0 \oplus y_0$$

Në përfundim, produkti $P = p_0 \, p_1 \, p_0 \ldots p_{14}$ do të jetë 15 bit i gjatë.
Siç shihet, problemi kryesor është realizimi i shumëzimit të vlerave absolute të numrave X dhe Y. Për këtë na vijnë në ndihmë relacionet :

$$P_i \leftarrow P_i + x_j Y$$
$$P_{i+1} \leftarrow 2^{-j} P$$

Në rastin tonë produkti P do të llogaritet nëpërmjet 7 etapave mbledhje/zhvendosje djathtas si më poshtë:

$$P_i = P_i + x_{7-i} Y \qquad (2)$$
$$P_{i+1} \leftarrow 2^{-1} P_i \qquad (3)$$

ku : $P_0 = 0$, $P_7 = P_M$ dhe i lëviz nga 0-6.

pra :

$$P_i \leftarrow P_i + Y \qquad kur \; x_{7-i} = 1$$
$$P_i \leftarrow P_i \qquad kur \; x_{7-i} = 0$$

Pasi u njohëm me konditat paraprake, të specifikojmë tani elementët e nevojshëm për realizimin e operacionit te shumëzimit.

Për memorizimin e numrave X dhe Y nevojiten dy regjistra, respektivisht regjistrat MQ dhe DR (shih paragrafin 1.6). Për memorizimin e produkteve p_i do të përdorim akumulatorin AC. Për realizimin e mbledhjes (sipas ekuacionit 2) përdoret një shumator paralel me 7 bit. Eshtë e qartë se dalja dhe hyrja e majtë e shumatorit duhet të lidhet me regjistrin AC, ndërsa hyrja e tij e djathtë duhet të lidhet me regjistrin DR (kur $x_{7-i} = 1$), ose me zero (kur $x_{7-i} = 0$).

Sipas relacionit 2, operacioni i shumëzimit kontrollohet nga biti x_{7-i}, i cili gjendet ne regjistrin MQ. Pra është e nevojshme që njësia e kontrollit të shumëzimit te testojë përmbajtjen e MQ nga e djathta në të majtë gjatë gjithë operacionit të shumëzimit. Praktikisht kjo bëhet e mundur duke realizuar regjistrin MQ në formën e një regjistri me zhvendosje djathtas, ku bistabli i ekstremit te djathtë MQ(7) do të përmbajë x_{7-i} për çdo vendosje. Pra, në këtë mënyrë shihet që kur X_M reduktohet gradualisht nga 7 ne 0 bit.

Në te njëjtën kohë produktet P_i nëpërmjet zhvendosjeve djathtas ($P_{i+1} \leftarrow 2^{-1}P_i$) zgjerohen nga 7 në 14 bit. Ky fakt bën që regjistrat AC dhe MQ të grupohen në një regjistër të vetëm me zhvendosje AC.MQ me 16 bitë, ku gjysma e majtë shënohet AC, ndërsa gjysma e djathtë MQ.

ARKITEKTURA E KOMPJUTERAVE

Shumëzuesi plotësohet duke shtuar busin e të dhënave DATA BUS dhe një njësi kontrolli. Kështu paraqitja skematike e shumëzuesit do te ishte si në figurën 1.22.

Organigrama e algoritmit të shumëzimit binar është paraqitur në figurën 1.23. Le të analizojmë realizimin e shumëzuesit duke përdorur këtë organigramë.

Mbledhja e dy numrave me 7 bitë AC (1:7) dhe DR (1:7) mund të prodhojë një shumë me 8 bit, qe vendoset në akumulator AC(0:7). Në këtë rast sinjali "Carry Out" i shumatorit 7 bitësh është biti me peshë më te lartë të shumës 8 bit-ëshe, prandaj ai vendoset në AC(0). Numëruesi NUM inkrementohet dhe testohet në çdo etapë mbledhje/zhvendosje me qëllim që të përcaktohet fundi i procesit të shumëzimit. Kur NUM = 7, PM gjendet në bitët 1:14 të regjistrit AC.MQ, d.m.th. AC(1:7).MQ(0:6). Biti i shenjës p_0, pasi llogaritet [$p_0 \leftarrow$ MQ(7) DR (0)] vendoset në akumulator në AC (0) . Njëkohësisht në MQ (7) vendoset vlera 0 për të zgjeruar produktin përfundimtar nga 15 në 16 bitë.

Eshtë e qartë që për realizimin e funksioneve elementarë (të paraqitur në organigramë) si ngarkimi i regjistrave, zerimi i tyre, mbledhja e operandave, zhvendosja djathtas e regjistrit AC.MQ etj, nevojiten sinjale kontrolli të veçantë, të cilët duhet të aktivizohen në momente kohe të caktuara. Gjenerimin i këtyre sinjaleve e kryen njësia e kontrollit në sinkronizim me sinjalin e orës (clock) .

Në tabelën 1.3 jepen sinjalet e kontrollit të nevojshëm për realizimin shumëzimit.

Tabela 1.3

Sinjali i kontrollit	Operacioni qe realizohet
C0	ZERO AKUMULATORIN
C1	ZERO NUMERUESIN
C2	NGARKO AC (0)
C3	NGARKO REGJISTRIN DR NEPERMJET DATA BUS
C4	NGARKO REGJISTRIN MQ NEPERMJET DATA BUS
C5	NGARKO DALJET E SHUMATORIT NE AC(1:7)
C6	ZGJIDH (DR) OSE ZERO PER TU APLIKUAR NE HYRJEN E DJATHTE TE SHUMATORIT
C7	ZHVENDOS DJATHTAS REGJISTRIN AC.MQ
C8	INKREMENTO NUMERUESIN NUM.
C9	ZGJIDH Carry Out OSE DR(0) + Q(7) PER NGARKIM NE AC(0)
C10	ZERO MQ(7)
C11	TRANSFERO PERMBAJTJEN E AC NE DATA BUS
C12	TRANSFERO PERMBAJTJEN E MQ NE DATA BUS

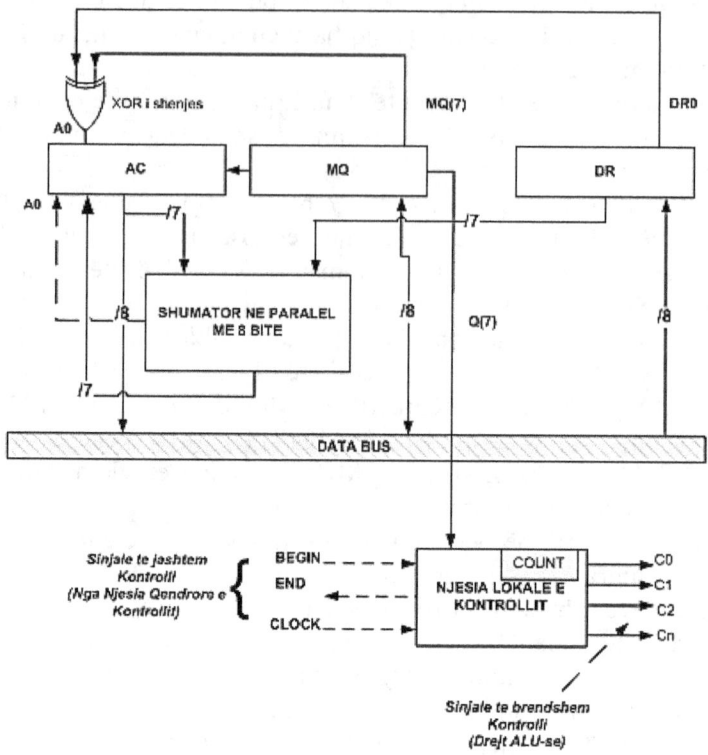

Figura 1.22

Të kihet parasysh se në disa raste, për realizimin e një operacioni të caktuar nevojiten disa sinjale kontrolli. Kështu p.sh. , për operacionin e mbledhjes përdoren sinjalet C6 - zgjedhja e operandës në hyrjen e djathtë të shumatorit, C9- për ngarkimin e A (0) nëpërmjet Carry Out, si dhe C2 e C5 për ngarkimin e rezultatit me 8 bitë në A(0:7).

Te kihet parasysh gjithashtu se sinjali i kontrollit C6 do të përcaktohet nga vlera e bitit MQ(7) të regjistrit MQ. Kështu kur MQ(7) = 0, operanda do të jetë zero, ndërsa kur MQ(7) = 1, operanda do të jetë përmbajtja e regjistrit DR (vlera e Y).

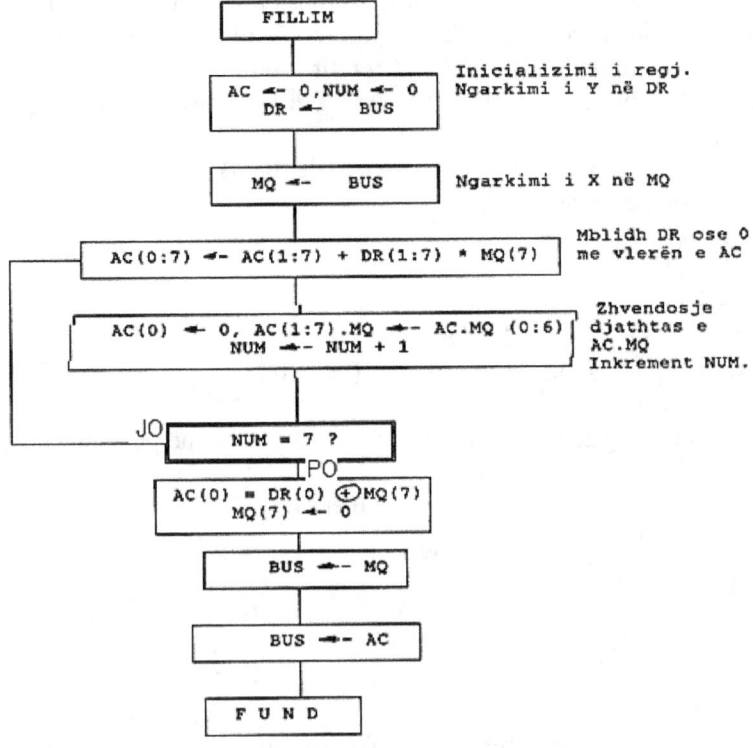

Figura 1.23

1.7.3 Ushtrim – veprime me numra

Të paraqiten në formatin 8 bitë në formë hexadecimale dhe binare në formën shenjë + vlerë absolute dhe komplement i dyshit, numrat : +127, - 64. dhe -128. Të kryhen veprimet 127+127 dhe -64+127.

Zhvillim

127 = 7F(hex) = 0 1111111

-64 = 0C(hex) = 1 1000000 - komplement i dyshit

-128 = 80(hex) = 1 0000000 - komplement i dyshit

127 + 127 = 7F(hex) +7F(hex)=FE(hex)

Veprimi i mbledhjes në binar:

0 1111111

0 1111111

----

01 1111110   **0** = carry flag (CF), rs = 1, **1** = Biti i shenjës

Rezultati është - 2, i paraqitur në formën komplement i dyshit, pra është i gabuar. Kjo ndodh sepse kemi humje të informacionit, pasi mbetja që rezulton nga mbledhja e biteve të rendit 7 ndikon në bitin e shenjës (biti i 8-te). Këtë mbetje e shënojmë me "**rs**". Për këtë rast kemi që rs=1.

Veprimi tjeter :   -64 + 127 = 63

C0(hex)+7F(hex)=3F (hex) ose 63 (decimal)

Veprimi ne binar:

1 1000000

0 1111111

100111111   **1**= CF, rs =1

Në këtë rast shuma rezulton 3F (hex) ose 63 (dec), pra është e saktë edhe pse rs=1.

Nga shembuj të tjerë të ngjashëm do të arrijmë në perfundimin e tabelës 1.4:

Tabela 1.4

CF	rs	Saktesia e rezultatit
0	0	i rregullt
0	1	igabuar
1	1	i gabuar
1	1	i rregullt

Përfundimisht arrijmë në konkluzionin se rezultatin e gabuar të mbledhjes se dy numrave mund ta detektojmë nëpërmjet një biti, që po e shënojmë "OF" , i cili perftohet nga relacioni : OF=CF $\oplus$ rs.

Ky bit quhet "OVERFLOW" (kapërderdhje) dhe është njeri prej identifikatore të gjendjes (FLAGS) të njësisë së përpunimit.

Përfundime :

1. "Overflow" ndodh kur rezultati i një veprimi arithmetik nuk mund të paraqitet me hardwarin që kemi në dispozicion. Kështu, në ushtrimin e mësiperm, 8 bitet që kemi në dispozicion për paraqitjen e numrave janë të pamjaftueshem per të paraqitur rezultatin, i cili kërkon 9 bitë.

2. Në përfundim të veprimeve arithmetikë me numra algjebrikë, duhet të testohet indikatori (flag) Overflow për të njohur saktësinë e rezultatit.

3. Në se OF=1, atëherë rezultati duhet korrektuar nëpermjet vendosjses të më shumë biteve në dispozicion të paraqitjes së rezultatit.

Kështu, në se shumën 7F(hex) + 7F (hex) e paraqisim jo më me 8 bite por me 16 bite, atëherë do të perftojmë :

0 000 0000 1111 1110 =00FE (hex) = 254 (dec). Ky është një rezultat i sakte!

KAPITULLI 2

BASHKËSIA E INSTRUKSIONEVE DHE MËNYRAT E ADRESIMIT

2.1 Instruksionet makinë

Operacionet e memorizuara në kujtesën e një kompjuteri, para ekzekutimit të tyre, formojnë ato që në zakonisht jemi mësuar ta quajmë *program*. Këto operacione njihen me emrin *instruksione*.

Duke pasur parasysh çfarë kemi mësuar deri tani, mund të themi se nën-sistemi qendror është në gjendje të ruaje dhe të ekzekutojë instruksionet e një programi. Këto instruksione materializojnë funksionin e përpunimit të një kompjuteri, në kuptimin që çdo aplikim, çdo algoritëm, transformohet në një sekuencë instruksionesh të interpretueshëm nga hardware i nën-sistemit qendror.

Duhet të theksohet se në këtë kapitull do të trajtojmë vetëm ato instruksione që mund të ekzekutohen ose interpretohen drejtpërdrejt nga hardware i nën-sistemit qendror. Prandaj, për t'i dalluar ato nga instruksionet e gjuhëve të zhvilluara si BASIC, COBOL, C, LISP, PASCAL, JAVA etj. këto instruksione do ti quajmë *instruksione makinë*.

Për të sqaruar më mirë vendin dhe rolin e këtyre instruksioneve, në paragrafin e mëposhtëm të titulluar "Makinat virtuale", do të trajtojmë më me detaje këtë problem, duke e parë në një prizëm më të përgjithshëm siç është strukturimi me shtresa i një kompjuteri. Kësaj strukturë do ti referohemi edhe në kapitujt e tjerë në vazhdim.

2.2 Makinat virtuale

Bashkësia e instruksioneve të ekzekutueshme drejtpërsëdrejti nga hardware i një kompjuteri quhet *gjuhë makinë*, të cilën në simbolikisht do ta shprehim me simbolin L1.

Kur konceptohet një kompjuter i ri, në përgjithësi, kërkohet që instruksionet që përbëjnë gjuhën e tij makinë të jenë sa më të thjeshtë me qëllim që të zvogëlohet kompleksiteti, pra kostoja e hardware. Kjo natyrisht shoqërohet me një të metë : gjuha makinë të kompjutereve është shumë primitive dhe praktikisht e papërdorshme si gjuhë programimi.

Chapter 1 Për të zgjidhur këtë problem, konceptohet një bashkësi tjetër instruksionesh, që formon gjuhën L2, e cila në krahasim me gjuhën L1, është më e thjeshtë dhe praktike për tu përdorur për programin.

Ekzistojnë dy metoda për të arritur këtë qëllim :

- *përkthimi ose kompilimi,* i cili konsiston në përftimin e një programi të ri tërësisht të shkruar në gjuhën L1, që përftohet nga zëvendësimi, "përkthimin" i secilit instruksion të L2 në disa instruksione ekuivalente të L1.

- *interpretimi,* i cili konsiston në përdorimin e një programi të veçantë (interpretuesi) i shkruar tërësisht në gjuhën L1, i aftë që pasi ekzaminon secilin instruksion të programit në gjuhën L2, ekzekuton drejtpërdrejt sekuencën ekuivalente në L1.

Eshtë me interes edhe kjo mënyrë të menduari : në vend që të arsyetojmë me terma si kompilim dhe interpretim, është më lehtë të imagjinojmë një kompjuter hipotetik, gjuha makinë e të cilit nuk është më L1 por L2. Kemi të bëjmë me atë që njihet me *termin "makinë virtuale"* L2.

Me qëllim që si kompilimi ashtu edhe interpretimi të jenë në mënyrë të arsyeshme të thjeshtë duhet që gjuhet L2 dhe L1 të mos jenë shumë të ndryshme ndërmjet tyre. Kjo do të sjellë domosdoshmërish që edhe gjuha L2 të mos jetë plotësisht e përshtatshme si gjuhë programimi. Pra, të jemi të detyruar të përcaktojmë një bashkësi të re instruksionesh, që formojnë gjuhën L3, më pranë përdoruesit final të kompjuterit dhe më larg hardwar-it se gjuha L2.

Në këtë mënyrë mund të konceptojmë një seri gjuhesh, secila duke qenë më praktike në programim se paraardhësja e saj, deri sa të përftojmë një gjuhë Ln që të gjykohet e përshtatshme. Secila nga këto gjuhë mbështetet mbi paraardhësen e saj duke bërë që një kompjuter të mund të shihet si mbivendosje shtresash ose nivelesh siç është paraqitur në figurën 2.1.

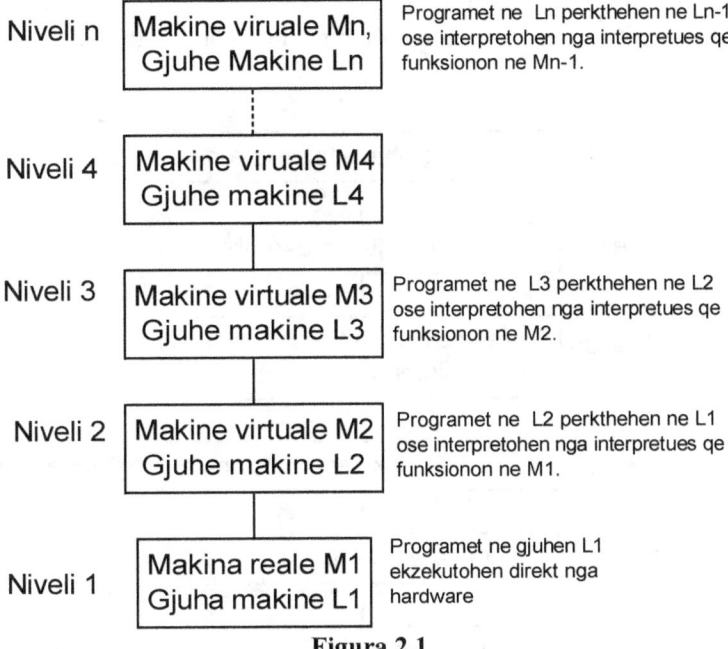

Figura 2.1

2.2.1 Makinat shumështresore aktuale

Duke u nisur nga modeli i kompjuterit të mësipërm, le të shohim tani se si paraqitet situata në realitet.

Aktualisht të gjithë kompjuteret kanë më shumë se dy nivele, ndërsa zakonisht ata kanë deri në 6 nivele, siç është paraqitur në figurën 2.2.

Të analizojmë në veçanti secilin nga nivelet.

Niveli 0, i cili quhet edhe niveli fizik përbëhet nga elektronika e kompjuterit që përfaqësohet nga procesorë, kujtesa, porta logjike, bistabla, regjistra etj. Pra, siç shihet në këtë nivel nuk kemi të bëjmë fare me programim.

Niveli 1 ose shtresa e mikroprogramimit

Kjo shtresë përfshin të ashtuquajturat "mikroprograme" detyra e të cilave është të interpretoje instruksionet e nivelit të dytë.

Në vitin 1951 anglezi Wilkes hodhi idenë se konceptimi i një kompjuteri me tre nivele, në vend të dy të asaj kohe, do të thjeshtonte shumë hardwar-in. Ky nivel i ri është pikërisht niveli i mikroprogramimit. Hardware i një kompjuteri të tillë, në vend të programeve në gjuhë makinë, ekzekuton mikroprograme, repertori i instruksioneve të të cilave është i kufizuar dhe përbëhet nga instruksione të thjeshtë. Makina të tilla filluan të ndërtohen në vitet '60, ndërsa që prej viteve '70 shtresa e mikroprogramimit u bë dominuese.

Në kapitujt e tjerë do të analizojmë në mënyrë më të detajuar këtë shtresë.

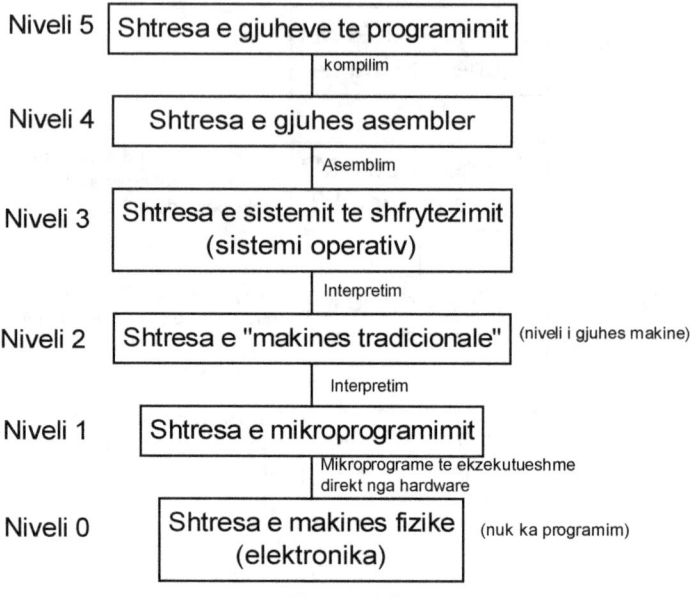

Figura 2.2

Niveli 2 ose shtresa a makinës tradicionale

Para se teknologjia e mikroprogramimit të përdorej gjerësisht, kjo shtresë ndërfaqësohej drejtpërdrejt me hardware të kompjuterit. Pra kjo shtresë **tradicionalisht** ka përfshirë instruksione të ekzekutueshme drejtpërsëdrejti nga hardware. Përdorimi i teknologjisë së mikroprogramimit e ka ndryshuar disi këtë situatë, pasi tani janë mikroprogramet dhe jo hardware ato që interpretojnë instruksionet e kësaj shtresë. Megjithatë këto instruksione vazhdojnë të quhen **"instruksione makinë" dhe ato do të jenë objekti i këtij kapitulli.**

Bashkësia e instruksioneve të kësaj shtrese përbëjnë atë që zakonisht njihet me emrin "seti i instruksioneve" të një procesori ose kompjuteri, d.m.th. tërësia e instruksioneve që ai është në gjendje të ekzekutojë. Prandaj kjo shtresë quhet edhe **ISA (Instruction Set Architecture).**

Niveli 3 ose shtresa e sistemit operativ

Shërbimet që ofrohen nga niveli 3 realizohen nëpërmjet një interpretuesi, i cili ekzekutohet në nivelin 2 dhe që historikisht është njohur me emrin "sistem shfrytëzimi" se "sistem operativ" (Operating System).

Në përbërje të kësaj shtrese gjenden pjesa më e madhe e instruksioneve të nivelit 2, të cilët në këtë rast marrin emrin "instruksione të zakonshëm të nivelit 3". Ndërsa instruksionet specifike të kësaj shtrese shpesh në literature njihen me emrin "system calls" dhe realizojnë funksione të rëndësishme si :

- administrimi i hyrje/daljeve,
- administrimi i organizimit ose regjistrimit të llojit të informacionit në disk ose shkurt organizimi i skedarëve,
- administrimi i proceseve,
- administrimi i kujtesës,

etj.

Analiza e sistemeve të shfrytëzimit nuk është objekti i këtij kursi, por ato do të trajtohen në kurse të posaçme.

Niveli 4 ose shtresa e gjuhës asembler

Ekzistojnë dy dallime thelbësore ndërmjet niveleve 1-3 dhe atyre 4,5 që janë:

a. Nivelet 1-3 ekzistojnë gjithmonë në formën e interpretuesve, ndërsa nivelet 4 dhe 5 e më lart shpesh, por jo gjithmonë, realizohen nëpërmjet kompilatorëve.

b. Nivelet 1-3 për shkak të natyrës dhe kompleksitetit që paraqesin shkruhen dhe përdoren prej të ashtuquajturve "programues të sistemeve" dhe janë dominione të tyre, ndërsa ato 4 dhe 5 përdoren prej programuesve të aplikacioneve për të zgjidhur një problem konkret.

Le të vazhdojmë tani me trajtimin e shtresës se gjuhës asembler.

Në rastin e një gjuhë asembler të pastër çdo instruksion i saj i korrespondon saktësisht një instruksion në gjuhë makinë. Me fjalë të tjera, n.q.s. çdo linjë e programit përmban një instruksion në gjuhë asembler dhe n.q.s. një instruksion makinë shprehet me një fjalë, atëherë *n* linja programi në asembler do të krijojnë një program në gjuhë makinë prej *n* fjalësh.

Gjuha asembler preferohet në vend të asaj makinë, për arsye se paraqitja simbolike e instruksioneve dhe adresimi simbolik që ajo përdor, e bëjnë atë më të thjeshtë për t'u përdorur.

Përveç këtij raporti të ngushtë ndërmjet instruksioneve në asembler me instruksionet në gjuhë makinë, një karakteristike tjetër e rëndësishme e gjuhëve asembler është fakti se nëpërmjet këtyre gjuhëve mund të kapen (të kihet akses) të gjitha karakteristikat e kompjuterit që programohet, gjë e cila nuk është e vërtetë për gjuhet e nivelit më të lartë (niveli 5). Shembull : testimi i bitit të kapërderdhjes, testimi i gjendjes se ndërprerjeve të kompjuterit (interruptions), etj.

Gjuhët që përdoren për programimin e sistemeve shpesh janë hibride : ato kanë sintaksën e gjuhëve të nivelit të lartë dhe instruksione afër gjuhës makinë. Shembull tipik është gjuha C.

Niveli 5 ose shtresa e gjuhëve të programimit

Në këtë nivel gjenden gjuhet që përdoren për programimin e aplikacioneve. Këto gjuhë që njihen me emrin *gjuhë të nivelit të lartë* janë të shumta, ku ndër më të njohurat mund të përmendim : COBOL, FORTAN, ADA, APL, PASCAL, C, LSIP, JAVA etj.

Në përfundim të kësaj analize mund të nxjerrim si konkluzion se një kompjuter mund të konsiderohet si një tërësi shtresash, ku secila shtresë përmbledh ato paraardhëset. Një shtresë paraqet një nivel të caktuar abstraksioni dhe përmban objekte të ndryshëm dhe operacione mbi këta objekte.

Siç e përmendëm edhe pak më sipër, gjithshka që do të diskutojmë në këtë kapitull në lidhje me instruksionet, ka të bëjë vetëm me instruksionet e shtresës se dytë ose shtresa e makinës tradicionale (ISA).

2.3 Struktura e instruksioneve

2.3.1 Struktura teorike
Një instruksion parimisht duhet të tregojë :

- operacionin ose veprimin që kryhet. Eshtë roli i pjesës kodi i veprimit (operation code) i instruksionit që realizon këtë gjë,
- të dhënat mbi të cilat vepron operacioni në fjalë,
- adresa e instruksionit pasues.

Pra, në mënyrë të përmbledhur mund të themi se Instruksioni tregon operacionin që kryhet mbi një bashkësi operandash.

Në këtë mënyrë, struktura e një instruksioni teorik do të kishte formën e mëposhtëme (figura 2.3).

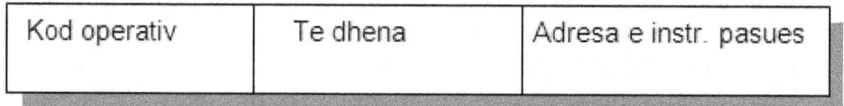

Kod operativ	Te dhena	Adresa e instr. pasues

Figura 2.3

Në realitet, në asnjë kompjuter nuk gjenden instruksione të tillë. Kjo sepse, duke futur hipotezën e sekuencialitetit, d.m.th. të vendosjes në mënyrë të njëpasnjëshme të instruksioneve në kujtesë, pjesa e tretë e instruksionit bëhet e pavlefshme. Kështu në mënyrë implicite adresa e instruksionit pasues është e barabartë me adresën e instruksionit në ekzekutim +1, ose + n , n.q.s. instruksioni që ekzekutohet shtrihet në n qeliza kujtese.

Adoptimi i parimit të sekuencialitetit bën të domosdoshme ekzistencën e një tipi të ri instruksioni. Ky është instruksioni i kërcimit (branch), i cili bën të mundur të mos ekzekutohen sistematikisht të gjithë instruksionet e vendosura në sekuence në kujtesë. Prandaj këta instruksione quhen edhe instruksione të ndërprerjes se sekuencës.

Në këtë mënyrë futja e parimit të sekuencialitetit bën që të ekzistojnë të paktën dy tipe instruksionesh, me strukturë siç është paraqitur në figurën 2.4

Kodi operativ	The dhenat qe do te perpunohen (operanda)

Kodi operativ	Kondita	Adresa e kercimit

Figura 2.4

2.3.2 Struktura reale e instruksioneve

Në figurën 2.4, zona e të "dhënave që do të përpunohen", bën të mundur që instruksioni të njohë të dhënat që ai do të manipulojë. Informacionet e nevojshme për këtë përpunim janë:

- tipi i të dhënës : bit, karakter, numër i plotë, flotues, me shenjë ose jo, etj.
- struktura e të dhënës: skalar, vektor, matricë etj.
- gjatësia e të dhënës : fjalë, fjalë dyfishe, zinxhir, etj.

Këto informacione, që janë karakteristika të operandës, i përkasin të dhënës dhe jo instruksionit, prandaj është logjike që këto karakteristika t'i bashkëngjiten vlerës se të dhënës në kujtesë, sikurse është paraqitur skematikisht në figurën e mëposhtëme (figura 2.5).

Në realitet, shumë pak kompjutera kanë strukturë të instruksionit si ajo e paraqitur në figurën 2.5. (shembuj të tillë janë kompjuteret Burroughs B6700, B6800, B6900).

Në pjesën dërmuese të kompjutereve, karakteristikat e operandës vendosen në vetë instruksionin dhe jo në kujtesë se bashku me vlerën e saj. Kështu në pjesën më të madhe të rasteve, ato vendosen plotësisht ose pjesërisht në kodin operativ të instruksionit. Ky fakt bën që për të njëjtin operacion, në vartësi të karakteristikave të operandës (tip, strukturë, gjatësi) të ekzistojnë kode të ndryshme operacioni.

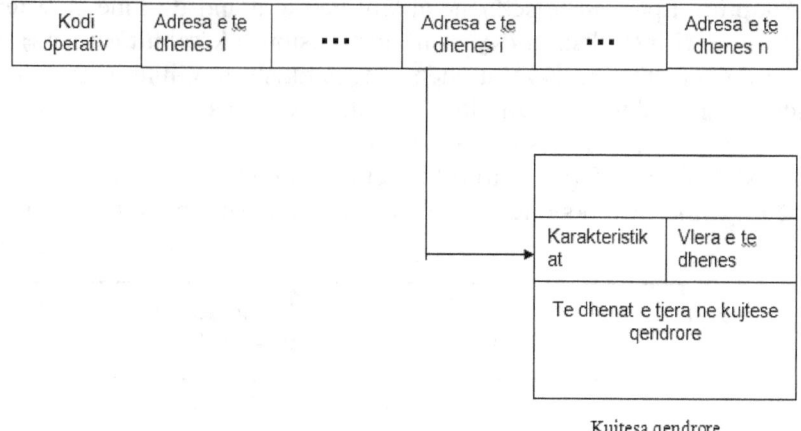

Figura 2.5

Kështu në kompjuterin e tipit IBM 370 ekzistojnë 15 kode të ndryshme operacioni për veprimin e mbledhjes, ku disa prej të cilëve janë:

- mbledhje numrash të plotë me gjatësi gjysmë fjalë (16 bite) me shenjë,
- mbledhje numrash të plotë me gjatësi gjysmë fjalë pa shenjë,
- mbledhje numrash të plotë me gjatësi një fjalë (32 bite),
- mbledhje numrash me presje notuese me precizion të zakonshëm,
- mbledhje numrash me presje notuese me precizion të dyfishtë,

etj.

2.4 Kritere të vlerësimit të formatit të instruksionit

Gjatë konceptimit të një kompjuteri, specifikimet e formatit të instruksioneve të shtresës se dytë (makina tradicionale ose ISA) kanë një rëndësi të posaçme. Kriteret më të rëndësishëm që duhet të kihen parasysh janë:

a. Përgjithësisht instruksionet e shkurtër janë më efikase persa i përket performancave në ekzekutim dhe okupimit të kujtesës së programeve. Në qoftë se faktori okupim i kujtesës është evident, ai i performancave në ekzekutim është i dyzuar. Kështu, është evidente që një program prej *n* instruksionesh me gjatësi 16 bite, okupon dy herë më pak hapësirë në kujtesë në krahasim me një program tjetër prej *n* instruksionesh me gjatësi 32 bite. Ndërsa për shpejtësinë e ekzekutimit të instruksioneve është i vlefshëm ky arsyetim : n.q.s. kohëzgjatja e ekzekutimit të instruksionit është e madhe në raport me kohën e kërkimit të tij në kujtesë, atëherë gjatësia e instruksioneve nuk ka influence të madhe në kohën e përgjithshme të realizimit të instruksionit. Në të kundërt, në procesorët e shpejtë, është kujtesa ajo që ngadalëson procesin e realizimit të instruksionit, prandaj influenca e gjatësisë se instruksionit është e konsiderueshme. Për pasojë, në këtë rast, përdorimi i teknikave siç është ajo e kujtesës kashé, që zvogëlojnë kohën e kërkimit të instruksioneve është një kriter konceptimi i rëndësishëm.

b. Gjatësia në bite e instruksionit (sidomos e kodit operativ) duhet të jetë e tillë, që të shprehë të gjithë operacionet e parashikuara. Kështu për të shprehur 2^n operacione të veçanta, do të duheshin detyrimisht të paktën *n* bite. Nga ana tjetër për të qenë sa më koherente me organizimin e kujtesës do të duhej që gjatësia e instruksionit të ishte shumëfishe e fjalës së kujtesës.

c. Një kriter tjetër që duhet të kihet parasysh gjatë konceptimit të një kompjuteri është edhe gjatësia e fushave të tjera të instruksionit siç janë ato të adresave ose operandave. Me gjerësisht për këtë do të flasim në paragrafin e mëposhtëm "Mënyrat e adresimit".

Duke pasur parasysh kriteret **a** dhe **b** të mësipërm është me interes edhe diskutimi i mëposhtëm:

Meqenëse nga njëra anë nëpërmjet *n* bitëve mund të shprehen 2^n operacione dhe nga ana tjetër, për të mos shpërdoruar kujtesë, *n* duhet të jetë shumëfish i fjalës në kujtesë, atëherë vlerat tipike të n zakonisht janë 8 dhe 16. Ky fakt bën që numri i operacioneve që mund të shprehen është shumë më i madh në krahasim me sa nevojiten realisht ($2^{16} = 65536$ operacione). Kjo është njëra nga arsyet, që në kodin operativ të instruksionit, ashtu siç përmendëm edhe në paragrafin "Struktura reale i instruksioneve", të futen elemente që lidhen me karakteristikat e operandës apo elemente të adresimit të regjistrave, siç është rasti i mikroprocesorëve 8085 dhe 8086, të cilin do ta analizojmë më poshtë.

Për të optimizuar hapsirën që zënë programet, pra instruksionet, në kujtesën qëndrore të një kompjuteri operohet edhe me këtë kriter tjetër :

Instruksionet më të përdorshme të kenë formatin më të shkurtër, ndërsa ato më pak frekuente të jenë më të gjatë. Pra, në këtë rast, gjatësia e kodit operativ të instruksionit nuk është më fikse, por variabël në funksion të probabilitetit të ndodhjes se tyre, pasi siç do të shohim edhe në fund të këtij kapitulli, frekuenca e përsëritjes në program të një tipi të caktuar instruksioni mund të përcaktohet.

Le të vlerësojmë nga ana sasiore se sa është ky optimizim.

Për këtë, le të marrim në konsideratë bashkësinë prej 5 instruksionesh, probabiliteti i ndodhjes se tyre është paraqitur në tabelën 2.1. Kështu n.q.s. kodi operativ i instruksionit do të ishte me gjatësi fikse, atëherë do të duheshin 3 bitë.

Tabela 2.1

Instrksioni	Probabiliteti i ndodhjes Pi	Kodi operativ Ci
I1	0.5	1
I2	0.3	01
I3	0.08	000
I4	0.06	0011
I5	0.06	0010

Ndërsa në rastin e kodit operativ me gjatësi variabël, numri mesatar i bitëve të kodit operativ do të ishte:

$$\sum_{i=1}^{5} pi|ci| = 1.82$$

Pra, do të përftonim një reduktim prej 39% të gjatësisë se instruksionit në krahasim me rastin e op.kode me gjatësi fikse.

Megjithëse përdorimi i gjatësisë variabël të kodit operativ sjell një kursim të konsiderueshëm në okupimin e kujtesës, ai ka një të mete : është i vështirë në realizimin praktik të tij. Prandaj, në pjesën dërmuese të kompjutereve, përdoret kod operativ me gjatësi fikse, i cili është më lehtë i aplikueshëm.

2.5 Shembuj formatesh të instruksioneve

2.5.1 Mikroprocesori 8086

Ky mikroprocesor është i pajisur me dy regjistra të bazës BP (Base Pointer) dhe BX si dhe dy regjistra indexi SI (Source Index) dhe DI (Destination Index). Instruksionet mund të kenë gjatësi nga 1 deri në 7 byte. Kodi i operacionit mund të shtrihet në gjatësi deri në 2 byte si në figurën 2.6

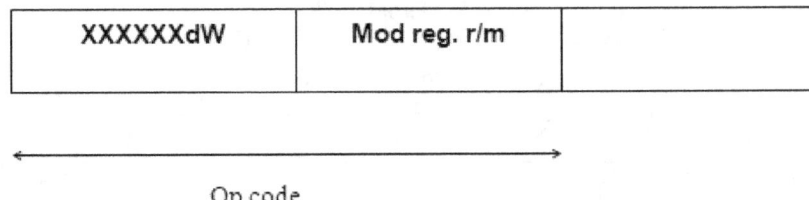

Op code

Figura 2.6

Në byte-in e parë të kodit operativ, shpesh , por jo gjithmonë ndeshen dy bite **d** dhe **W** të cilët shprehin :

W – tregon madhësinë e fjalës që manipulohet nga instruksioni:

W=0 - operanda ka gjatësi 1 byte

W=1 - operanda ka gjatësi 2 byte

d – tregon se ku do të vendoset rezultati (i cili mund të mos vendoset gjithmonë në akumulator)

d=1 rezultati vendoset në një regjistër, i cili përcaktohet nga **reg** në bytin e dytë të kodit operativ.

Në byte-in e dytë të kodit operativ specifikohen :

- mënyra e adresimit,
- regjistri ose regjistrat që përdoren nga instruksioni,
- tipi i instruksionit brenda një familjeje që kanë të njëjtë byte-in e parë kodit operativ.

Kështu nga figura 2.7 kemi :

- *mod* se bashku me *r/m* (regjistër/memorie) përcakton mënyrën e adresimit,
- *reg* përcakton regjistrin, segmentin ose tipin e instruksionit.

Vlerat e *reg, mod, dhe r/m* jepen në tabelat e mëposhtëme.

mod – përcakton ekzistencën ose jo të zhvendosjes (Deplacement) në instruksion, ose në se r/m është një regjistër, si në tabelat e mëposhtëme.

Tabela 2.2

16 bite (W=1)		8 bite (W=0)		Segment	
000	AX	000	AL	00	ES
001	CX	001	CL	01	CS
010	DX	010	DL	10	SS
011	BX	011	BL	11	DS
100	SP	100	AH		
101	BP	101	CH		
110	SI	110	DH		
111	DI	111	BH		

Tabela 2.3

Mod=00		
r/m	AE=	Menyra e adresimit
000	(BX) + (SI)	Base + Index
001	(BX) + (DI)	" "
010	(BP) + (SI)	" "
011	(BP) + (DI)	" "
100	(SI)	Indexuar
101	(DI)	Indexuar
110	Deplacement 16 bit	Adresim absolut (direkt)
111	(BX)	Regjister indirekt

Tabela 2.4

Mod=01 ose 10		mod	
r/m	AE=	01	10
000	(BX) + (SI)+Deplac.	Deplacement 8 bite	Deplacement 16 bite
001	(BX) + (DI)+Deplac.		
010	(BP) + (SI)+Deplac.		
011	(BP) + (DI)+Deplac.		
100	(SI)+Deplac.		
101	(DI)+Deplac.		
110	(BP) +Deplac.		
111	(BX)+Deplac.		

Mod = 11   - në këtë rast r/m specifikon një regjistër sipas tabelës No.1.

Shembuj :
1. Adresim direkt

mov AL, [1064h]   ---- kodi i operativ   A06410
mov AX, [1064h]   "   "   A16410
Në rastin e parë operanda është 8 bite pra W=0, ndërsa në të dytin operanda =16 bite, pra W=1.

2. Adresim regjistri direkt
mov BX,AX   -----   kodi operativ : 8BD8

3. Adresim i indexuar
mov CX,[SI] ----- kodi operativ : 8B0C

4. Adresim me bazë + indexuar
mov CX, [1064h] [BX] [DI] ------ kodi operativ 8B89 1064

2.5.2 Procesori PDP11
Ky kompjuter është paraardhësi i familjes se kompjutereve të quajtur VAX .

Bashkësia e instruksioneve të këtij kompjuteri ka një veçori që quhet *ortogonalitet*. Nuk është vetëm ky kompjuter që disponon këtë veçori.

Një bashkësi instruksionesh është *ortogonale* kur ekziston pavarësi e plotë ndërmjet kodit operativ të instruksionit dhe mënyrave të adresimit. Me fjalë të tjera, mundësia që kanë të gjithë kodet operative (instruksionet) për të përdorur të gjithë mënyrat kryesore të adresimit quhet *ortogonalitet*.

Eshtë e natyrshme që një veçori e tillë thjeshton se tepërmi programimin e këtij procesori.

Në figurën 2.7 është paraqitur bashkësia e formateve të instruksioneve të këtij procesori. Siç shihet ekzistojnë 13 formate të ndryshëm instruksionesh.

Disa sqarime rreth figurës 2.7.
- Fushat burim (source) dhe destinacion (destination) të instruksionit përmbajnë dy zona nga tre bite secila ku shprehet mënyra e adresimit dhe numri i regjistrit. Ky fakt dëshmon për ortogonalitetin e instruksioneve të këtij procesori.
- FP është një regjistër "notues" ndër 4 të tillë (0,1,2,3)
- CC është një fushë që shpreh "Code Condition"

Një moment tjetër që duhet theksuar në lidhje me bashkësinë e instruksioneve të PDP11 është gjithashtu edhe fakti se instruksionet më të përdorshëm, shprehen sipas formateve me kod operativ më të shkurtër. Kështu instruksionet MOV, CMP, BIT, BIC, BIS, ADD, MOVB, CMPB, BITB, BICB, BISB dhe SUB kodohen sipas formatit tip 1, ose në vartësi të mënyrës se adresimit sipas formateve 9 ose 13.

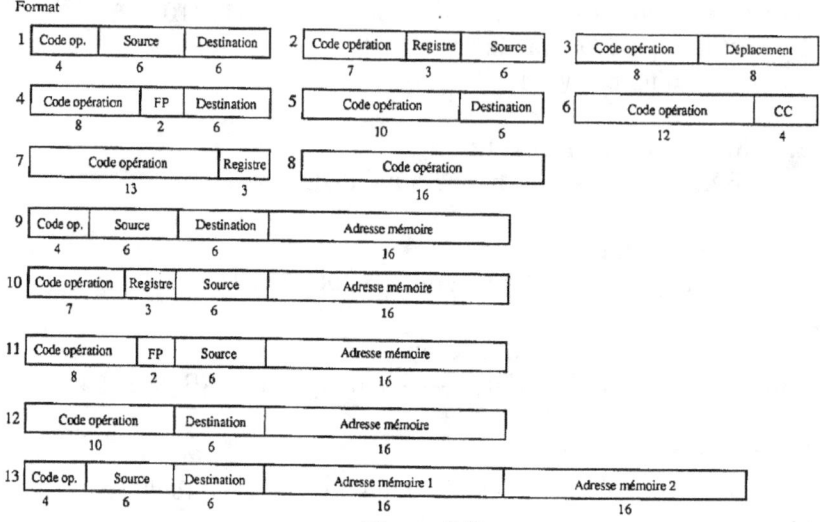

Figura 2.7

2.6 Numri i operandave

Teorikisht një instruksion mund të përmbaje *1, 2* ose *n* zona operandë, siç është paraqitur në figurën 2.8. Praktikisht ky numër mund të jetë 1, 2 ose 3 dhe në vartësi të numrit të operandave kemi të bëjmë respektivisht me makina me 1,2 dhe 3 adresa.

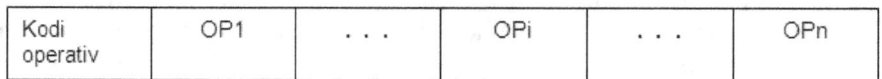

Figura 2.8

2.6.1 Makina me një adresë

Eshtë makina, formati i instruksionit të se cilës përmban vetëm një operandë. Në këtë rast kemi të bëjmë me një instruksion minimalisht të shkurtër.

Njësia e përpunimit e një makinë të tillë shoqërohet domosdoshmërish nga një regjistër i veçantë i quajtur AKUMULATOR. Prandaj, procesorë të tillë quhen edhe "makina me akumulator"(accomulator machines). Në këtë rast, për operacionet ose instruksionet që përdorin dy operanda, në hyrje të ALU do të aplikohen akumulatori dhe kujtesa (kujtesa lokale ose regjistrat ose kujtesa qëndrore). Njësia e përpunimit e një makinë me një adresë do të kishte formën e figurës 2.9.

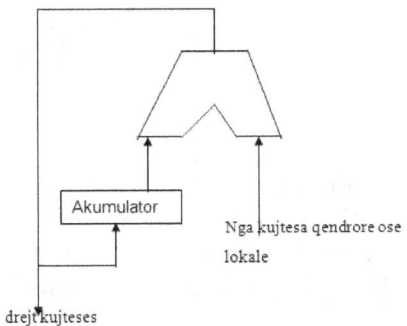

Figura 2.9

Në makinën me një adresë njëra nga operandat dhe adresa e rezultatit të prodhuar nga ALU janë implicite. Eshtë pikërisht regjistri akumulator që shërben për këtë qëllim.

Kështu për të realizuar një operacion të thjeshtë mbledhjeje nevojiten 3 instruksione, siç është paraqitur më poshtë.

LOAD	**OP1**	**Ngarko OP1 në akumulator**
ADD	**OP2**	**Akumulatori = OP1 + OP2**
STORE	**OP3**	**Vendos akumulator-in në OP3**

2.6.2 Makina me dy adresa

Eshtë përdorur për herë të parë në kompjuterin IBM 360 në mesin e viteve '60.

Në një makinë të tillë instruksionet specifikojnë njëkohësisht adresën e dy operandave. Rezultati i përpunimit, në përgjithësi, vendoset në pozicionin e njërës prej operandave të specifikuara në instruksion.

Njësia e përpunimit e një makinë të tillë ka formën e paraqitur në figurën 2.10.

Mbledhja e dy operandave, e marrë si shembull në makinën me një adresë tani do të realizohej si më poshtë:

MOVE	**OP3**	**OP1**	**Vendos në OP3 vlerën e OP1**
ADD	**OP3**	**OP2**	**Mblidh OP2 me OP3,**
			rezultati vendoset në OP3

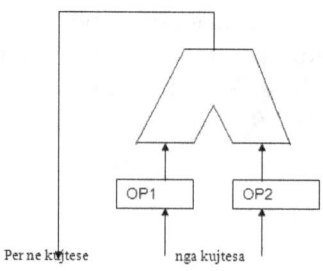

Per ne kujtese   nga kujtesa

Figura 2.10

Pra siç shihet, njëra nga dy operandat është në mënyrë implicite vendndodhja e rezultatit të operacionit. Shembull : në kompjuterat IBM 360/370 dhe DPS7 rezultati i operacionit vendoset në operandën e parë (d.m.th. adresa e parë logjike pas kodit të operacionit).

2.6.3 Makina me tre adresa

Në një kompjuter të tillë, në instruksion specifikohet njëkohësisht adresa e dy operandave dhe ajo e rezultatit. Kështu për të realizuar operacionin e mbledhjes të marrë si shembull do të nevojitej vetëm një instruksion i formës:

ADD	OP3	OP2	OP1	OP3 <- OP1+OP2

Shembuj makinash të tilla klasike janë CYBER, iAPX 432 i Intel, VAX. Procesorët RISC që përdorin instruksione me gjatësi 32 bitë janë zakonisht makina me tre adresa. Të tillë procesorë janë p.sh. PowerPC, MIPS, ARM etj. Në këta procesorë operandat adresohen vetëm në regjistra. Në figurën 2.26 paraqitet një instruksion i tillë, ku specifikohen vendndodhjet në regjistra të dy operandave (regjistrat Rs dhe S2) dhe të rezultatit (Destination).

Nga analiza e këtyre tre makinave vihet re se duhet gjetur një kompromis ndërmjet gjatësisë se instruksioneve, d.m.th. vendit që ata zënë në kujtesë dhe numrit të instruksioneve të nevojshëm për realizimin e një operacioni të dhënë , d.m.th. shpejtësisë se funksionimit të kompjuterit.

Në një farë mënyre ky kompromis realizohet në makinat me dy adresa.

Shënim:

Në shembujt e paraqitur më sipër janë bërë disa thjeshtime, pasi nuk është marrë parasysh vendndodhja e operandave. N.q.s. ato do të ndodheshin të gjitha në regjistra, atëherë shembujt e mësipërm, janë plotësisht besnikë të realitetit. Por në mjaft procesorë instruksionet shprehin operanda që gjenden në regjistra ose në kujtesën qëndrore.

Kështu në rastin e kompjuterit IBM360/370, që është rast tipik i makinës me dy adresa, n.q.s. operandat ndodhën në kujtesën qëndrore do të nevojiten 3 instruksione si më poshtë.

LOAD   Ri   OP1   Ngarko OP1 në Ri

ADD   Ri   OP2   Ri = OP1 + OP2

STORE   Ri   OP3   Vendos Ri në OP3

2.7 Mënyrat e adresimit

Domethënia e zonës operandë të një instruksioni varet nga mënyra e përdorur e adresimit. Kështu zona operandë e instruksionit mund të përmbajë:

- Vlerën e operandës në formë eksplicite. Në këtë rast thuhet se kemi të bëjmë me një instruksion me operandë imediate, ose ndryshe "adresim imediat".

- Adresën e operandës në kujtesën qëndrore. Për disa arsye, të cilat do ti rendisim më poshtë, instruksioni nuk përmban gjithmonë adresën e vërtetë të operandës në kujtesë, por kjo adresë tregohet ose shprehet në forma të ndryshme, të cilat përbëjnë ato që në jemi mësuar ti quajmë " mënyra adresimi".

Arsyet kryesore që diktojnë përdorimin e mënyrave të ndryshme të adresimit janë:

a. Zvogëlimi i madhësisë se instruksionit. Eshtë e qartë se sa më e madhe të jetë kujtesa qëndrore, aq më shumë bite do të nevojiten për adresimin e saj (p.sh. 16 bite për 64 kB, 20 bite për 1 MB, ose 24 bite për 16 MB kujtesë qëndrore). Por, një program, në një moment të caktuar, shfrytëzon një ose disa zona të kufizuara të kujtesës. Prandaj është e panevojshme që çdo instruksioni ti lejohet mundësia të kapë me shpejtësi, ose menjëherë të gjithë qelizat e kujtesës qëndrore.

b. Shpesh herë është me interes që instruksionet e një programi të jenë të pavarur nga adresat ku gjenden të dhënat. Mënyrat e adresimit kanë gjithashtu si objektiv që instruksionet të jenë të pavarura nga adresa e vendndodhjes se të dhënave në kujtesë.

c. Në kompjuterat që i shërbejnë njëkohësisht disa përdoruesve (sisteme "multiuser"), është e domosdoshme të sigurohet mbrojtja e tyre nga njeri-tjetri si dhe mbrojtja e vetë sistemit të shfrytëzimit. Disa mënyra adresimi bëjnë të mundur pikërisht rritjen e sigurisë se punës se përdoruesve dhe vetë kompjuterit.

2.7.1 Adresat logjike, fizike dhe efektive
Përkufizime

❖ Adresë logjike (shkurt AL) quhet adresa që specifikohet në vetë instruksion.

❖ Adresë fizike (AF) është adresa që procesori dërgon drejt kujtesës qëndrore.

❖ Adresë efektive (AE) është adresa fizike finale ku gjendet vlera e operandës të përcaktuar nga adresa logjike AL.

Mënyrat e ndryshme të adresimit, bëjnë të nevojshme ekzistencën e një qarku të posaçëm, të quajtur "qarku i transformimit të adresës", siç tregohet në figurën e mëposhtëme (fig. 2.11).

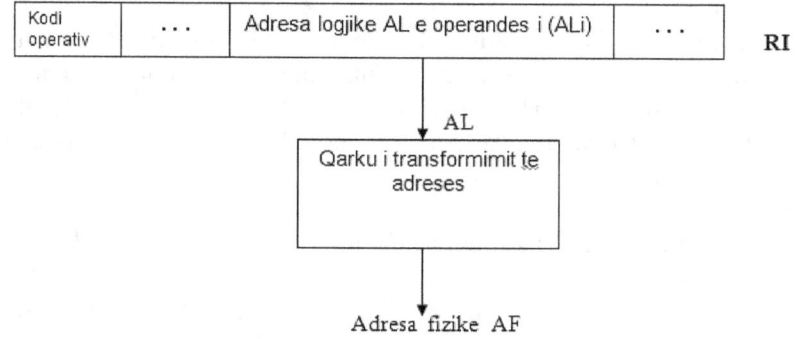

Figura 2.11

Tani le të analizojmë me radhë mënyrat e ndryshme të adresimit, duke filluar nga ai më i thjeshti.

2.7.2 Adresimi absolut ose direkt
Ky lloj adresimi njihet edhe me emrin adresim direkt (ang. absolute addressing ose direct addressing).

Në këtë lloj adresimi adresa logjike dhe ajo efektive janë të njëjta, pra zona e operandës AL, tregon adresën reale të operandës në kujtesën qëndrore. Skematikisht kjo mënyrë adresimi paraqitet në figurën e mëposhtëme (figura 2.12)

Përparësitë kryesore e kësaj mënyrë adresimi janë:

• Çdo instruksion mund të adresojë të gjithë kujtesën qëndrore,

• Eshtë i shpejtë, pasi adresa fizike përftohet direkt nga ajo logjike, pa qene nevoja të kalohet nëpër qarkun e transformimit ta adresës,

• Eshtë i thjeshtë në përdorim.

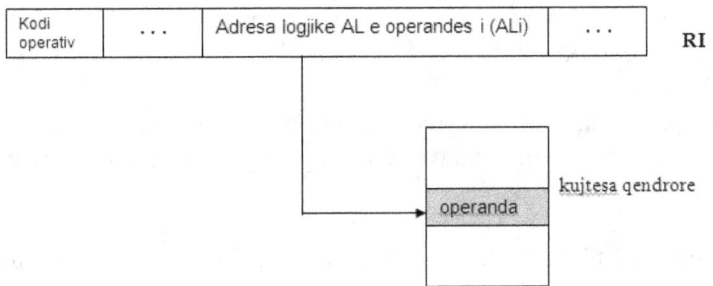

Figura 2.12

Të metat:

- Gjatësi e madhe e instruksionit, sepse zona e operandës (AL) ka madhësi maksimale,
- Mungesë pavarësie ndërmjet instruksioneve dhe të dhënave, që manipulohen prej tyre. N.q.s. të dhënat vendosen diku gjetkë në kujtesë, është e domosdoshme të modifikohen instruksionet, pra kërkohet një rikompilim dhe linkim i ri i programit.

Jo të gjithë procesorët disponojnë këtë mënyrë adresimi (p.sh. IBM 360/370

2.7.3 Adresimi indirekt

Në këtë rast, adresa logjike AL, ose zona operandë e instruksionit, nuk përmban adresën e operandës, por adresën e adresës se saj, siç është paraqitur në figurën 2.13

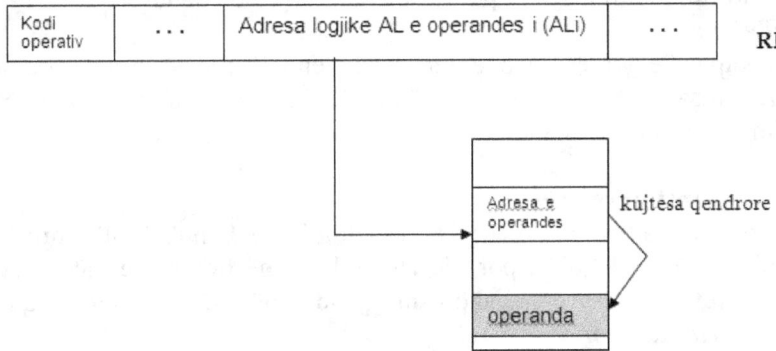

Figura 2.13

Pra, që vlera e operandës të jetë disponibël (që të mund të lexohet), nevojiten dy cikle leximi në kujtesë. Në ciklin e parë të leximit përftohet adresa ku gjendet vlera e operandës, e cila mund të konsiderohet si një shënjues i operandës. Leximi i vetë operandës bëhet në ciklin e dytë. Qe këtej rrjedh se:

- Adresa ku gjendet vlera e operandës mund të ndryshohet pa qenë nevoja të modifikohet instruksioni. Për këtë mjafton të ndryshohet shënjuesi.

- Një program, i cili thërret një nën-program, mund ti kalojë këtij të fundit adresat e operandave të tij nëpërmjet një ose disa shënjuesish, të përcaktuar që më parë.

Në mënyrë të përmbledhur mund të themi se në mënyrën indirekte të adresimit, adresa logjike AL, gjeneron dy adresa fizike AF, ku e dyta është adresa efektive AE.

Përparësitë e adresimit indirekt:
- Siguron pavarësi ndërmjet instruksioneve dhe të dhënave,
- Zgjerim i hapsires se kujtesës së adresueshme. Me të vërtetë, shënjuesit në kujtesën qëndrore mund të kenë më shumë bite se ç'është adresa logjike (AL).

Të metat:
- Shpejtësi më e vogël se sa në rastin e adresimit absolut, pasi nevojiten dy cikle leximi në kujtesë në krahasim me një cikël,
- Qarku i transformimit të adresës është më kompleks.

Jo të gjithë kompjuteret janë të pajisur me këtë lloj adresimi. Kështu p.sh. IBM 360/370 dhe Intel 8086 nuk përdorin adresim indirekt. Në këto raste nevojiten dy instruksione për të realizuar këtë lloj adresimi:
1. Ngarkimi i në regjistri adresë,
2. Përdorimi i këtij regjistri për të adresuar kujtesën qëndrore.

Shënim :
Për kapjen e vlerës se operandës në vend të një shënjuesi, mund të përdoren disa të tillë të ndërmjetëm. Në këtë rast kemi të bëjmë me adresim indirekt në kaskadë.

2.7.4 Adresimi relativ

Në rastin e adresimit relativ adresa logjike AL nuk është adresë me kuptimin e plotë të fjalës, por një zhvendosje në lidhje me një adresë të marrë si referencë, e cila zakonisht gjendet në një regjistër të quajtur *regjistri i translacionit.*

Në figurën 2.14 paraqitet mekanizmi i përftimit të adresës efektive të operandës. Pra, adresa efektive AE, është rezultat i mbledhjes së përmbajtjes se regjistrit se translacionit RT me adresën logjike AL.

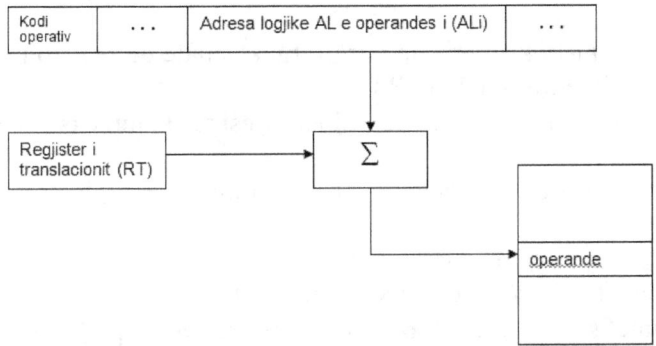

Figura 2.14

Në kompjutera të ndryshëm, zhvendosja ose adresa logjike AL mund të konsiderohet si një numër algjebrik ose gjithmonë pozitiv (zhvendosje arithmetike). Këto dy mundësi janë paraqitur në figurën 2.15.

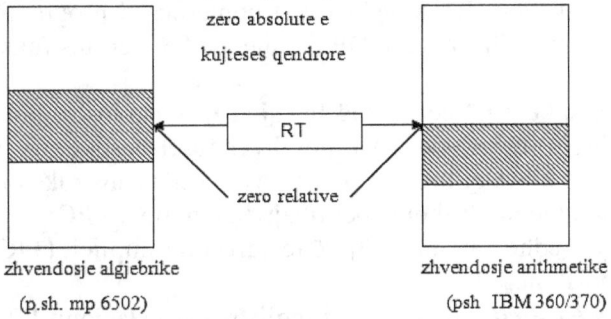

Figura 2.15

Në figurën 2.15 zona e vijëzuar paraqet zonën e kujtesës se adresueshme nga instruksionet që përdorin adresim relativ.

Përparësitë e adresimit relativ:

- Instruksionet janë më të shkurtër. Kjo bën që programi të okupoje më pak vend në kujtesë dhe të krijojë një trafik më të vogël ndërmjet kujtesës dhe procesorit.

- Krijon mundësinë e programeve të translatueshëm, d.m.th. të programeve që ekzekutohen në mënyrë identike pavarësisht se cila është adresa ku vendosen, ose siç thuhet ndryshe "ngarkohen", ata në kujtesën qëndrore të kompjuterit.

- Pavarësia ndërmjet instruksioneve dhe të dhënave, pasi mjafton të ndryshohet përmbajtja e regjistrit të translacionit RT, për të mundësuar kapjen e të dhënave në kujtesë.

- Ky lloj adresimi siguron mbrojtje implicite : është praktikisht e pamundur të dilet nga zona e kujtesës e përcaktuar nga përmbajtja e regjistrit të translacionit RT dhe vlerës maksimale të zhvendosjes.

Të metat:

- Shtimi i instruksioneve të tjerë jofunksionale që realizojnë ngarkimin e regjistrit të translacionit RT.
- Qarku u transformimit të adresës është kompleks (shtimi i një shumatori).

Me poshtë do të ndalemi në diskutimin e tipit të regjistrit të translacionit.

Ky regjistër mund të jetë :

- I vetëm , siç është rasti i mikroprocesorit 6502
- I shumëfishte, siç është rasti i 16 regjistrave të përgjithshëm të IBM 360/370, ose i 8 regjistrave të adresës se kompjuterit DPS7.

Regjistri RT mund të jetë gjithashtu edhe :

- ***Implicit*** , në këtë rast ai nuk specifikohet në adresën logjike AL të instruksionit. I tillë është p.sh. rasti i mikroprocesorit 6502, ku si regjistër translacioni RT konsiderohet numëruesi i programit (PC). I tillë është gjithashtu edhe rasti i DPS7 dhe DPS8 për instruksionet "relativ branch".

Karakteristikë e përdorimit të PC si regjistër translacioni është se zero relative është e lëvizshme, pasi ajo zhvendoset bashkë me ekzekutimin e programit. Të kihet gjithashtu parasysh se vetëm instruksionet e kërcimit (branch) mund të modifikojnë përmbajtjen e regjistrit PC.

Ekzistojnë edhe variante të tjerë të adresimit implicit të RT, por që janë pak të përdorshme.

- ***Explicit*** – në këtë rast regjistri i translacionit RT specifikohet në zonën e adresës logjike AL të instruksionit. Kjo mënyrë adresimi njihet me emrin "adresim me regjistër të bazës" ose shkurt " adresim me bazë". Në adresën logjike specifikohet regjistri i translacionit, i cili tani quhet regjistri i bazës dhe zhvendosja. Skematikisht kjo është paraqitur në figurën 2.16.

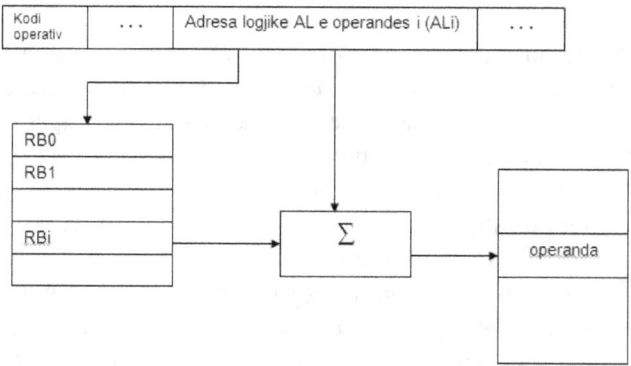

Figura 2.16

Shembull

Një kompjuter i tipit IBM 360 disponon 16 regjistra të përgjithshëm, të cilët mund të luajnë edhe rolin e regjistrave të bazës. Prandaj në zonën AL (adresë logjike) të instruksionit parashikohen 4 bite, të cilët shërbejnë për zgjedhjen e njërit prej këtyre regjistrave. Zhvendosja përbëhet nga 12 bite, pra adresat në kujtesën qëndrore mund të lëvizin në një zone prej 4 KB. N.q.s. do të duhet të zhvendosemi në një zone tjetër të kujtesës, atëherë duhet të ndryshohet përmbajtja e regjistrit të bazës. Pra, në një makinë të tillë, përdorimi i adresimit relativ me regjistër të bazës kërkon dy instruksione:

- Një instruksion ngarkimi të regjistrave të bazës
- Instruksion i manipulimit të të dhënave, i cili përdor adresimin me regjistër të bazës.

Kështu, transferimi i 27 karaktereve nga zona OP1 e kujtesës në zonën tjetër OP2 do të realizohej si më poshtë:

```
LA   2, OP1              - ngarko në RB2 adresën e OP1
LA   3, OP2              - ngarko në RB3 adresën e OP2
MVC  0(27,3), 0(2)      - kopjo 27 karaktere nga OP1 në OP2
```

N.q.s. zonat OP1 dhe OP2 të kujtesës do të gjendeshin brenda një blloku me madhësi 4 KB, atëherë programi i mësipërm do të merrte formën:

```
LA      2,AdrDATA        ;vendos në RB2 adresën e të dhënave
MVC   OP2(27,2), OP1(2)  ; kopjo 27 karaktere nga OP1 në OP2
```

Shënim:

Ka raste kur në vend të mbledhjes, kryhet zinxhirëzimi i regjistrit të bazës (ku gjenden bitët e sipërm të adresës), me zhvendosjen, që përbëjnë bitët e poshtëm të adresës. Ky fakt është paraqitur skematikisht në figurën 2.17.

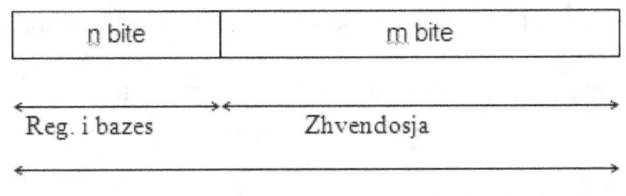

Adresa efektive(AE) = n + m bite

Figura 2.17

Ky fakt bën që kujtesa qëndrore të ndahet në të ashtuquajturat "faqe", të cilat përcaktohen nga regjistri i bazës. Prandaj, për të ndryshuar faqen, mjafton të ndryshohet përmbajtja e regjistrit të bazës.

2.7.5 Adresimi i indexuar

Adresimi i indeksuar paraqet mjaft analogji me adresimin relativ me regjistër baze. Kështu figura 2.16, për rastin e adresimit të indeksuar do të marre formën e figurës se mëposhtëme (figura 2.18)

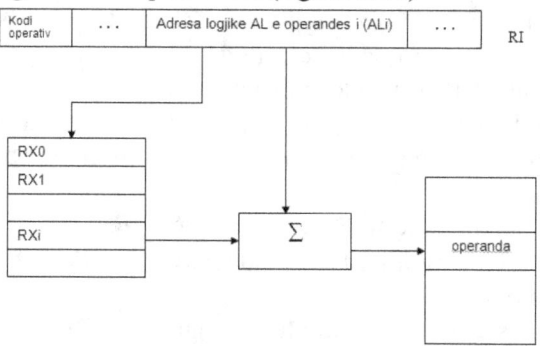

Figura 2.18

Pra, regjistrat e bazës RBi zëvendësohen me regjistrat e indexit RXi. Këtu nuk kemi të bëjmë thjesht me një ndryshim të emrit të regjistrave, por me një mënyrë krejtësisht të ndryshme të përdorimit të tyre.

Kështu ndryshimi kryesor ndërmjet këtyre dy mënyrave të adresimit qëndron në përdorimin e ndryshëm të regjistrave:

- Regjistri i bazës përmban një adresë
- Regjistri i indeksit përmban një zhvendosje, e cila përdoret për të manipuluar një tabelë, në përgjithësi një strukturë të dhënash.

Qe këtej rrjedh edhe fakti se përmbajtja e regjistrit të bazës evoluon me ngadalë se sa ajo e regjistrit të indexit, e cila mund të modifikohet nëpërmjet operacioneve të inkrementimit (+1) dhe dekrementimit (-1).

Veçori e adresimit të indeksuar është fakti se ai krijon mundësi, që nëpërmjet programeve të thjeshta, të manipulohen me lehtësi të tabela.

Shembull:

Të shumëzohen vektorët V(0:30) dhe W (0:30); rezultati të vendoset në R(0:30). Të tre vektorët gjenden njeri pas tjetrit në kujtesë, duke filluar prej adresës zero.

Duke shënuar me X regjistrin e indeksit do të kemi:

X :=0
until X<= 30 do
Fillim :mem (X, zhvendosja 62):= MEM(X, zhvendosja 0)*MEM(X, zhvendosja 31)
X := X+1
Fund

Nga ky shembull i thjeshtë vihet re se gjatë ekzekutimit të programit është vlera e X, pra e regjistrit të indeksit, që ndryshon, ndërkohë që zhvendosja mbetet konstante.

2.7.6   Adresimet e kombinuara

Zakonisht përdoren këto kombinime të adresimeve bazë që sapo analizuam:

AF = (Rbi) + zhvendosje + (RXj)

i cili është adresim relativ i indexuar, i paraqitur skematikisht në figurën e mëposhtëme.

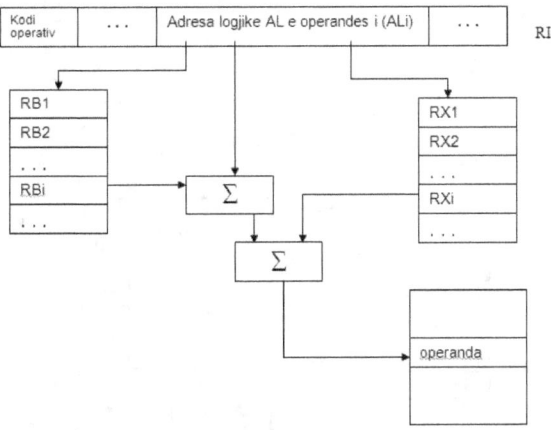

Figura 2.19

Kjo mënyrë adresimi përdoret nga shumë kompjutera si p.sh. IBM 360/370, DPS7 dhe DPS8, mikroprocesorët e familjes Intel iax 86 (8086, Pentium, etj). Në këtë rastin e fundit adresa përftohet nga mbledhja e përmbajtjes se regjistrave BX ose BP me regjistrat SI ose DI.

Ekziston gjithashtu kombinimi i adresimit indirekt me adresimin relativ të indeksuar që sapo pamë. Dallohen dy raste:

a.   Indeksimi bëhet para adresimit indirekt dhe thuhet se kemi të bëjmë me para-indexim (pre-indexation), siç është paraqitur skematikisht në figurën 2.20.

b.   Indeksimi bëhet pas adresimit indirekt siç është paraqitur në figurën 2.21. Thuhet se kemi të bëjmë me pas-indexim.

Nga këto që kemi trajtuar deri tani në këtë kapitull, mund të krijojmë një ide më të saktë mbi nën-sistemin qendror të një kompjuteri.

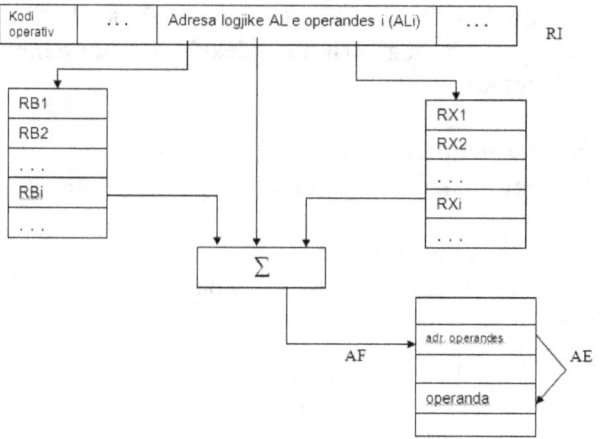

Figura 2.20

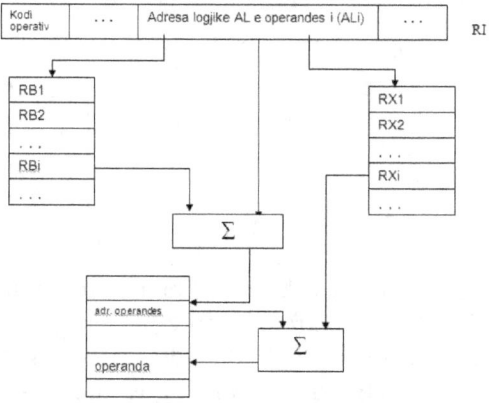

Figura 2.21

Kështu një nën-sistem i tillë, në vija të përgjithshme, përbëhet nga tre pjesë të dalluara qartë nga njëra tjetra të paraqitura skematikisht në figurën 2.22.

Këto pjesë janë :

- Njësia e përpunimit, e cila manipulon vetëm të dhëna
- Njësia e adresimit që manipulon adresa
- Njësia e kontrollit që manipulon instruksione (kode operative)

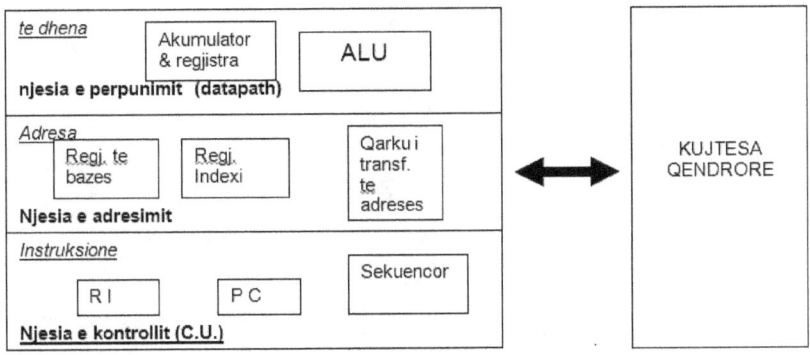

Figura 2.22

Me poshtë do të përmendim edhe dy mënyra të tjera adresimi, që janë:

2.7.7 Adresim imediat

Ky lloj adresimi nuk është një adresim me kuptimin e plotë të fjalës, sepse zona e adresës logjike AL e instruksionit nuk përmban një adresë, por vetëm vlerën e operandës. Sipas kësaj mënyrë adresohen kryesisht konstantet, pra vlerat që nuk ndryshojnë gjatë ekzekutimit të programit. Në këtë rast duhet që njësia e kontrollit të vendosë një komunikim të drejtpërdrejtë ndërmjet regjistrit të instruksionit RI dhe njësisë se përpunimit.

2.7.8   Adresim regjistri

Ky term ka filluar të përdoret më shpesh që prej shfaqjes së mikroprocesorëve. Dallojmë dy mënyra të tilla adresimi:

- Adresim regjistri në formë direkte. Në këtë rast zona AL e instruksionit përmban numrin e regjistrit ku gjendet vlera e informacionit (operandës) që manipulohet. Shembull : ADD R1,R2
- Adresim regjistri në formë indirekte. Në këtë rast regjistri, numri i të cilit specifikohet në zonën AL të instruksionit, përmban adresën e operandës, e cila gjendet në kujtesën qëndrore.

Në figurën 2.23 është paraqitur një përmbledhje e mënyrave të ndryshme të adresimit që sapo përfunduam se analizuari.

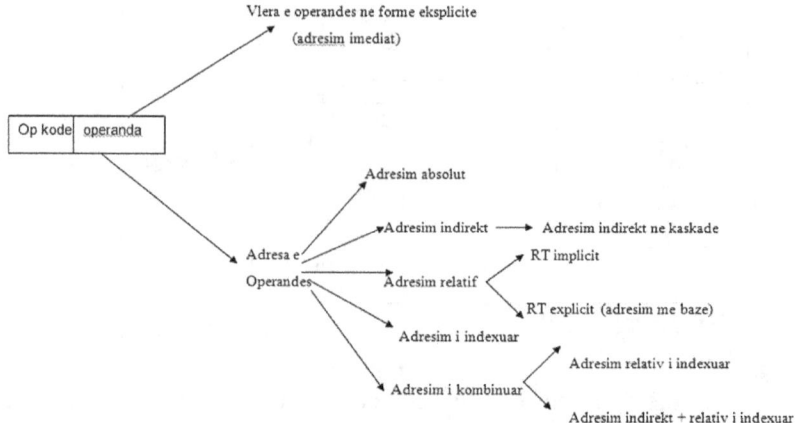

Figura 2.23

2.8 Klasifikimi i instruksioneve

Bashkësia e instruksioneve makinë të një kompjuteri përmban instruksione të shumëllojshëm. Në fillim të këtij kapitulli pamë dy lloj instruksionesh : ata të përpunimit të të dhënave dhe instruksionet e kërcimit. Të parat realizojnë atë ç'la përdoruesi kërkon nga kompjuteri d.m.th. përpunimin e informacionit.

Për këtë arsye, këto instruksione konsiderohen si **instruksione funksionale**. Instruksionet e kërcimit përdoren për arsyen e vetme sepse këtë e detyron struktura e kompjuterit, siç ishte parimi i sekuencialitetit që ne adoptuam (shiko paragrafin 2.3). Ata janë "të padobishëm" për përdoruesin, sepse nuk realizojnë përpunimin e informacionit, prandaj në do ti klasifikojmë si **instruksione jofunksionale.**

Me poshtë do të analizojmë më me detaje tipet e instruksioneve të një kompjuteri.

2.8.1 Instruksionet funksionale

Kjo kategori instruksionesh përfshin:

Instruksionet arithmetike - mbledhja, zbritja, shumëzimi, pjestimi, ndërrimi i shenjës, inkrementimi, dekrementimi.

- *Instruksionet logjike* – zhvendosjet majtas, djathtas, rrotullime djathtas dhe majtas, operacionet booleanë si AND, OR, XOR, NON.
- *Instruksionet e krahasimit* – të fjalëve, të zinxhirëve të karaktereve, të një biti, të disa bitëve, etj.
- *Instruksionet e përpunimit të zinxhirëve të karaktereve* – kopjim, kërkim i një zinxhiri karakteresh, etj.

- *Instruksionet e përpunimit të listave (list processing)* – vendosje në liste, në fillim ose fund të listës, nxjerrja nga lista, kërkim para ose prapa në listë etj.

2.8.2 Instruksionet jofunksionale

Instruksionet jofunksionale klasifikohen si më poshtë:

a. *Instruksione të transferimit*

Ekzistenca e tyre i dedikohet faktit se në një kompjuter ekzistojnë kujtesa të tipeve të ndryshme siç janë regjistra, kujtesa qëndrore, disqe magnetike, etj. Në këta instruksione dallojmë:

- Instruksionet e ngarkimit (LOAD), të cilët realizojnë transferimin e një fjale nga kujtesa qëndrore në një regjistër të procesorit, ose nga stiva në një regjistër (POP).
- Instruksionet e tipit STORE, të cilët realizojnë transferimin e përmbajtjes se një regjistri në kujtesën qëndrore ose në stivë (PUSH).
- Instruksionet e transferimit ndërmjet regjistrave -TRANSFERT, ose ndërmjet celulave të kujtesës qëndrore – MOVE.
- Instruksionet e hyrje/daljeve (Input/Output)

Në mënyrë skematike instruksione e transferimit paraqiten në figurën e mëposhtëme.

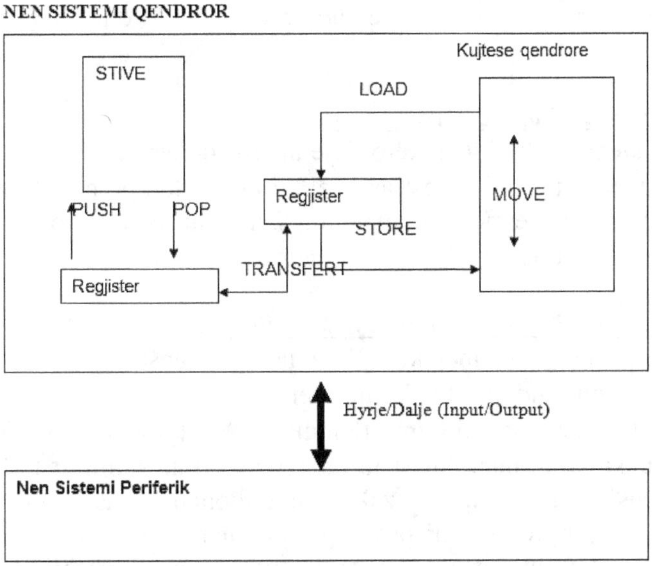

Figura 2.24

Shënim: Nga një studim i kryer mbi frekuencën e përdorimit të instruksioneve për rastin e një programi COBOL në një kompjuter të tipit IBM 370, rezulton se instruksioni LOAD është më i përdoruri me 17.1 % . Në përgjithësi rezulton se instruksionet e transferimit përbëjnë 1/3 ose 33 % e instruksioneve që ekzekutohen nga kompjuteri.

b. _Instruksionet e konvertimit ndërmjet paraqitjes se të dhënave_

- **Konvertim** nga një numër i plotë i shkurtër në të plotë të gjatë (8 -> 16, 16-> 32 etj.),
- nga i plotë në paraqitje me presje notuese,
- nga i plotë në dhjetor,
- nga karaktere 6 bite në karaktere 8 bite,
- nga presje notuese jo e normalizuar në të normalizuar,
- etj.

c. _Instruksionet procedurale_

Në këtë kategori përfshihen këto lloje instruksionesh :
1. Instruksionet e kërcimit (branch ose jump), të cilat mund të jenë:
    1.1. Të pakushtëzuar
    1.2. Të kushtëzuar
    1.3. Të shumëfishta (CASE OF në Pascal ose ON I GOTO në BASIC)
2. Instruksionet që realizojnë laqet ("loops")
3. Instruksionet e thirrjes se nën-programeve dhe daljes prej tyre (Call/Ret)

d. _Instruksionet e sinkronizimit_

Në këtë kategori përfshihen këto lloje instruksionesh :
- Instruksionet e tipit "Test and set", i cili teston përmbajtjen e një zone të kujtesës dhe e modifikon atë n.q.s. ajo nuk është zero.
- Instruksionet që operojnë me semaforët

e. _Instruksionet e kontrollit të kompjuterit_

Në këtë kategori përfshihen këto lloje instruksionesh :
- Instruksioni i ndalimit të kompjuterit – HALT
- Instruksionet e pozicionimit të indikatorëve ("flags")
- Instruksione të ndryshimit të mënyrës se funksionimit të kompjuterit. Kjo pasi në një kompjuter zakonisht dallohen dy mënyra funksionimi:
    o Mënyrë sistemi ose e privilegjuar, e cila krijon mundësinë e ekzekutimit të të gjitha instruksioneve, përfshirë edhe të atyre të quajtura "instruksione të privilegjuara", ku futen instruksionet e sinkronizimit dhe kontrollit të kompjuterit.

o Mënyrë përdoruesi ose e zakonshme, në të cilën mund të ekzekutohet vetëm një nën bashkësi e instruksioneve të kompjuterit, pra përjashtohen instruksionet e privilegjuara.

f. *Instruksione të pa klasifikueshme*

Në këtë kategori përfshihen këto lloje instruksionesh :

- Instruksionet që testojnë tejkalimin e vlerës se indeksit të një tabele
- Instruksionet që rezervojnë dhe lirojnë vendin e rezervuar për variablet dinamike që përdor një program
- Instruksionet që ndihmojnë në kontrollin e një programi ("debug").
- Instruksionet që manipulojnë me adresat
- Etj.

Në formë të përmbledhur mund të themi se :

Ndarja e instruksioneve makinë të një kompjuteri në funksionale dhe jofunksionale, bën që të dallohet qartë diferenca ndërmjet asaj çfarë dëshiron ose kërkon përdoruesi nga kompjuteri dhe asaj, që ky i fundit i imponon për shkak të strukturës se tij.

Në tabelën e mëposhtëme jepet raporti i numrit të instruksioneve funksionale me ata jofunksionale, për rastin e kompjuterave të ndryshëm.

Tabela 2.5

Procesori	Ideal	IBM 7090	IBM 360	DEC PDP10	DEC PDP11
M/F	0.0	2.0	2.9	1.5	2.6
P/F	0.0	0.8	2.5	1.1	3.7
(M+P)/F	0.0	2.8	5.4	2.6	6.3

ku : M – instruksionet e transferimit

P- Instruksionet procedurale

F- Instruksione funksionale

Sikurse vihet re nga tabela, numri i instruksioneve jofunksionale është mjaft i madh në krahasim me ata funksionale. Pra, kompjuterat "realë" janë larg të q\enit "idealeë".

Tabela e mësipërme paraqet thjesht raportin ndërmjet numrit të instruksioneve jofunksionale me ata funksionale për kompjutera të ndryshëm. Pra, ajo nuk paraqet se si qëndron ky raport brenda një programi të zakonshëm.

Një nder përzgjedhjet më të njohura që paraqesin instruksionet dhe frekuencën e ndodhjes se tyre brenda një programi është ajo e quajtur "Gibson Mix", e paraqitur në tabelën e mëposhtëme:

Tabela 2.6

Tipi i instruksionit	Probabiliteti i ndodhjes
Transferim në dhe nga kujtesa qendrore	0.31
Indexim	0.18
Instruksione kercimi (branching)	0.17
Arithmetike me presje notuese	0.12
Arithmetike me presje fikse	0.07
Shiftim	0.04
Te ndryshme	0.11

Autorë të ndryshëm , në lidhje me klasifikimin e instruksioneve, shpesh herë bëjnë një trajtim më të thjeshtuar. Kështu, ata në mënyrë të përmbledhur, dallojnë 5 tipe kryesore instruksionesh, që janë:

1. Instruksione të transferimit të të dhënave, të cilët realizojnë kopjimin e informacionit nga një origjine në një destinacion që mund të jenë regjistra ose kujtesë qëndrore.

2. Instruksione arithmetike, të cilët realizojnë operacionet arithmetike mbi të dhënat numerike.

3. Instruksionet logjike, ku përfshihen operacionet booleane dhe operacionet e tjerë jonumerike.

4. Instruksionet e kontrollit, si instruksinet e kërcimit, instruksionet e thirrës dhe kthimit nga një nën-program(Call/Ret) dhe instruksionet e testimit dhe vendosjes se bitëve të regjistrit të gjendjes.

5. Instruksionet e hyrje/daljeve, të cilët realizojnë transformimin e informacionit ndërmjet CPU ose kujtesës qëndrore dhe pajisjeve të ndryshme periferike.

2.9 Krahasim ndërmjet RISC dhe CISC

Në fillimet e tyre, kompjuterat kishin një bashkësi instruksionesh të kufizuar ku përfshiheshin ata më të domosdoshmit. Kjo për faktin se, hardware, i cili ishte shumë i shtrenjtë, duhej minimizuar në maksimum.

Në vitet që pasuan, zhvillimi i teknologjisë u shoqërua me zvogëlimin e kostos se hardwar-it, gjë e cila solli si pasojë rritjen në numër dhe kompleksitet të bashkësisë se instruksioneve të një procesori. Kështu një kompjuter tipik i viteve 1960 kishte mbi 100 tipe të ndryshme instruksionesh, ku mjaft prej tyre manipulonin të dhëna të tipave të ndryshme duke përdorur mënyra të ndryshme adresimi. Eshtë e natyrshme, që instruksione komplekse, një pjesë prej të cilave përdoren rralle, të çojnë në një numër komplikimesh si në hardware ashtu edhe në software, të cilat do ti analizojmë më poshtë.

Eshtë e qartë se një operacion i caktuar F mund të realizohet si nga një instruksion kompleks i vetëm I_f ashtu edhe nëpërmjet një rutine P_f e perbërë nga disa instruksione të thjeshtë. N.q.s. krahasojmë këto dy mënyra implementimi rezulton se :

- P_f në përgjithësi është më e ngadaltë se I_f,
- P_f okupon më shumë kujtesë se I_f,
- Një program i shkruar në gjuhë asembler që ka nevojë për funksionin F do të jetë më i thjeshtë kur përdor I_f se sa P_f,
- E meta e I_f konsiston në kompleksitetin e njësisë se kontrollit, gjë e cila rrit madhësinë e procesorit dhe kohën për konceptimin e tij.

Krahasimet e mësipërme janë teorike, të cilat në realitet për një program të shkruar në një gjuhë të nivelit të lartë, siç janë shumica e programeve, të mos jenë plotësisht të vërteta.

Kështu, kur përdoret një kompilator i një gjuhë të nivelit të lartë do të paraqiteshin dy raste:

- <u>Procesori disponon instruksionin I_f</u>. Në këtë rast kompilatori do të përkthejë funksionin F në instruksionin korrespondues I_f, i cili <u>përdor regjistra të caktuar të CPU dhe ka një kohë ekzekutimi fikse.</u>

- <u>Procesori nuk disponon instruksionin I_f</u>. Në këtë rast një kompilator efikas dhe i optimizuar mund të gjenerojë një kod objekt Q_f, i cili i korrespondon P_f, që duke përdorur optimizime të ndryshme redukton kohën e ekzekutimit të funksionit F. Kështu, një kompilator i tillë, duke përdorur me "mjeshtri" regjistrat e CPU dhe algoritme që marrin parasysh vlera specifike të operandave, mund t'ia arrijë qëllimit të mësipërm.

Shembull : Supozojmë se F është një operacion shumëzimi me presje fikse dhe realizohet si prej I_f, ashtu edhe prej Q_f, sipas metodës mblidh dhe zhvendos që tashme e kemi parë. N.q.s. njëra nga operandat e F është një konstante me vlerë të vogël ose zero, atëherë kompilatori mund të gjenerojë me lehtësi një formë të shkurtuar të $\mathbf{P_f}$, e cila do të ekzekutohet me shpejt se instruksioni i përgjithshëm me n hapa i shumëzimit I_f.

Diferenca në shpejtësi ndërmjet I_f dhe $\mathbf{P_f}$ mund të ngushtohet edhe më tej nëpërmjet dy mundësive të tjera:

- Bashkësia e reduktuar e instruksioneve të nevojshëm për $\mathbf{P_f}$ të konceptohet dhe realizohet e tillë, që të faza fetch dhe koha e ekzekutimit të instruksioneve të reduktohet në minimum , p.sh. brenda një cikli clocku CPU.

- Avantazh tjetër i $\mathbf{P_f}$ ndaj I_f është se procedura mund të ndërpritet në mes të saj, ndërsa I_f duhet të përfundojë tërësisht, para se CPU ti përgjigjet një ndërprerjeje.

Duke pasur parasysh këta faktorë, duke filluar nga mesi i viteve '70, dhe më shumë sot, konceptohen kompjutera, të cilët kanë një bashkësi të vogël dhe relativisht të thjeshtë instruksionesh. Për këtë arsye këta procesorë njihen me një emër të përbashkët **RISC (Reduced Instruction**

Set Computer) . E kundërta e këtyre procesorëve janë të ashtuquajturit procesorë të tipit **CISC** (Complex Instruction Set Computer), ku bëjnë pjesë shumë kompjutera të njohur, që i kemi përmendur shpesh si IBM 360/370, PDP-11, Motorola 68020 (Motorola 68k), Intel 8086 (në përgjithësi iax86) etj.

Atributet kryesore të një procesori RISC janë renditur më poshtë:

1. Numër relativisht i kufizuar tipash të instruksionesh dhe mënyrash adresimi.
2. Format instruksionesh fiks dhe lehtësisht i dekodueshëm.
3. Ekzekutim i shpejtë në një cikël i instruksioneve.
4. Njësi kontrolli të realizuara me hardware dhe jo të mikroprogramuara.
5. Aksesi në kujtesë realizohet kryesisht nga dy instruksione : "Load" dhe "Store".
6. Përdorimi i kompilatorëve që optimizojnë performancat e kodit objekt.

Meqenëse numri i instruksioneve që manipulojnë me kujtesën është i kufizuar, atëherë pjesa më e madhe e instruksioneve të një procesori RISC realizojnë operacione regjistër – regjistër, të cilët bëjnë pjesë në CPU. Për këtë arsye, numri i regjistrave në këta procesorë është më i madh se zakonisht. Ky fakt bën që ekzekutimi i instruksioneve të kryhet në një cikël clock-u dhe kompleksiteti i hardwar-it të minimizohet.

Megjithatë duhet të kihet parasysh një fakt: n.q.s. frekuenca e operacioneve komplekse është e madhe, atëherë performancat e një kompjuteri CISC janë më të larta se ato të RISC. Në veçanti, CISC është më performant se RISC në aplikacione shkencore, ku përdoret gjerësisht arithmetika e numrave me presje notuese.

Disa nga procesorët e sotëm më të suksesshëm janë : PA-RISC i Hewlett Packard, PowerPC i IBM/Motorola/Apple , I 960 i Intel, MIPS, ARM etj.

Shembull
Arkitektura e mikroprocesorit RISC I.

RISC I është një mikroprocesor "singel-chip 32 bit CPU" i konceptuar për qëllime studimore/didaktike në University of California, Berkeley.

Ai përmban 138 regjistra 32 bitësh të përdorimit të përgjithshëm, të cilët mund të shihen nga programuesit si grupe regjistrash që mbivendosen njeri me tjetrin dhe të shënuar R0:R31.

Objektivat ku u mbështet konceptimi i këtij mikroprocesori RISC janë:
- Bashkësi instruksionesh e reduktuar dhe me gjatësi fikse.
- Ekzekutim instruksionesh në një cikël.
- Të kapet kujtesa vetëm me instruksione "Load" dhe "Store".
- Të sigurohet njëfarë suporti (mbështetje) për gjuhet e nivelit të lartë.

Një cikël i procesorit RISC I është koha që duhet për leximin e 2 regjistrave të CPU, mbledhjen e tyre dhe ruajtja e rezultatit në një regjistër të trete. Për kapjen e kujtesës nëpërmjet instruksioneve Load dhe Store nevojiten 2 cikle.

Të gjithë instruksionet janë 32 bitë të gjatë dhe kanë format të përgjithshëm si në figurën e mëposhtëme:

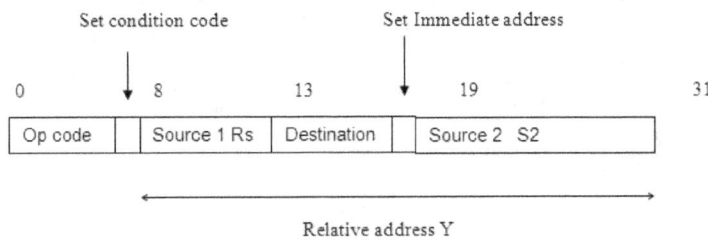

Figura 2.26

Shumica e instruksioneve janë të tipit regjistër-regjistër dhe kanë formën:

Rd <-- F(Rs,S2)

ku Rd është regjistri destinacion, Rs është regjistri i parë burim, dhe 5 bitët në të djathtë të S2 përcaktojnë regjistrin e dytë burim. N.q.s. biti 18 është "1" atëherë S2 interpretohet si konstante prej 13 bitësh.

Kujtesa adresohet duke përdorur regjistrin Rs si regjistër indexi (ose baze) dhe S2 si një "offset" (zhvendosje) prej 13 bitësh, duke siguruar një mënyrë adresimi të indexuar me adresë efektive të formës M(Rs+S2).

Kujtesa qëndrore mund të kapet vetëm nga instruksionet Load dhe Store, të cilët janë 9 tipash në vartësi nga gjatësia e operandës (1,2 ose 4 bytes) dhe kur merret parasysh ose jo "sign extention" gjatë ngarkimit të operandave. Në tabelën e mëposhtëme, tabela 2.5, jepet një përmbledhje e instruksioneve të procesorit RISC I.

Tabela 2.5

Type	Opcode	Operands	Description
Data transfer	STL	Rs, (Rd)S2	M(Rd + S2) — Rs; store long (32-bit) word
	STS	Rs, (Rd)S2	M(Rd + S2) — Rs(16:31); store short word
	STB	Rs, (Rd)S2	M(Rd + S2) — Rs(24:31); store byte
	LDL	(Rs)S2, Rd	Rd — M(Rs + S2); load long word
	LDSU	(Rs)S2, Rd	Rd(16:31) — M(Rs + S2), Rd(0:15) — 0; load short (16-bit) unsigned word
	LDSS	(Rs)S2, Rd	Rd(16:31) — M(Rs + S2); Rd(0:15) — Rd(16); load short (16-bit) word with sign extension
	LDBU	(Rs)S2, Rd	Rd(24:31) — M(Rs + S2), Rd(0:23) — 0; load unsigned byte
	LDBS	(Rs)S2, Rd	Rd(24:31) — M(Rs + S2); Rd(0:23) — Rd(24); load short (16-bit) word with sign extension
	LDHI	Rd, Y	Rd(0:18) — Y, Rd(19:31) — 0; load immediate high
Arithmetic	ADD	Rs,S2, Rd	Rd — Rs + S2; fixed-point binary add
	ADDC	Rs,S2, Rd	Rd — Rs + S2 + C; add with carry flag C
	SUB	Rs,S2, Rd	Rd — Rs — S2; fixed-point binary subtract
	SUBC	Rs,S2, Rd	Rd — Rs — S2 — C; subtract with carry flag C
	SUBR	Rs,S2, Rd	Rd — S2 — Rs; fixed-point binary subtract
	SUBCR	Rs,S2, Rd	Rd — S2 — Rs — C; subtract with carry flag C
Logical	AND	Rs,S2, Rd	Rd — AND(Rs,S2)
	OR	Rs,S2, Rd	Rd — OR(Rs,S2)
	XOR	Rs,S2, Rd	Rd — EXCLUSIVE-OR(Rs,S2)
	SLL	Rs,S2, Rd	Rd — Rs(S2:31).0; S2-bit logical left shift
	SRL	Rs,S2, Rd	Rd — 0.Rs(0:31-S2); S2-bit logical right shift
	SRA	Rs,S2, Rd	Rd — Rs(0).Rs(0). · · · .Rs(0).Rs(0:31-S2); S2-bit arithmetic right shift with sign extension
Program control	JMP	Cond, S2(Rs)	if Cond = 1 then PC — Rs + S2; conditional jump
	JMPR	Cond, Y	if Cond = 1 then PC — PC + Y; conditional jump with relative addressing
	CALL	Rd, S2(Rs)	Rd — PC; PC — Rs + S2, CWP — CWP — 1; call and change register window
	CALLR	Rd, Y	Rd — PC; PC — PC + Y, CWP — CWP — 1; call relative and change register window
	RET	Rs, S2	PC — Rs + S2, CWP — CWP + 1; return and change register window
	CALLINT	Rd	Rd — PC; CWP — CWP — 1; disable interrupts
	RETINT	Rs, S2	PC — Rs + S2; CWP — CWP + 1; enable interrupts

KAPITULLI 3

MËNYRAT E ORGANIZIMIT TE NJËSISË QËNDRORE

3.1 Komunikimi brenda njësisë qëndrore

Me qëllim që njësitë e ndryshme të kompjuterit të komunikojnë ndërmjet tyre, duhet të sigurohet transferimi i përmbajtjes se një regjistri në një tjetër.

Supozojmë se kemi 4 regjistra A, B, C, D dhe se duhet të transferohet përmbajtja e regjistrit A në atë C dhe D si dhe përmbajtja e regjistrit B në regjistrat C dhe në D. Duke supozuar se regjistrat kanë gjatësi *n* bite, atëherë lidhja e drejtpërdrejtë ndërmjet këtyre regjistrave do të ishte si në figurën e mëposhtme.

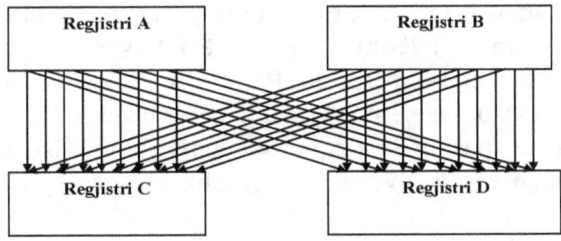

Figura 3.1

Meqenëse numri i regjistrave të një kompjuteri është i madh, rrjedhimisht edhe lidhjet ndërmjet tyre do të jenë komplekse. Prandaj komunikimi në mënyrë të drejtpërdrejtë i regjistrave do të bëhet praktikisht i pamundur. Në këto kushte përdoren <u>rrugë komunikimi të përbashkëta</u>, të cilat quhen **BUS**, siç është paraqitur në figurën 3.2.

Në rastin me katër regjistra me *n* bitë secili që po marrim në konsideratë, bus-i do të përbëhet nga *n* përcjellës. Sistemi i çelësave ose komutatorëve të paraqitur në këtë figurë realizohet praktikisht nëpërmjet portave EDHE (AND) që kanë tre gjendje (three-state logic), të cilat komandohen nga njësia e kontrollit. Eshtë kjo njësi, e cila kontrollon okupimin e busit nga njësitë e ndryshme dhe transferimin e informacionit në të.

Kështu busi duhet konsideruar si një burim[1] i përbashkët, ose i ndashëm nga njësitë e ndryshme të një kompjuteri ku në një moment të dhënë mund të kryhet vetëm një transferim.

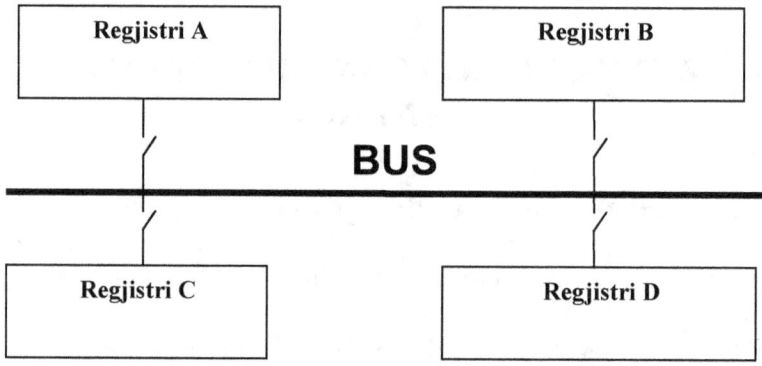

Figura 3.2

3.2 Buset

Shihet qartë se busi është një kompromis ndërmjet performancave (mundësisë se transferimeve paralele të informacionit) dhe kompleksitetit të komunikimit direkt ndërmjet njësive të ndryshme. Për këtë arsye në praktikë, në sistemet që përdorin BUS, disa regjistra mund të lidhen drejtpërdrejt, pa kaluar nëpërmjet busit të përbashkët.

Në figurën e mëposhtme paraqitet skematikisht një sistem kompjuterik i organizuar rreth një busi të vetëm të përbashkët.

---

[1] Burim (ressource) – Eshtë elmenti i nevojshëm për funksionimin e një procesi.

Proces (processus) – Rrjedhë aksionesh elementare, rezultati i të cilave është ekuivalent me veprimin kryesor, pjesë e të cilave ato janë.

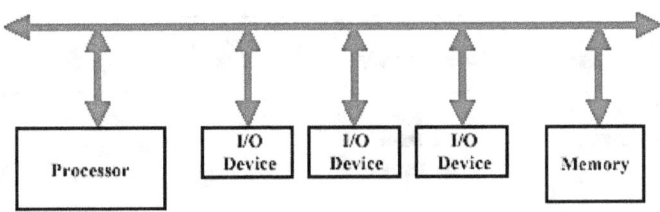

Figura 3.3

Cilat janë përparësitë e buseve ?

- **Fleksibiliteti:**
Pajisje ose sisteme të rinj mund të shtohen lehtësisht në bus.
Pajisje të ndryshme periferike mund të zhvendosen nga një kompjuter në tjetrin në se ato përdorin buse të të njëjtit standard.

- **Kosto e ulët:**
Një grup i vetëm përcjellësish elektrike ndahet nga pajisje të ndryshme për të shkëmbyer informacion.

- **Thjeshtësi në realizim**

Të metat e buseve :

- **Busi krijon një ngushtim (bottleneck) në komunikim ndërmjet sistemeve që përdorin atë.** Debiti (bandwidth) i busit do të përcaktojë ose kushtëzojë edhe debitin maksimal të shkëmbimit ("maximum I/O throughput") ndërmjet dy sistemeve.

Shpejtësia maksimale e busit kufizohet nga këta faktorë:

- Gjatësia e busit.
- Numri i pajisjeve ose sistemeve që vendosen në bus.
- Nevoja që të bashkoje pajisje të ndryshme, të cilat dallohen nga njëra-tjetra prej vonesave (latency) shumë të ndryshme nga njëra tjetra dhe nga debite (data transfer rates) shumë të ndryshëm nga njëra pajisje në tjetër.

Duke u nisur nga faktet e fundit, pra që në një sistem kompjuterik ekzistojnë nën-sisteme dhe pajisje që funksionojnë me shpejtësi shumë të ndryshme, bën që struktura e sheshtë me një bus të vetëm (si në figurën 3.3) të mos jetë shumë efikase, pasi ajo do të rezultonte një shpërdorim i mundësive që do të ofronte një bus i shpejtë. Një zgjidhje më logjike dhe optimale do të ishte që pajisjet me shpejtësi të përafërta të bashkoheshin në buse të përbashkët. Si rezultat, do të përftoheshin sisteme kompjuterike që përmbajnë disa buse, siç është paraqitur skematikisht në figurën 3.4. Pra, buset do të dalloheshin prej shpejtësisë se tyre duke krijuar kështu një "hierarki" të buseve.

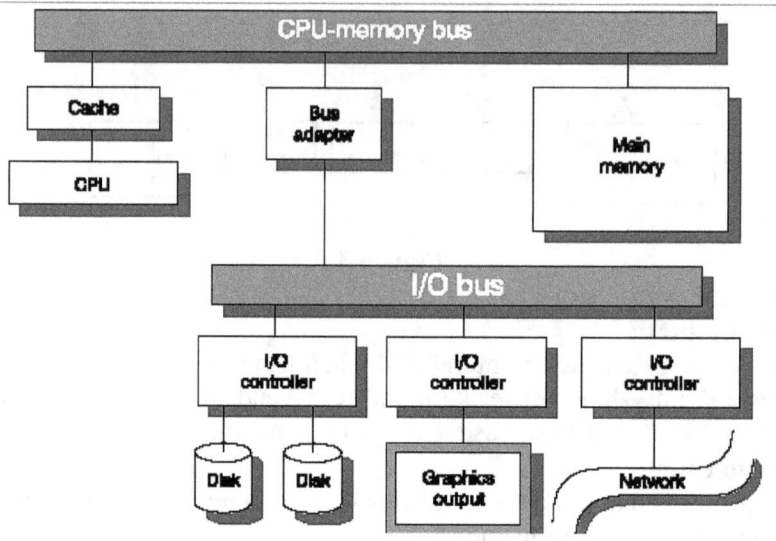

Figura 3.4

Shënim : Komponenti që bashkon dy buse të ndryshëm quhet "Bus adapter", si në figurën e mësipërme. Por shpesh ai quhet edhe "bus bridge"=lidhës (ure) ndërmjet dy buseve.

Për pasojë, tradicionalisht buset e një kompjuteri janë klasifikuar në tre lloje ose grupe që përbëjnë edhe "hierarkinë" e buseve:

1. **Processor-Memory Bus** (ose ndryshe **Front Side Bus** ose **System Bus**), të cilët kanë këto karakteristika të përbashkëta:

   - Janë të shkurtër dhe të shpejtë.
   - Bashkojnë në mënyrë të drejtpërdrejtë procesorët dhe kujtesat qëndrore.
   - Janë të konceptuar që t'u përshtaten kujtesës qëndrore dhe të optimizuar për realizuar një debit maksimal CPU-MMU (Main Memory Unit) nëpërmjet "cache block transfers".
   - Nuk ekzistojnë standarde për këta buse, pra ata janë siç thuhet "design specific" ose "proprietary". Kështu dallojmë busin FSB (Front Side Bus) në rastin e procesorëve Intel Pentium, busin AMD Hypertransport, etj. Pra, është procesori ai që shpesh përcakton edhe karakteristikat e këtij lloj busi.

2. **I/O Bus ose busi i periferikëve (peripherial bus), që dallohen nga këto veçori :**
   - Eshtë më i gjatë dhe më i ngadaltë se "Processor-Memory Bus".
   - Duhet t'u përshtatet një game të gjere pajisjesh hyrje/dalje (I/O devices) si p.sh. disqe, printera, tastiera/mouse, etj.
   - Bashkon pajisjet e ndryshme me "processor-memory bus" ose "backplane bus".
   - Eshtë i standardizuar (industry standard). Buse të tillë janë p.sh. SCSI (Small Computer Size Interface), USB (Universal Serial Bus), IDE, SATA, SAS etj.

3. **Backplane Bus**
   - "Backplane" quhet struktura e ndër-komunikimit (interkoneksionit) brenda shasisë së një kompjuteri (shiko figurën 3.5).
   - Mundëson bashkë-ekzistencën e procesorëve, kujtesave dhe pajisjeve I/0.
   - Një bus i tillë ofron zvogëlim të ndjeshëm të kostos, pasi shërben si një bus i vetëm për shumicën e komponentëve I/O të kompjuterit.
   - Ekzistojnë buse të tillë që janë standardizuar si p.sh. busi PCI (Peripherial Component Interconnect), ISA (Industry Standard Architecture) etj. Ekzistojnë edhe mjaft buse të tipit "backplane" që jenë "proprietary" si për shembull MicroChannel (IBM).

Figura 3.5

Shënim : Buset e tipit "backplane" shpesh konsiderohen edhe si buse I/O. Në këto raste këta buse dallohen duke i quajtur "Internal I/O bus" (si p.sh. PCI bus) dhe "External I/O bus" = buset ku lidhen pajisjet e ndryshme periferike .

Në figurën 3.6 paraqiten këta tre lloje busesh në rastin e një sistemi që ka në bazë mikroprocesorin Intel Pentium.

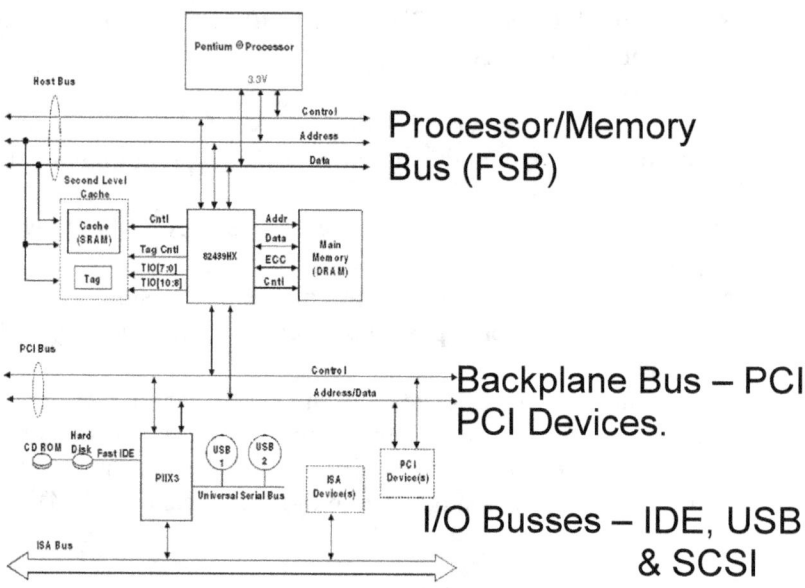

Figura 3.6

Në aneksin e këtij kapitulli (figurat 3.52 dhe 3.53) jepet në mënyrë relativisht të detajuar organizimi i një kompjuteri "PC compatibel" i ndërtuar rreth mikroprocesorëve të familjes Intel Pentium. Nëpërmjet "North Bridge" krijohet busi Procesor-Kujtesë, porta grafike AGP (Accelerated Graphics Port) si dhe krijohet "ura" për në busin PCI, në të cilin lidhet, nder të tjera, edhe "South Bridge" nga ku gjenerohen buset periferike si IDE (ATA), USB si dhe krijohet ura për në busin ISA. Çifti "South Bridge" dhe "North Bridge" krijon atë që quhet zakonisht njihet me emrin "chipset".

Në figurën 3.7 paraqiten vlerat e debiteve (bandwidth) të buset e ndryshëm të një kompjuteri "PC compatibel".

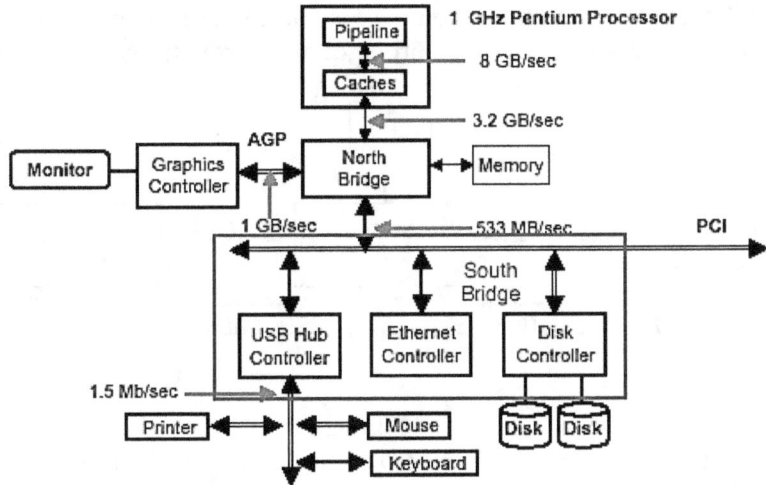

Figura 3.7

Për të kuptuar se si janë ndërtuar dhe si funksionojnë buset le të analizojmë disa nga karakteristikat dhe parametrat më kryesore të tyre.

Tre janë parametrat kryesore që shprehin performancat e një busi :

Debiti (bandwidth), i cili shpreh sasinë e të dhënave që mund të transferohen në njësinë e kohës. Njësia matëse është byte /sekondë.

Shpejtësia /vonesa e busit (Speed/Latency), shpreh kohën minimale për të realizuar një transferim informacioni. Njësia matëse është sekonda. Shpesh ky parametër matet me inversin e tij, që është frekuenca, pra sa transferime kryhen në një sekondë, e matur kjo hertz (Hz.).

Gjerësia e busit (bus width) : shpreh numrin e biteve që transferohen në një cikël, ose në një transferim.

Barazimi që lidh këta tre parametra është :

$$Debiti = \frac{1}{Vonese} * Gjeresiaebusit$$

Le të shohim dy shëmbuj :

Busi **PCI (Peripherial Component Interconnect)** është një bus sinkron, i cili në versionin e tij standard ekziston në dy variante : gjerësi 32 bite dhe frekuence 33 MHZ si dhe 64 bite dhe 66 MHZ. Atëherë debiti maksimal i këtij busi do të ishte :

33 milion transferime në sekondë x 4 byte =132 MB/sekondë
dhe
66 milion transferime në sekondë x 8 byte = 528 MB/sek.

Një procesor Pentium 4 komunikon me kujtesën dhe pjesën tjetër të sistemit nëpërmjet një komponenti që quhet North Bridge. Ky komponent formon edhe busin CPU-Memory.

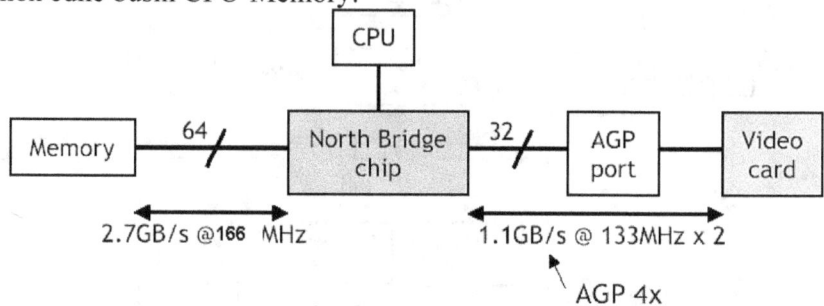

Figura 3.8

Kështu një procesor 2.66 GHZ përdor një bus 133 MHZ dhe gjerësi 64 bite. Por, meqenëse në çdo cikël clocku transmetohen 4X data ("quad-pumped speed"), atëherë ky bus funksionon realisht me frekuence 533 MHZ. Atëherë debiti i këtij busi do të ishte :

533 milion transferime në sekondë x 8 byte = 4.3 GB/s.

Nëpërmjet këtij busi "ushqehen" me të dhëna këta elementë :

- Kujtesa qëndrore, që funksionon me shpejtësi 166 MHZ dhe është Double Data Rate, pra frekuenca reale është 2X166 MHZ (DDR-333 ose PC 2700) që realizon një debit 2.7 GB/s.
- Porta AGP (Accelerated Graphic Port) debiti i të cilës arrin në 1.1 GB/s.
- Dhe busi PCI me debit maksimal që është 528 MB/s.

3.3 Karakteristikat kryesore të buseve

Karakteristikat kryesore që shprehin funksionim e buseve janë renditur dhe trajtuar me radhë këtu më poshtë:

- Përdorimi i clock-ut ("clocking")
- Topologjia e buseve
- Kabllimi ("bus wiring")
- Arbitrimi i busit

3.3.1 Bus "Clocking"

Ekzistojnë dy mënyra komunikimi në bus : sinkrone (Synchronous Bus) dhe asinkrone (Asynchronous Bus).

Synchronous Bus

Veçoritë e buseve sinkrone janë renditur në mënyrë të përmbledhur këtu më poshtë:

- Në linjat e kontrollit (control lines) të busit përfshihet një sinjal clock-u

- Shkëmbimi i informacionit në bus kryhet brenda një periode clock-u.
- Përdoret një protokoll i vetëm komunikimi, i cili bazohet në sinjalin e clock-ut.

Në figurën 3.9 paraqitet shkëmbimi i sinjaleve të clock-ut, të adresimit dhe të dhënave në një bus sinkron.

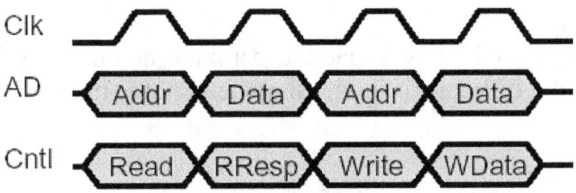

Figura 3.9

Buseve sinkrone kanë disa përparësi që janë : kërkon shumë pak qarqe logjike dhe ka shpejtësi të lartë funksionimit.

Të metat: Të gjitha paisjet që lidhen në bus duhet të komunikojnë me frekuencën e clock-ut.

Për të evituar fenomenin e deformimit ose zhvendosjen e sinjalit të clock-ut ("clock skew"), buset sinkrone në se janë të shpejtë, nuk mund të jenë të gjatë.

Për shkak të avantazheve të tyre, pjesa më e madhe e buseve procesor-kujtesë janë të tipit sinkron.

Asynchronous Bus

Veçoritë e buseve sinkrone janë renditur në mënyrë të përmbledhur këtu më poshtë:

- Nuk përdoret sinjal clock-u, por sinkronizimi i veprimeve kryhet nëpërmjet protokollit "handshaking" (shikoni figurën 3.10).
- Në buse të tillë mund të komunikojnë paisje që funksionojnë me shpejtësi shumë të ndryshme.
- Këta buse mund të jenë mjaft të gjatë pa u shqetësuar në se sinjali i clock-ut mund të zhvendoset dhe deformohet (clock skew).

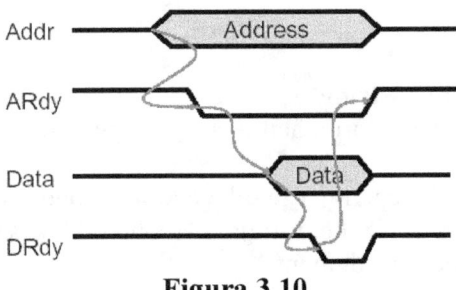

Figura 3.10

3.3.2 Topologjia e buseve
Topologjitë kryesore të buseve janë dy :

Broadcast ose multi-drop (figura 3.11), të cilët ofrojnë këto veçori:
- Të gjitha paisjet vendosen në një grup të vetëm përcjellësish.
- Kosto e ulët pasi busi krijohet nga një numër i kufizuar përcjellësish.
- Janë të ngadaltë pasi kapaciteti parazitar në bus është i madh.
- Përcjellja e sinjaleve shoqërohet me vonesa (turn-around delays).

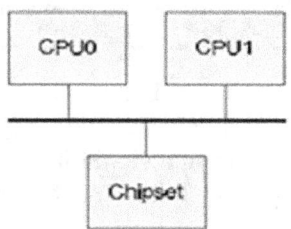

Figura 3.11

Point-to-point (figura 3.12) të cilët dallohen për :
- Përcjellës të dedikuar për çdo paisje.
- Për pasojë kostot janë më të larta.
- Frekuenca e punës është më e lartë, pasi kapaciteti parazitar në bus është më i vogël.
- Vonesa të vogla.

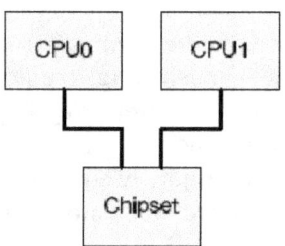

Figura 3.12

3.3.3 Kabllimi ("bus wiring").
Buset në përgjithësi formohen nga dy grupe përcjellësish ose sinjalesh, si në figurën 3.13 :
- "Control lines", nëpërmjet të cilave kontrollohet informacioni që lëviz në "data lines". Në këto linja përçohen kërkesat ("requests") dhe aprovimet (acknowledgments).

• "Data lines", nëpër të cilat përcillen informacionet ndërmjet burimit dhe destinacionit. Këto informacione mund të jenë të dhëna, adresa si dhe komanda komplekse.

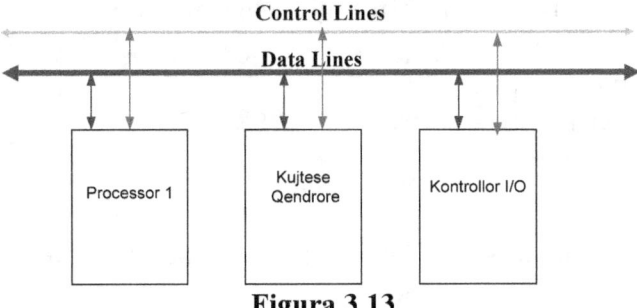

Figura 3.13

Në vartësi të informacioneve që përcillen në "data lines", buset vlerësohen sipas dy kritereve:

1. Kahu i transferimi të informacionit në BUS, ku dallojmë :
   • BUS njëdrejtimësh,
   • BUS dydrejtimësh.

2. Lloji i informacioneve që lëvizin në BUS, ku dallojmë :
   • BUS i specializuar- transmetohen vetëm të dhëna (DATA) ose vetëm adresa, figura 3.14. Buse të tillë janë p.sh. buset Procesor-Memory. Kështu në rastin e një procesori Intel Pentium busi i të dhënave ka gjerësi 64 bite, ndërsa ai i adresave 32 bite.
   • BUS i banalizuar ose i multipleksuar – transmetohen të dhëna (DATA) dhe adresa. Arsyeja kryesore e ekzistencës së buseve të tillë është kostoja pasi përcjellësit që formojnë busin kanë një kosto të konsiderueshme. Busi PCI është një bus i tillë. Për më shumë informacion rreth busit PCI shikoni në aneksin e kapitullit.

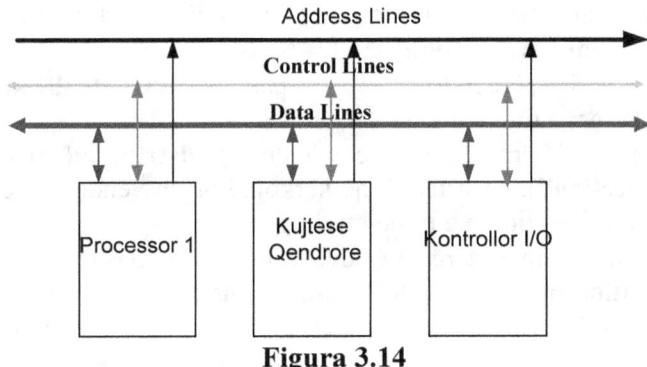

Figura 3.14

3.3.4 Arbitrimi i busit

Fillimisht le të analizojmë se çfarë janë "bus master dhe "bus slave".

"Master" është ajo njësi, e cila fillon një shkëmbim informacioni në bus (bus transaction) duke transmetuar një komande dhe adresë.

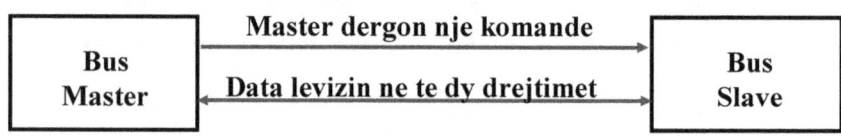

Figura 3.15

"Slave" është njësia që i përgjigjet komandës dhe adresës të dërguara nga "bus master" duke:

- Transmetuar të dhëna drejt "masterit", në se ky i fundit kërkon të dhëna
- Marre të dhëna prej "masterit", në se ai kërkon të transmetojë të dhëna.

Në shumicën e operacioneve të thjeshta I/O, procesori është "bus master", por siç do të shohim pak më poshtë, si dhe në kapitujt në vazhdim, jo gjithmonë është kështu.

Çfarë do të ndodhë në një sistem në se do të këtë disa "bus master"? Si do të rezervohet busi në këtë rast ? Cili është mekanizmi që do të përcaktoje se cili "master" do të mund të përdorë busin?

Ky mekanizëm quhet arbitrim i busit ("bus arbitration") dhe ai funksionon në këtë mënyrë:

Një "bus master" ("device" ose procesor) që kërkon të përdorë busin, aktivizon fillimisht linjën "bus request". Ai mund ta përdorë busin vetëm pasi kjo kërkesë të aprovohet.

Sapo përfundon shkëmbimi i informacionit në bus, "master" duhet ti thotë arbitrit se ai përfundoi, pra që busi është i lirë për tu përdorur nga "master-at" e tjerë.

Mënyrat e arbitrimit të busit mund të përfshihen në 4 grupe të mëdha:

- **"Daisy chain arbitration"** (figura 3.16).
- Arbitrim i përqendruar dhe paralel **("Centralized, parallel arbitration")** figura 3.17.
- Arbitrim i shpërndarë me vetzgjedhje **("Distributed arbitration by self-selection")**. "Masterat" që kërkojnë busin vendosin në të një kod që shpreh identitetin e tij në bus.
- Arbitrim i shpërndarë me detektim të përplasjeve **("Distributed arbitration by collision detection")**. Paisjet tentojnë të transmetojë në bus në mënyrë të pavarur. Për pasojë, do të rezultojnë përplasje "collisions" në se disa transmetime ndodhin njëherazi. Pas çdo transmetimi, paisja "dëgjon" busin për të parë në se ka ndodhur një

përplasje, dhe në se kjo është e vërtetë, atëherë transmetimi do të përsëritet pas një intervali kohë që ka madhësi të rastit. Kjo mënyrë arbitrimi përdoret p.sh. nga teknologjia Ethernet (CSMA/CD), e cila mundëson komunikimit të kompjuterave në një rrjet lokal (LAN =Local Area Network).

Të gjitha mënyrat e mësipërme të arbitrimit përpiqen të balancojnë dy faktorë relativisht kontradiktore : "prioriteti" dhe "e drejta" ("fairness"). Prioriteti nënkupton faktin që paisja më prioritare ka përparësi maksimale në përdorimin e busit. "E drejta" do të thotë që edhe paisja me prioritet minimal duhet të këtë të drejtë të përdorë busin dhe jo të injorohet plotësisht prej arbitrit të busit.

Në figurën 3.16 paraqitet një lidhje sipas mënyrës "Daisy chain". Afërsia me "bus arbiter" përcakton edhe prioritetin e paisjes në përdorimin e busit. Kështu, paisjet me prioritet më të lartë do të përcjellin sinjalin "grant" drejt pajisjeve të tjera, VETËM në se ato nuk kërkojnë përdorimin e busit. Natyrisht kjo mënyrë lidhje injoron plotësisht "të drejtën" e pajisjeve me prioritet minimal.

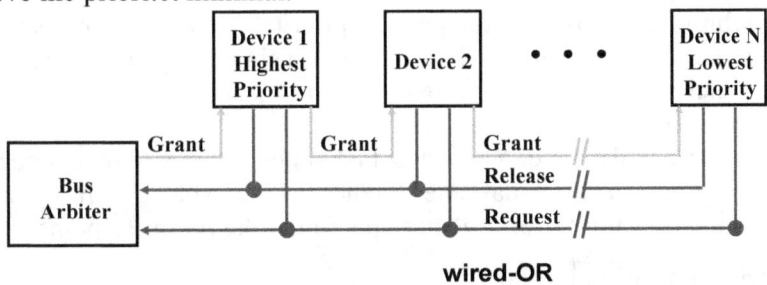

Figura 3.16

Kjo mangësi shmanget plotësisht në rastin e arbitrimit të përqëndruar dhe paralel ("Centralized, parallel arbitration") të paraqitur në figurën 3.17.

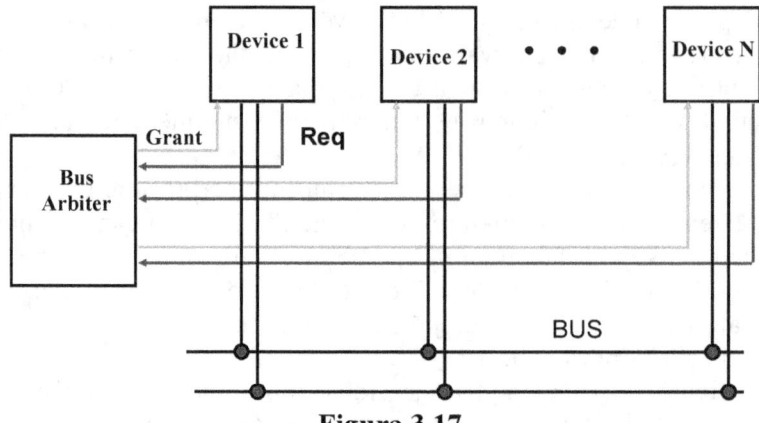

Figura 3.17

Në këtë rast prioriteti administrohet në mënyrë të sofistikuar (round-robin etj.) nga arbitri i busit. Të gjithë buset procesor-kujtesë si dhe buset e shpejtë I/O përdorin këtë mënyrë arbitrimi. Sipas metodës Round–robin, busi arbitrohet sipas një skeme me prioritet të lëvizshëm ose ciklik. Kështu, në se paisja « master-i » që përdor busin në një moment të caktuar, ka prioritet « n », atëherë prioritet maksimal pasues do të jetë « n-1 », e kështu me radhë.

Cilat janë tendencat që vërehen sot në konceptimin e buseve moderne?

Një nga tendencat aktuale më të rëndësishme është kalimi nga një bus tradicional, ose "multidrop" në buse pike-më-pike (point-to-point).

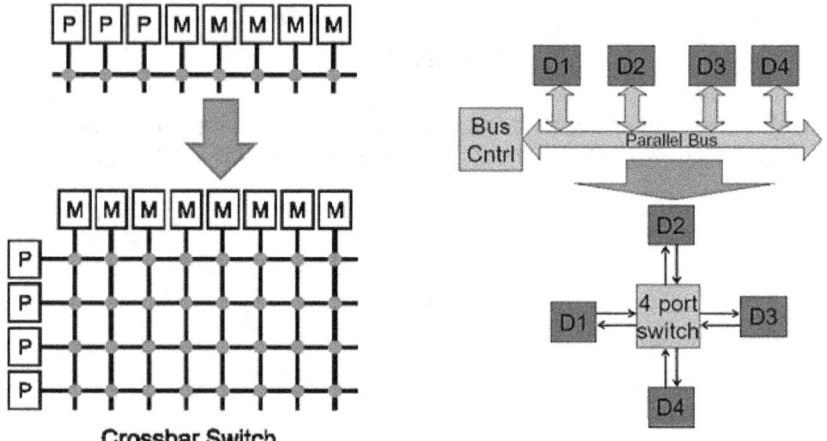

Figura 3.18

Një nga mënyrat më efikase për të realizuar një bus të tillë është nëpërmjet "crossbar switch"(shih figurën 3.18).

Një tendencë tjetër që vihet re është kalimi i buseve tradicionalë paralelë në variantet e tyre serialë. Të tillë janë p.sh. PCI Express, SATA (Serial ATA), SAS etj.

Një rast tipik i buseve moderne është edhe Intel QuickPath Interconect , shkurt QPI. Procesorët e rinj të Intel si p.sh. Core i7 (nëntor 2008) dhe Xeon 5500 (mars 2009) përdorin këtë bus.

Skematikisht busi QPI paraqitet në figurën 3.20.

Pra, në vend të një busi të ndashëm ("shared bus") siç është Intel Front Side Bus (FSB) është kaluar në "full duplex" (transmetim në të dy drejtimet) "point to point bus".

Ndryshim tjetër i rëndësishëm konsiston në faktin që arkitektura QPI kërkon që procesorët të kenë kontrollorë kujtese të integruar . Ndryshimi me FSB është paraqitur në figurën 3.19.

Frekuencat me të cilat operon busi QPI janë 2.4GHZ, 2.93 ose 3.2 Ghz. Gjerësia e busit është 64 bit data duke siguruar një "data throghput" që lëviz prej 19.2 GB/s – 25.6 GB/s.

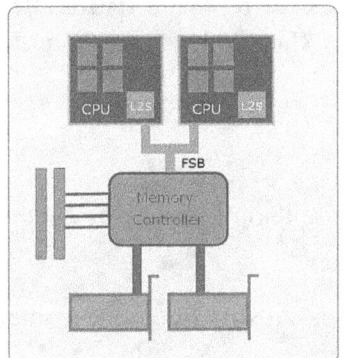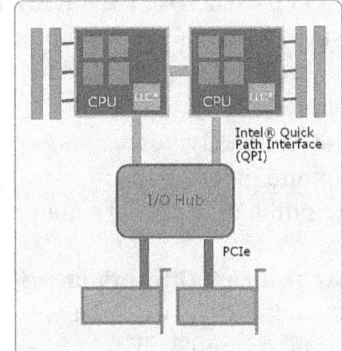

Figura 3.19

Siç përmendëm edhe më lart, për të mundësuar komunikimin në bus, nevojiten qarqe elektronike të posaçëm, të cilët, ndryshe nga qarqet e zakonshëm numerike që kanë dy gjendje ("0" dhe "1"), ata kanë tre gjendje (three-state logic). Për të parë se perse kjo është e domosdoshme dhe se si janë ndërtuar këta qarqe, referojuni aneksit të këtij kapitulli.

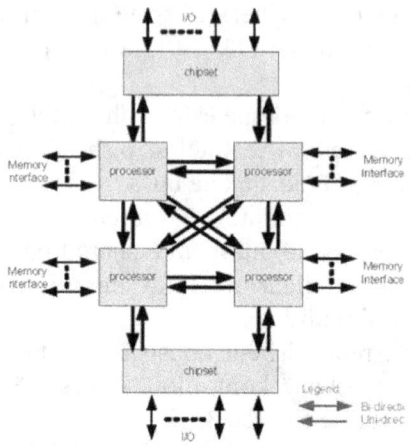

Figura 3.20

3.4 Organizimet elementare të njësisë qëndrore

Njësitë e thjeshta qëndrore mund të klasifikohen sipas numrit të buseve të tyre të brendshëm, duke i ndarë në :

- Strukturë me një bus
- Strukturë me dy buse
- Strukturë me tre buse

Në të gjitha rastet bëhet fjalë për buse të tipit **Processor-Memory Bus.**

3.4.1 Struktura e thjeshtë me një bus

Njësia qëndrore e organizuar sipas kësaj strukturë do të kishte formën e paraqitur në figurën 3.21.

Në figurë, njësia e përpunimit nuk është e detajuar, pasi ajo do të jetë e ndryshme në vartësi të rastit kur kemi të bëjmë me makinë me një , dy dhe tre adresa.

Për të sqaruar funksionimin e një strukturë të tillë , do të analizojmë ekzekutimin e instruksionit të mbledhjes për rastin kur njësia e përpunimit është një makinë me një adresë.

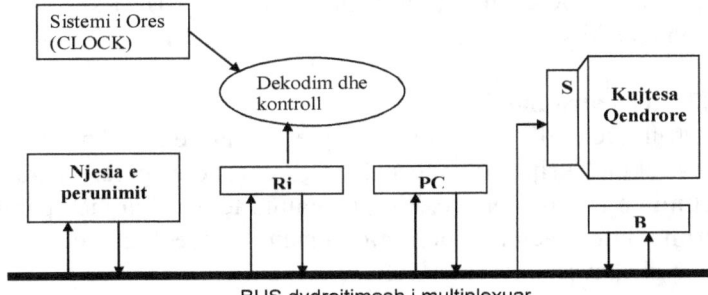

Figura 3.21

Ky instruksion realizon mbledhjen e përmbajtjes së akumulatorit (të përfshirë në njësinë e përpunimit) me përmbajtjen e fjalës, adresa e se cilës tregohet në zonën e adresës se instruksionit. Rezultatet vendosen në akumulator. Pra, formati i instruksionit të kësaj makinë do të jetë :

ADD	Adresa e operandes (ADR)

Figura 3.22

Në kapitullin e parë kemi parë se realizimi i çdo instruksioni fillon me leximin e tij në kujtesën qëndrore, që quhet ndryshe edhe "faza fetch". Kështu ekzekutimi i instruksionit do të kalonte nëpër këto faza :

PC → S ; përmbajtja e regjistrit PC vendoset në regjistrin S të kujtesës,

MEM(S) → B ; leximi i instruksionit nga kujtesa,

B → Ri; instruksioni i lexuar vendoset në regjistrin Ri të CU,

Pas fazës se mësipërme (faza fetch), duhet lexuar operanda e specifikuar në instruksion, ndërkohë që operanda tjetër gjendet tashme në akumulator.

ADR → S

MEM(S) → B

Në këtë moment do të kemi njërën operandë në regjistrin buffer (B) të kujtesës qëndrore, ndërsa tjetra ndodhet në akumulator, prandaj operacioni i mbledhjes mund të realizohet si më poshtë :

B add AC → AC; mblidh B dhe akumulator, rezultatin vendose në akumulator,

PC +1 → PC ;inkremento PC (përgatitu për instruksionin pasues).

Për të realizuar instruksionin që sapo analizuam, nevojiten 7 veprime elementare (PC->S, Mem(S)->, etj.) . Duhet theksuar se 6 prej tyre janë operacione transferimi të informacionit në bus, ndërsa veprimi i kërkuar të realizohet në formë eksplicite prej instruksionit (ADD) kërkon vetëm një operacion (B addAC->AC).

3.4.2 Struktura me dy buse

Një strukturë e tillë e thjeshtë paraqitet në figurën e mëposhtëme.

Kjo strukturë krijon mundësinë që të ekzistoje njëfarë paralelizmi në ekzekutimin e instruksioneve, kjo pasi mund të ekzekutohen paralelisht dy transferime informacioni, njeri mbi busin e adresave, ndërsa tjetri mbi busin e të dhënave.

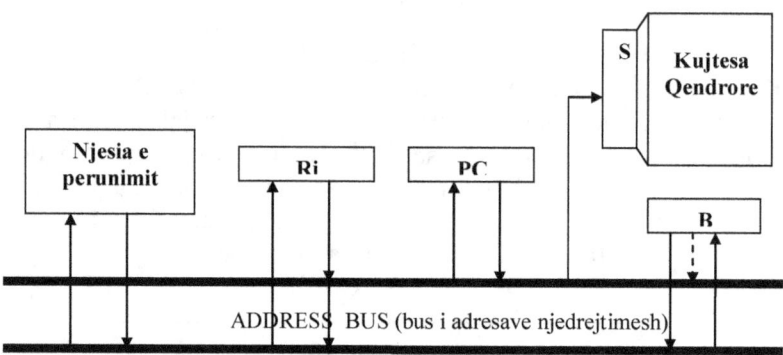

Figura 3.23

Me poshtë do të paraqesim ekzekutimin e instruksionit të mbledhjes për rastin e një makinë me dy adresa. Instruksioni i mbledhjes se një makinë të tillë do të këtë formë :

ADD	ADR1	ADR2

Figura 3.24

Ky instruksion realizon mbledhjen e përmbajtjes se fjalëve të të dhënave që ndodhën në adresat ADR1 dhe ADR2; rezultati vendoset në ADR1.

FAZA I : Leximi i instruksionit (faza fetch)
PC → S; përmbajtja e regjistrit PC vendoset në regjistrin S të kujtesës,
MEM(S) → B; leximi i instruksionit nga kujtesa,
B→ Ri; instruksioni i lexuar vendoset në regjistrin Ri të CU,

FAZA II : Leximi i operandave
ADR1 → S
MEM(S) → B
B → OP1   ; leximi i operandës së parë

ADR2 → S
MEM(S) → B
B → OP2   ; leximi i operandës se dytë

FAZA III : operacioni i mbledhjes
OP1 add OP2 → B

FAZA IV : Memorizimi i rezultatit
ADR1 → S
B → MEM (S)

FAZA V : Përgatitja e instruksionit pasues
PC+1 → PC

Kjo është një paraqitje sekuenciale e ekzekutimit të instruksionit. Duke shfrytëzuar mundësinë e paralelizmit të transferimit të informacionit në dy buset, është e mundur të reduktohet koha e leximit të operandave. Kështu do të kishim situatën e paraqitur skematikisht këtu më poshtë :

BUSI I ADRESAVE   **BUSI I TE DHËNAVE**

ADR1 → S

MEM (S) → B

ADR2 → S	B→ OP1

MEM (S) → B
B→ OP2

Shihet pra se operacionet ADR2 → S dhe B→ OP1 kryhen njëkohësisht duke reduktuar kështu kohën e nevojshme për ekzekutimin e instruksionit. Kemi të bëjmë kështu me ekzekutimin në paralel të dy veprimeve elementarë, i cili bëhet i mundur falë ekzistencës së dy buseve.

Një makinë e tillë ofron mundësinë e adresimit indirekt. Për këtë duhet të përdoret lidhja (e paraqitur në figurë me vija të ndërprera) ndërmjet busit të adresave dhe regjistrit B të kujtesës. Kështu, leximi i një operande duke përdorur mënyrën e adresimit indirekt, do të bëhej sipas mënyrës së paraqitur më poshtë :

ADRi → S
MEM(S) → B   ; në B përftohet adresa efektive e operandës
B→ S
MEM(S) → B   ; në B përftohet vetë operanda

3.4.3 Struktura me tre buse

Një strukturë e tillë përbëhet nga tre buse të banalizuar njëdrejtimësh. N.q.s. njësia e përpunimit do të ishte makinë me një adresë, atëherë struktura me tre buse do të ishte si në figurë:

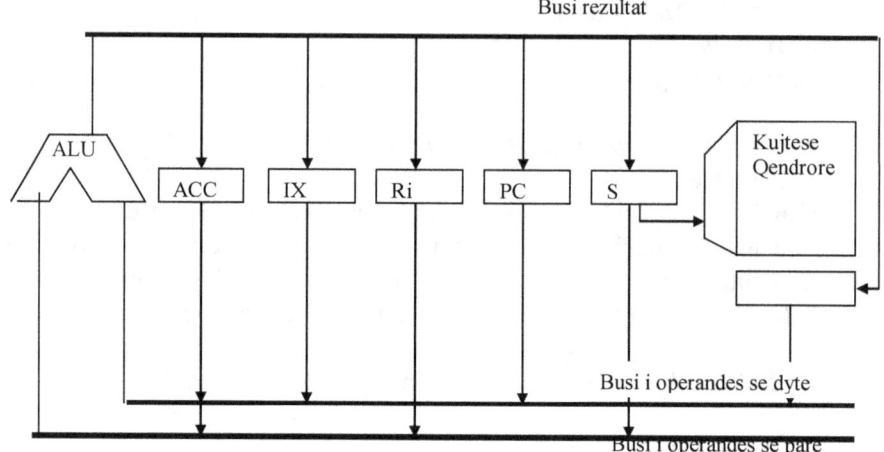

Figura 3.25

Kjo makinë krijon mundësinë e përdorimit të disa mënyrave të adresimit si dhe kombinimit të tyre, si p.sh..

- Adresim imediat
- Adresim direkt
- Adresim indirekt
- Adresim i indeksuar (nëpërmjet regjistrit IX)
- Adresim relativ (nëpërmjet regjistrit PC)

Struktura me tre buse ka veçorinë se transferimi i përmbajtjes ndërmjet regjistrave do të kryhet nëpërmjet ALU. Për këtë arsye kjo strukturë quhet edhe strukturë turbulente. Kështu kur duhet të realizohet një transferim ndërmjet regjistrave pa ndryshim të vlerës, ALU vendoset në pozicionin NOP (No Operation).

Ekzekutimi i një instruksioni kërcimi të pakushtëzuar (JUMP), i cili përdor adresim relativ të indeksuar do të ishte si më poshtë :

FAZA I : Leximi i instruksionit (faza fetch)

PC → S; përmbajtja e regjistrit PC vendoset në regjistrin S të kujtesës,

MEM(S) → B; leximi i instruksionit nga kujtesa,

B→ Ri   ; instruksioni i lexuar vendoset në regjistrin Ri të CU,

FAZA II : Llogaritja e adresës se kërcimit
ADR + PC → S ; llogaritja e adresimit relativ
S + IX → **PC**; llogaritja e adresës se index.Rezultati vendoset në PC.

3.5 Përdorimi i një logjike të specializuar për llogaritjen e adresës

Mundësitë e një kompjuteri varen shumë nga numri i mënyrave të adresimit që ai disponon, prandaj tendenca është që ai të pajiset me sa më shumë mënyra adresimi.

Adresimi i indeksuar dhe ai relativ kërkojnë të kryhet operacioni i mbledhjes ndërmjet adresave, i cili mund të kryhet prej ALU, si në rastin e makinës me tre buse që sapo pamë. Por, duhet të kihet parasysh se llogaritja e adresës nëpërmjet operacionit të mbledhjes kërkohet nga shumica e instruksioneve. Ndërsa vlerësohet se rreth vetëm 10 % e instruksioneve kërkojnë nga ALU të kryeje një operacion (të ndryshëm nga NOP). Në këto kushte, për të rritur performancat e një procesori, se pari duhet të rritet shpejtësia e llogaritjes se adresës me prioritet ndaj ALU, e cila përveç mbledhjes kryen edhe operacione të tjera.

Kjo situatë shpie në konceptimin e njësive qëndrore të pajisura me mbledhës të shpejtë të specializuar për llogaritjen e adresës. Në figurën e mëposhtëme, figura 3.26, është paraqitur një makinë e tillë.

Makina e paraqitur në figurë është e pajisur me disa regjistra indeksi. Në një zone të caktuar të instruksionit specifikohet se cili prej këtyre regjistrave përdoret në një momente të dhënë. Regjistrat e indeksit mund të jenë të organizuar në formën e një kujtese lokale ku një regjistër i seleksionimit (Si) ngarkohet nga njësia e kontrollit (CU) me zonën e instruksionit ku tregohet regjistri i duhur i indeksit, ose thjesht CU seleksionon drejtpërdrejt regjistrin e duhur të indeksit.

Për një makinë të tillë do të kishim:
1. N.q.s. kemi të bëjmë me adresim absolut (direkt), atëherë zona ose zonat e adresës se regjistrit të instruksionit (Ri) ngarkohen direkt në regjistrin S të kujtesës qëndrore.
2. Në rast të kundërt, nëpërmjet logjikës së llogaritjes së adresës, zona e adresës së regjistrit Ri do të mblidhet :
   2.1. Me regjistrin PC; në këtë rast do të kemi të bëjmë me adresim relativ.
   2.2. Me regjistrin e përzgjedhur të indeksit; në këtë rast do të kemi të bëjmë me adresim të indeksuar.
   2.3. Me të dy këta regjistra; në këtë rast do të kemi të bëjmë me adresim relativ të indeksuar.

Shënim : *Në këtë strukturë nuk janë parashikuar regjistra të bazës, prandaj për të realizuar adresimin relativ është përdorur regjistri PC.*

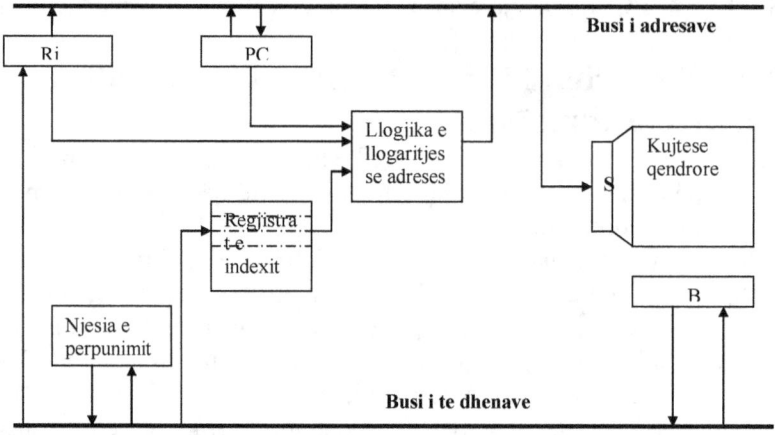

Figura 3.26

3.6 Organizimi i njësisë qëndrore me regjistra të përgjithshëm

Në strukturat e njësisë qëndrore që kemi trajtuar deri tani, regjistrat e përdorur kanë qene regjistra të specializuar, d.m.th. të dedikuar për në përdorim të caktuar. Kështu kemi folur për regjistra indeksi, regjistra të bazës, regjistra për memorizimin e operandave, etj.

Preferohet që në vend të regjistrave të tillë të specializuar, të konceptohen kompjutera që kanë një bashkësi unike regjistrash, të cilët në këtë rast janë regjistra të përgjithshëm, ose siç quhen ndryshe regjistra të banalizuar. Secili nga këta regjistra mund të shërbejë herë si regjistër adrese dhe herë si regjistër për memorizimin e të dhënave. Në përgjithësi këta regjistra organizohen në formën e kujtesës lokale.

Për të rritur rregullsinë e një strukturë të tillë, njeri nga regjistrat e banalizuar përdoret si numërues i programit (PC). (ky fakt nuk është gjithnjë i vërtetë). Nga ana tjetër, regjistri i instruksionit (Ri) nuk mund të jetë një regjistër i banalizuar, sepse sekuencori duhet të kape një-nga-një bitët e këtij regjistri.

Organizmi i një njësie qëndrore të strukturuar me regjistra të banalizuar, është paraqitur në figurën e mëposhtëme.

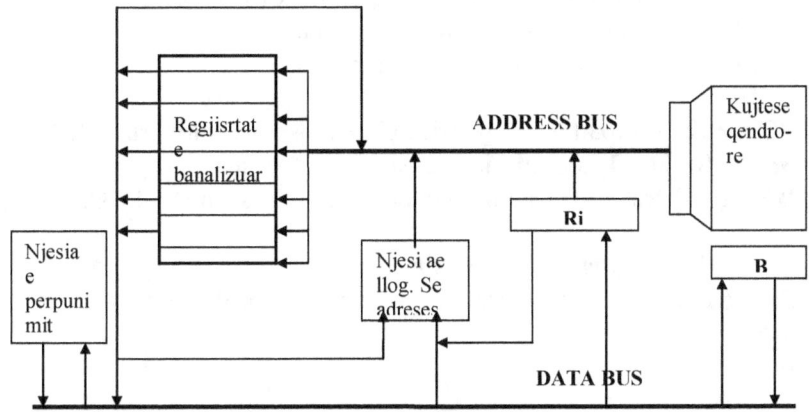

Figura 3.27

Formati i instruksionit të kësaj makinë ka formën e mëposhtëme

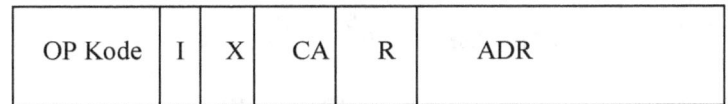

Figura 3.28

ku :

I – është biti që tregon adresimin indirekt (I=1 adresim indirekt)

X – shpreh numrin e regjistrit të indeksit (if X =0 nuk ka adresim të indeksuar)

CA – Ka lidhje me adresimin relativ në raport me numëruesin e programit (PC), i cili është regjistri Ro.

CA = 00 → nuk kemi adresim relativ

CA = 01 → adresim imediat (operanda gjendet në zonën ADR. I dhe X nuk merren parasysh)

CA = 10 → adresim relativ (adresa është Ro - ADR)

CA = 11 → adresim relativ (adresa është Ro + ADR)

Siç shihet, formati i instruksionit të një makinë të tillë është i ndryshëm nga ai i paraqitur në kapitullin e dytë.

Supozojmë se njësia e përpunimit është një makinë me dy adresa, d.m.th se njëra nga operandat ndodhet në njërin nga regjistrat e banalizuar, ndërsa tjetra në kujtesën qëndrore. Rezultati i operacionit që kryen instruksioni vendoset në regjistrin e operandës së parë.

Të shohim se si do të ekzekutohet (realizohet) instruksioni i ngarkimit (LOAD) i një fjalë nga kujtesa qëndrore në një regjistër. Supozojmë se instruksioni përdor adresimin relativ të formës Ro-ADR dhe indirekt. Pra kemi të bëjmë me adresim të kombinuar relativ + indirekt .

FAZA I : Leximi i instruksionit (faza fetch)

PC → S; përmbajtja e regjistrit PC vendoset në regjistrin S të kujtesës,
MEM(S) → B ; leximi i instruksionit nga kujtesa,
B→ Ri; instruksioni i lexuar vendoset në regjistrin Ri të CU,

FAZA II : Llogaritja e adresës relative
Ro - ADR → S ; llogaritja e adresimit relativ
MEM (S) → B ;
B → S

FAZA III : Ngarkimi i regjistrit
MEM (S) → B
B →Ri
Ro + 1 → Ro ; është ekuivalent me PC+1 → PC

3.7 Procesorët "pipeline"

3.7.1 Vështrim i përgjithshëm mbi "pipeline"

Gjatë analizës se mësipërme vumë re se, ekzekutimi i një instruksioni mund të ndahet në një zinxhir etapash ose fazash, ku çdo etape i korrespondon përdorimit të një nga njësive ose komponentëve të kompjuterit. Kur një instruksion gjendet në njërën nga etapat e ekzekutimit, komponentët e kompjuterit që shfrytëzohen nga etapat e tjera nuk përdoren. Funksionimi i një procesori të thjeshtë, sipas kësaj mënyrë, ashtu siç e trajtuam edhe në paragrafin 3.4, është pra joefikas.

Efikasiteti i procesorit do të përmirësohej në se ekzekutimi i instruksionit do të behej në këtë mënyrë :

Instruksioni i parë fillon ekzekutimin duke u ngarkuar në fazën e parë. Në ciklin pasardhës, kur ky instruksion kalon në etapën e dytë, instruksioni i radhës ngarkohet në etapën e parë, e kështu me radhë... Në këtë mënyrë, në një regjim të stabilizuar të punës së procesorit do të kemi një instruksion në ekzekutim në secilën nga etapat. Kështu, secili nga komponentët e kompjuterit do të shfrytëzohej plotësisht në çdo cikël, duke siguruar në këtë mënyrë një efikasitet maksimal. Në këtë rast kemi të bëjmë me një procesor që funksionon sipas modelit që quhet "**PIPELINE**".

Sipas këtij modeli, koha e ekzekutimit të një instruksioni në veçanti nuk reduktohet, por debiti i instruksioneve në dalje të procesorit do të rritej në mënyrë të konsiderueshme duke arritur deri në një instruksion të ekzekutuar në një cikël. Kështu, në një procesor "pipeline"që ka pesë etapa ekzekutimi, performancat e tij do të rriteshin pesë herë.

Skematikisht një situatë e tillë është paraqitur në figurën e mëposhtëme.

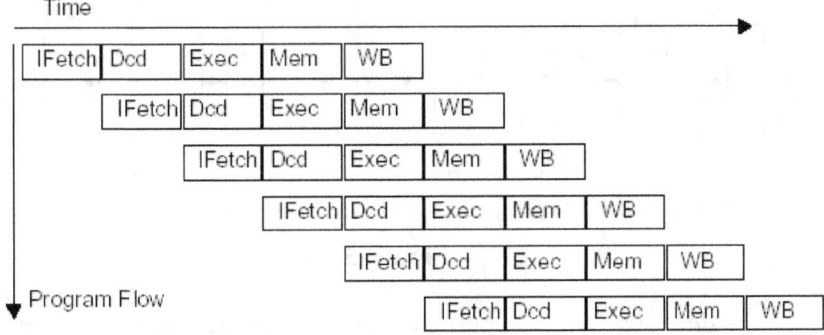

Figura 3.29

Të përpiqemi të llogaritim sa sa do të ishte teorikisht përfitimi në shpejtësi i një procesori pipeline.

Le të Supozojmë se kemi një pipeline me k etapa (stade) dhe se perioda e një clocku është t_p, pra që një etape zgjat t_p sekonda. Supozojmë gjithashtu se kemi n instruksione për të ekzekutuar. Instruksioni I_1 kërkon k x t_p kohë për tu ekzekutuar. Për rrjedhojë, $n-1$ instruksionet e mbetur do të dalin nga pipeline një nga një për një cikël clocku secili, gjë që do të kërkojë një kohë totale prej $(n-1)t_p$.

Pra, për të ekzekutuar n instruksionet në një pipeline me k stade, do të duheshin :

$(k$ x $t_p) + (n-1)t_p = (k+n-1)t_p$

ose $k+(n-1)$ cikle clock-u.

Koha që do të duhej për ekzekutimin e n instruksioneve, kur nuk ka pipeline, do të ishte nt_n, ku $t_n = k$ x t_p

Pra përfitimi në shpejtësi (speedup S) nga përdormi i kësaj pipeline do të ishte :

$$SpeedupS = \frac{ntn}{(k+n-1)tp} = \frac{n(kxtp)}{(k+n-1)tp}$$

Limiti i kësaj shprehje kur n shkon në infinit do të ishte :

$$SpeedupS = \frac{kxtp}{tp} = k$$

Pra, në përfundim mund të themi se përfitimi teorik në shpejtësi (speedup S) është k, pra aq sa është numri i stadeve të pipeline-s.

Një strukturë tipike pipeline është paraqitur skematikisht në figurën 3.30.

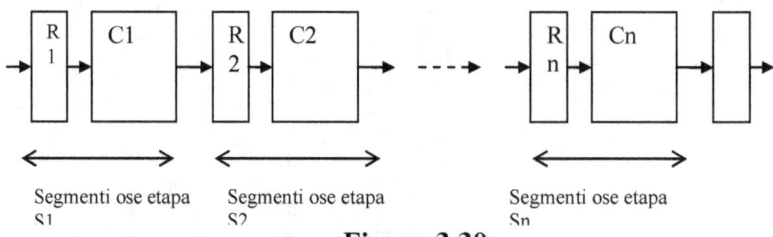

Figura 3.30

Çdo segment ose etape Si përbëhet nga një regjistër tampon ("latch") Ri dhe nga një qark përpunimi (proccessing circuit) Ci. Regjistrat Ri, që quhen regjistra të etapës ose segmentit, veprojnë si buffer ndërmjet etapave që kalon ekzekutimi i instruksionit. Parimisht, një sinjal "clock" i përbashkët bën që të gjithë regjistrat Ri të ndryshojnë gjendje në mënyrë sinkrone (njëkohësisht) në fillim të çdo periode të clock-ut të pipeline-s. Kështu çdo Ri do të mare një informacion të ri Di-1 nga segmenti paraardhës Si-1.

Tipet e pipeline-s. Parimi i pipeline-s aplikohet me sukses në një procesor për këto dy qëllime :
1. Ekzekutimin e vetë instruksionit, duke filluar nga faza fetch deri në ruajtjen e rezultatit. Në këtë rast kemi të bëjmë me atë që quhet *"instruction pipeline"*.
2. Realizimin e operacioneve arithmetike, veçanërisht ato me komplekset si p.sh. shumëzimi, veprimet me presje notuese dhe me vektorë. Procesorët pipeline që shërbejnë për këtë qëllim quhen *"arithmetic pipeline"*.

3.7.2 Realizmi i pipeline-s.

Ashtu siç trajtuam edhe më sipër, për të marre një version "pipeline" të një procesori, do të duhet që fizikisht ta copëzojmë atë në copa (etapa), duke futur ndërmjet komponentëve të tij regjistrat e etapave Ri. Meqenëse çdo komponent trajton një instruksion të ndryshëm nga komponentët e tjerë të procesorit, do të duhet që ai të këtë në dispozicion të gjithë informacionet e nevojshëm për ekzekutimin e kësaj etape të instruksionit në fjalë (op.code, operandat, etj.).

Duke u bazuar në procesorët që pamë në fillim të kapitullit, ekzekutimi i një instruksioni mund të ndahej në tete (8) etapa si më poshtë :

1. PC → S ;adresimi i kujtesës për leximin e instruk.; e shënojmë **IA**
2. Mem(S) → B ; leximi i instruksionit; e shënojmë **IF**
3. B → Ri   ; ruajtja e instruksionit në RI; e shënojmë **SI**

4. Adr → S; dekodimi i instr. dhe leximi i operandave e shënojmë **DI**
5. ADR + PC→ S ; llogaritja e adresës; e shënojmë **AC**
6. Mem (S)→ B ; Aksesi në kujtesë; e shënojmë me **MEM**
7. AC add B→ AC ; ekzekutimi; e shënojmë **EX**
8. AC → Rx ; ruajtja e rezultatit; e shënojmë **WB** (write back)

Shënim :
Gjatë analizës së mëposhtëme të procesorëve pipeline do të përdorim shkurtimet e mësipërme (IA, ID ose DI, MEM, WB etj.) për të shprehur fazat e ndryshme që kalon ekzekutimi i instruksioneve.

Ekzekutimi i instruksionit, i ndarë në tetë faza pipeline është paraqitur në figurën e mëposhtëme.

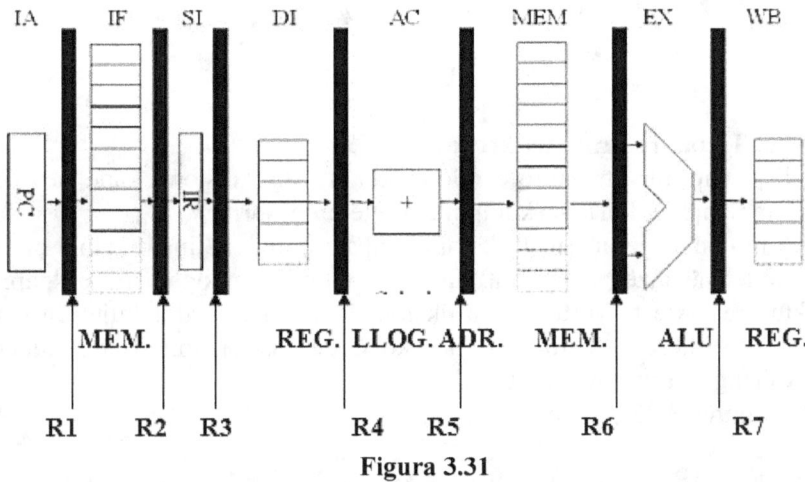

Figura 3.31

Përdorimi i pipeline ofron edhe një avantazh tjetër : meqenëse është e mundur që ekzekutimi i instruksionit të copëtohet në etapa pa prekur performancat, atëherë duke rritur numrin e etapave, kohëzgjatja e një etape do të zvogëlohej. Në këtë mënyrë do të zvogëlohej edhe koha e ciklit të procesorit duke rritur kështu debitin e instruksioneve të ekzekutuara në dalje të tij. Sidoqoftë ka një kufi, pasi siç do të shohim më poshtë, sa më e gjatë të jetë një pipeline, aq më i madh është edhe numri i rasteve kur nuk mund të arrihet performanca maksimale.

Ekzistojnë kryesisht tre raste kur performancat e një procesori që përdor pipeline mund të degradohen. Këto raste quhen "**të papritura**"(pipeline hazard, në anglisht. aléa- në frëngjisht.). Këto janë :

- Të papritura strukturore (structural hazards)
- Të papritura të të dhënave (data hazards)
- Të papritura të kontrollit (control hazards)

Kur ndodh një "e papritur", instruksioni <u>nuk mund</u> të avancojë në pipeline, por gjatë një ose disa cikleve ai mbetet i bllokuar në një etape të pipeline-s. Ndërkohë që instruksionet që gjendeshin më përpara në radhën e pipeline-s do të vazhdojnë të ekzekutohen derisa kjo e papritur të zhduket. Etapat e pipeline-s që mbeten bosh quhen "flluska" dhe ato i korrespondojnë një instruksioni NOP (No Operation).

Në figurën e mëposhtëme instruksioni Inst.2 mbetet i bllokuar për dy etapa për shkak të një "të papriture".

```
Inst 1    lA   IF   SI   Dl   AC  MEM  EX   WB

Inst 2         IA   IF   SI   DI   ●    ●   AC  MEM  EX  WB
```

Figura 3.32

3.7.3 Të papriturat strukturore

Një e papritur strukturore ndodh kur dy instruksione kanë nevojë të përdorin të njëjtët burime (komponentë) të procesorit.

Kështu ndërmjet një instruksioni load/store dhe një instruksioni çfarëdo që gjendet në fazën e leximit (faza IF) mund të ndodhë një e "papritur strukturore". Me të vërtetë, instruksioni load/store përdor kujtesën për të lexuar ose shkruar të dhënat, ndërkohë që instruksioni tjetër duhet të ngarkohet gjithashtu nga kujtesa.

Në figurën 3.33 paraqitet ky rast.

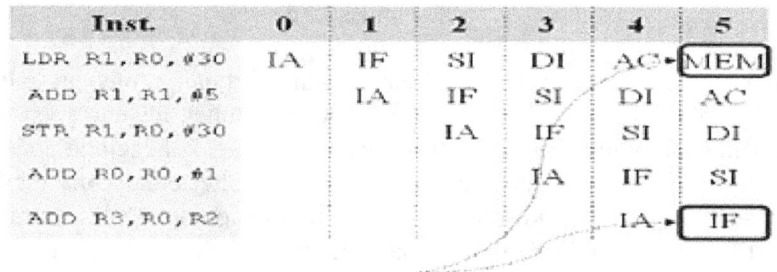

Figura 3.33

Për të zgjidhur këtë konflikt kujtesa ndahet në dy pjesë : kujtesë për të dhënat dhe kujtesë për instruksionet. Kështu në procesorët e sotëm veprohet në këtë mënyrë me kujtesën kashé ("cache") : ekziston një kashé pre të dhënat dhe një kashé tjetër për instruksionet (shikoni figuren 3.44).

3.7.4 Të papriturat e të dhënave

Një rast i tillë ndodh kur ekzekutimi i një instruksioni prodhon një rezultat, i cili kërkohet të përdoret nga instruksioni pasues përpara se ai të jetë shkruar në një regjistër. Në figurën e mëposhtëme paraqitet një rast i tillë.

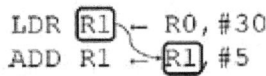

```
LDR  R1 ← R0, #30
ADD  R1 ← R1, #5
```

Inst.	0	1	2	3	4	5	6	7	8	9	10	11	12
LDR R1,R0,#30	IA	IF	SI	DI	AC	MEM	EX	WB					
ADD R1,R1,#5		IA	IF	SI	●	●	●	●	DI	AC	MEM	EX	WB

Figura 3.34

Instruksioni ADD nuk mund të fillojë të ekzekutohet (etapa DI= dekodim instruksioni), pasi përmbajtja e regjistrit R1, që modifikohet prej LDR, do të jetë i gatshëm (disponibël) vetëm në fund të etapës WB të këtij instruksioni (LDR).

Natyrisht që pritja që një e dhënë të shkruhet në një regjistër përpara se ajo të përdoret është joefikase. Kështu në shembullin e mësipërm, rezultati do të jetë disponibël në fund të etapës MEM të instruksionit LDR, ndërkohë që instruksioni ADD ka realisht nevojë për të vetëm në fillim të etapës EX. Prandaj, ndikimi i të papriturave të të dhënave në përkeqësimin e performancave të pipeline-s mund të reduktohet duke krijuar rrugë suplementare ndërmjet etapave të ndryshme të pipeline-s. Në këtë mënyrë të dhënat do të kalojnë më shpejt nga njeri instruksion në tjetrin. Ky mekanizëm quhet "*forwarding*".

Në figurën e mëposhtëme paraqitet shtimi i rrugës se të dhënave me qëllim që të aplikohet ky mekanizëm.

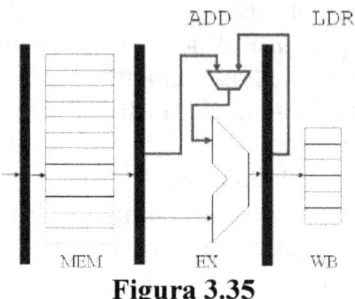

Figura 3.35

Kështu shtohet një regjistër suplementar në hyrje të ALU, i cili ka dy hyrje : nga AC (akumulatori) dhe nga regjistri B (Buffer) i kujtesës qëndrore. Për pasojë, lëvizja e instruksioneve në pipeline do të ishte si më poshtë.

Inst.	0	1	2	3	4	5	6	7	8	9	10	11	12
LDR R1,R0,#30	IA	IF	SI	DI	AC	MEM	EX	WB					
ADD R1,R1,#5		IA	IF	SI	DI	AC	MEM	EX	WB				

Figura 3.36

Në këtë mënyrë, duke përdorur "forwarding" do të eliminohen katër ciklet e "ngrirjes" së avancimit në pipeline.

3.7.5 Të papriturat e kontrollit

Një rast i tillë ndodh kurdoherë që ekzekutohet një instruksion kërcimi (jump ose branch). Kështu, sa herë që ngarkohet një instruksion kërcimi, normalisht do të duhej të pritej të mësohej adresa e kërcimit, para se të ngarkohet instruksioni pasues. Por, meqenëse ky informacion njihet vetëm pas disa ciklesh duke filluar nga ngarkimi i instruksionit, atëherë avancimi në pipeline duhet të bllokohet. Në rastin e një kërcimi të kushtëzuar do të duhet të njihet edhe vlera e kushtit, pra në se do të kemi ose jo kërcim.

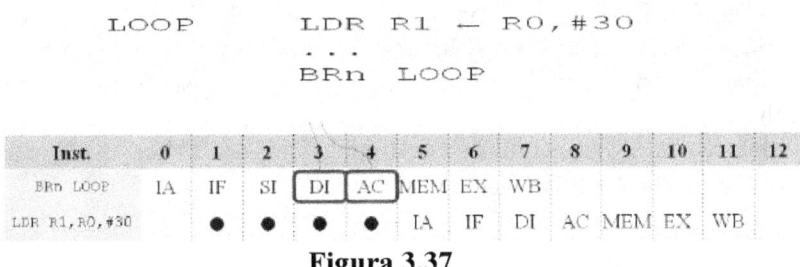

Figura 3.37

Kushti i shprehur në instruksion do të lexohet vetëm në fund të etapës DI dhe adresa e kërcimit do të njihet vetëm në fund të etapës AC.

Duke ditur se në një program, frekuenca e instruksioneve të kërcimit është e lartë (~ 17-18 % ose afërsisht një instruksion të tillë për çdo pesë instruksione të ekzekutuar), atëherë përkeqësimi i performancave të shkaktuar nga "të papriturat e kontrollit" do të ishte i papranueshëm. Për këtë arsye, procesorët përmbajnë mekanizma të **"parashikimit të kërcimit"** (**"branch prediction"-ang., "prédiction de branchement"-fr.**) , që parashikojnë adresën e kërcimit dhe vlerën e kushtit në rastin e kërcimeve të kushtëzuar.

Mekanizmat e parashikimit të kërcimit janë të shumta dhe mjaft të sofistikuara sidomos për rastin e kërcimeve të kushtëzuara. Versioni më i thjeshtë është ai i parashikimit të adresës për rastin e kërcimeve të pakushtëzuar. Për këtë, procesori pajiset me një tabele e quajtur BTB (**Branch Table Buffer**). Kjo tabele indeksohet prej regjistrit PC dhe në të regjistrohen adresat e kërcimit, të cilat memorizohen pas ekzekutimit të një instruksioni kërcimi. N.q.s. ky instruksion do të ngarkohet përsëri, atëherë përmbajtja e PC (më saktë bitët me peshë më të vogël të PC) dërgohet edhe drejt kësaj tabele. Meqenëse tabela lexohet shumë më shpejt se kujtesa qëndrore, atëherë brenda një cikli clocku, procesori do të njohë adresën e kërcimit. Kjo adresë do të përdoret për të adresuar kujtesën duke evituar kështu "ngrirjen e pipeline-s". Ekzekutimi i instruksioneve do të ishte si në figurën e mëposhtëme.

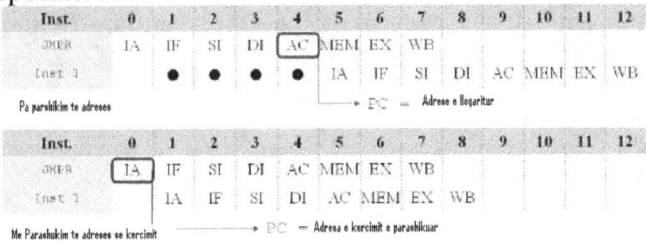

Figura 3.38

Në se instruksioni i kërcimit nuk gjendet në tabelë, atëherë e gjithë pipeline duhet të pastrohet (*flush the pipeline*) nga të gjithë instruksionet që vijnë pas instruksionit të kërcimit dhe kjo derisa të njihet adresa e kërcimit.

Mekanizmi i funksionimit të Branch Targer Buffer është paraqitur skematikisht më poshtë.

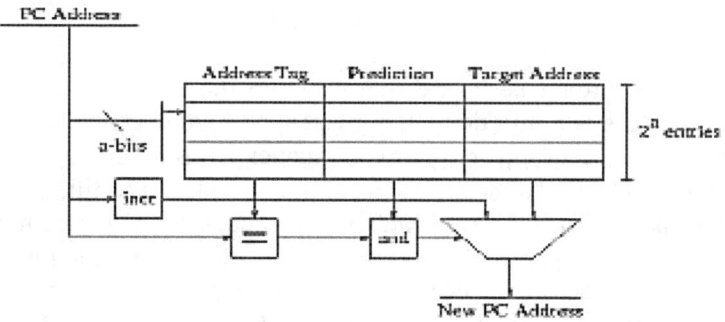

Figura 3.39

3.8 Shembull : Mikroprocesorët e familjes Intel X 86

Performancat e mikroprocesorëve të fundit të kësaj familje janë paraqitur në tabelën e mëposhtëme.

- Intel 386 (viti 1985) → 8 cikle clocku për të ekzekutuar një instruksion
- Intel 486 (1990) → 2 cikle clocku për instruksion
- Pentium (1994)   → 1 cikël clocku për instruksion
- Pentium Pro (1997) → 1.5 instruksione në një cikël clocku
- Pentium 4 (2000) → 2.5 instruksione në një cikël clocku

Ndërtimi i pipeline-s për mikroprocesorët Pentium është paraqitur në figurën e mëposhtëme (figura. 3.41) .

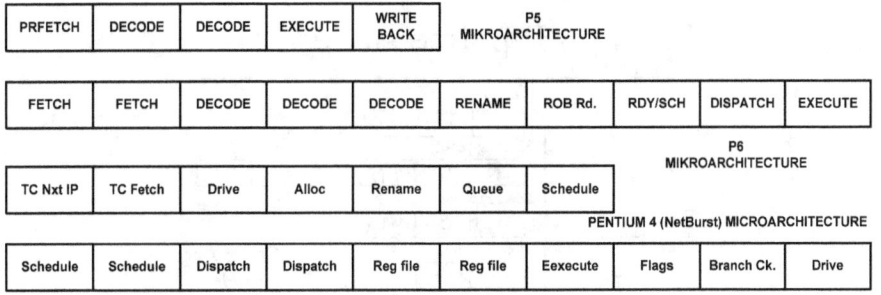

| PRFETCH | DECODE | DECODE | EXECUTE | WRITE BACK | P5 MIKROARCHITECTURE |

| FETCH | FETCH | DECODE | DECODE | DECODE | RENAME | ROB Rd. | RDY/SCH | DISPATCH | EXECUTE |

P6
MIKROARCHITECTURE

| TC Nxt IP | TC Fetch | Drive | Alloc | Rename | Queue | Schedule |

PENTIUM 4 (NetBurst) MICROARCHITECTURE

| Schedule | Schedule | Dispatch | Dispatch | Reg file | Reg file | Eexecute | Flags | Branch Ck. | Drive |

PENTIUM (P5) = PIPLINE ME 5 STADE

PENTIUM Pro, II, III (P6) = PIPLINE ME 10 STADE

Figura 3.40

Mikroprocesorët Pentium ndahen në tre grupe mikro-arkitekturash :

Pentium   Mikro-arkitekture P5
Pentium Pro (Pro, II, III)   Mikro-arkitekture P6
Pentium 4   Mikro-arkitekture NetBurst

Pesë instruksionet kryesore të mikroprocesorit Intel Pentium ekzekutohen sipas etapave të mëposhtëme, ose siç thuhet shkurt ka pesë lloje pipeline, të cilat janë :

- Integer Pipeline (pipeline e numrave të plotë) që përbëhet nga 5 etapa
- FP Pipeline (pipeline e numrave me presje notuese) që përbëhet nga 8 etapa
- Load Pipeline (pipeline për instruksionin Load) që përbëhet nga 5 etapa
- Store Pipeline (pipeline për instruksionin Store) që përbëhet nga 4 etapa
- Branch Pipeline (pipeline për instruksionet Branch) që përbëhet nga 5 etapa

Skematikisht këto lloje "pipeline" janë paraqitur në figurën e mëposhtëme (figura 3.42).

Pentium Pipeline stages

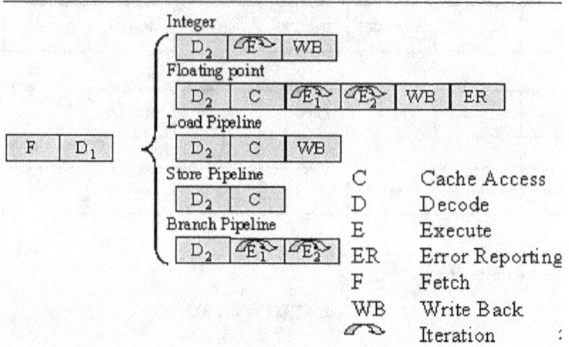

Figura 3.41

Le ti analizojmë këto pipeline në veçanti.

Të gjitha pipeline-t kanë këto etapa të përbashkëta :

- Fetch (F)
  - ✓ Lexon instruksionin në *"Instruction buffers"*
  - ✓ Leximi bëhet prej I –cache

- Initial decode (D1) që konsiston në *"decode into single control word"*.
  - ✓ Pentium është një procesor CISC, pra me bashkësi instruksionesh kompleksë, të cilat janë të papërshtatshëm për të ekzekutuar në pipeline. Prandaj,
  - ✓ Faza D1 kthen instruksionet komplekse në formën "RISC type encoding".

Integer Pipeline

Etapat e pipeline-s kanë ecuri të ndryshme në funksion të faktit në se operandat gjenden në kujtesën qëndrore apo në regjistra. Kështu kur :
- Operandat gjenden në një regjistër, do të kishim :
  - ✓ Në D_2 lexohet operanda nga regjistri
  - ✓ Në E llogaritet rezultati
- Operandat gjenden në kujtesë, do të kishim :
  - ✓ Në D_2 llogaritet adresa në kujtesë.
  - ✓ Në E lexohet kujtesa cache dhe llogarit rezultatin. Kjo fazë kërkon më shumë se një cikël clocku.

- Në fazën WB, memorizohet rezultati në regjistër.

Floating point pipeline
- Në etapën D_2 dekodohet *"control word"* të gjeneruar nga D_1 dhe kryen llogaritjen e adresës në rastin kur operanda gjendet në kujtesën qëndrore.
- Në C lexohet operanda në kujtesën cache.
- Në etapën E1 –shkruhen operandat në regjistrat FP.
- Në E2 – kryhet veprime me presje notuese.
- Në etapën WB –Shkruhet rezultati në regjistrat FP.
- Në etapën ER – Testohet rezultati për gabime të mundshme.

Load dhe Store Pipeline
- Në etapën D_2 kryhet llogaritja e adresës.
- Në fazën C kryhet kapja e të dhënave në kujtesën cache.
  - ✓ Në se kemi një "cache miss" (e dhëna nuk gjendet në cache), atëherë etapa zgjatët disa cikle clocku.
- Në etapën WB –shkruhet rezultati në regjistrat FP.

Paraqitja e mësipërme e ekzekutimit të instruksioneve në pipeline është e thjeshtëzuar. Kështu në realitet, duke qene se mikroprocesori Intel Pentium është një procesor *"superscalar"*, fizikisht ky procesor është i pajisur me :
- Dy "master pipes" që janë U-pipeline dhe V-pipeline
- "floating point pipe"

Në "pipeline" U dhe V ekzekutohen instruksionet "Integer", Load , Store dhe Branch

Në pipeline-n U ekzekutohen gjithashtu edhe tre etapat e para të instruksioneve FP, ndërsa tre etapat që mbeten në njësinë FP. (FP=Floating Point).

Në figurën e mëposhtëme (figura 3.42 paraqitet një version i thjeshtuar i mikroprocesorit Pentium, ndërsa në figurën 3.43 jepet një version i detajuar i ndërtimit të brendshëm të këtij mikroprocesori.

Pentium data paths (simplified!)

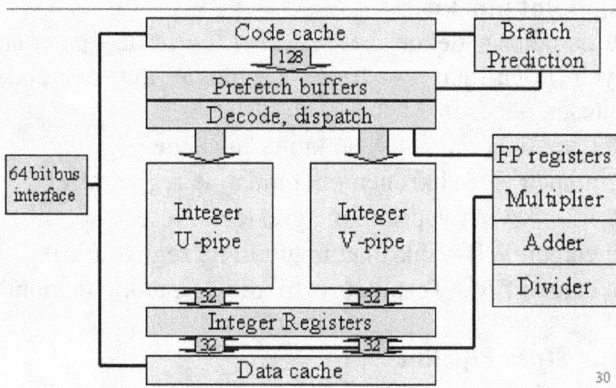

Figura 3.42

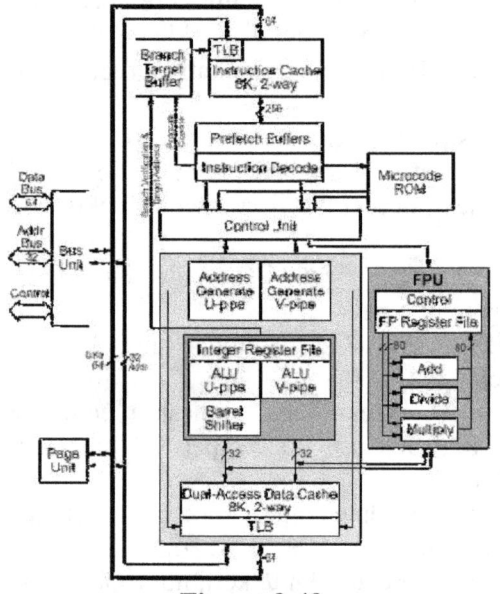

Figura 3.43

Me poshtë, në figurat 3.44, 3.45 paraqiten etapat e pipeline-s për mikro-arkitekturën P6.

Basic Pentium III Processor Misprediction Pipeline									
1	2	3	4	5	6	7	8	9	10
Fetch	Fetch	Decode	Decode	Decode	Rename	ROB Rd	Rdy/Sch	Dispatch	Exec

Figura 3.44

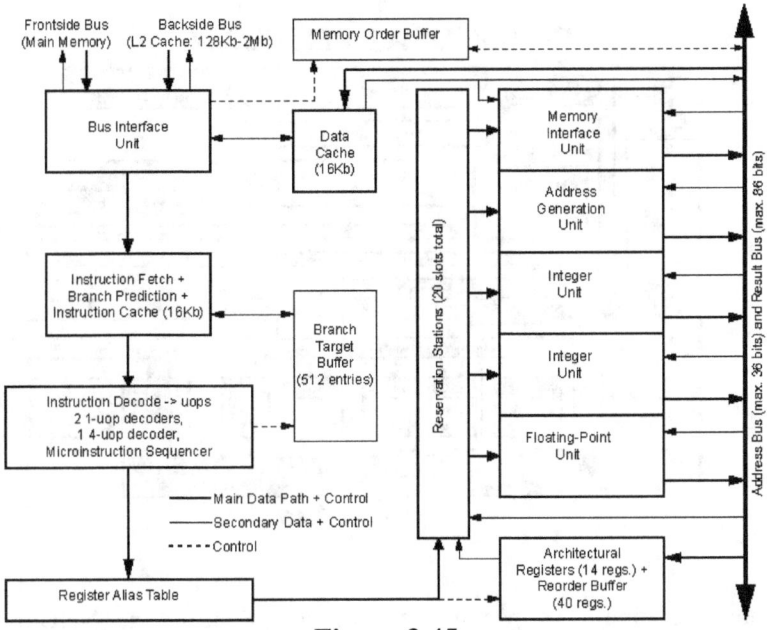

Figura 3.45

Në figurën 3.48 paraqitet struktura e përgjithshme e një procesori të familjes P6.

Kjo strukturë ka pesë "execution units" që janë : 2 "Integer Units", 1 "FP Unit" dhe dy "Address Generation units" për instruksionet LOAD dhe STORE. Kjo strukturë mund të ekzekutojë njëkohësisht tre instruksione (three way superscalar).

Një procesor i tillë ka 14 stade pipeline. Shpesh në literature thuhet se P6 (Pentium Pro, II, III) ka 10 stade pipeline. Kjo nuk është plotësisht e saktë. Në fakt *rezultati* i një instruksioni është i gatshëm për t'u përdorur nga instruksionet e tjerë, para sa ai të përfundojë plotësisht dhe kjo arrihet pas 10 "clock cycles". Që këtej buron edhe ky konfuzion.

Ciklet e clocku për një pipeline P6 janë si më poshtë:

- 8 cikle përdoren për « in-order execution » , pra për « fetch, decode, execution »,

- 3 cikle përdoren për "out-of-order execution",
- 3 cikle përdoren për "instruction commit",
- 14 cikle clocku në total.

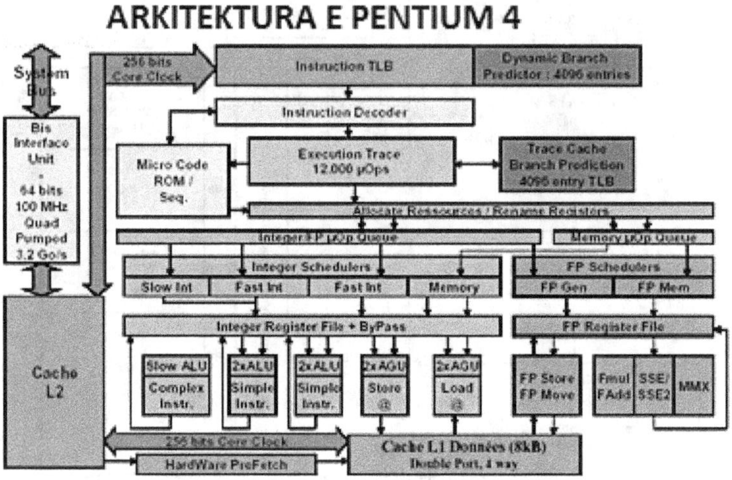

ARKITEKTURA E PENTIUM 4

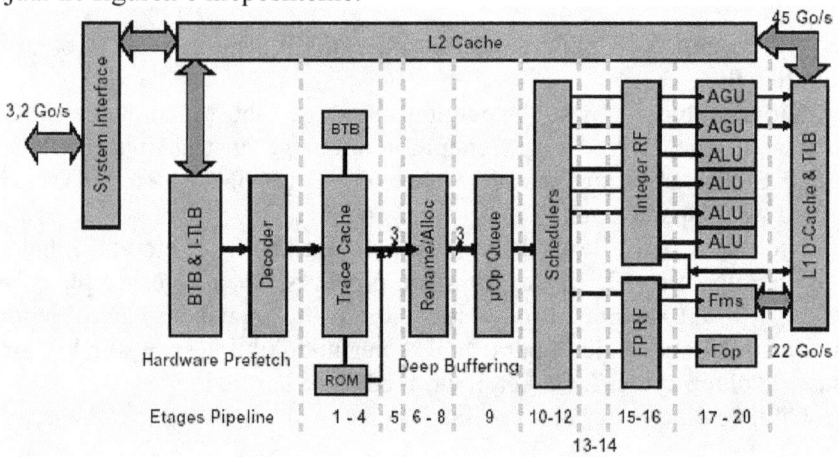

Figura 3.46

Stadet e pipeline-s për mikroprocesorin Pentium 4 (NetBurts) janë detajuar në figurën e mëposhtëme.

Figura 3.47

Vërejtje :

Për të arritur performanca llogaritëse maksimale, është me interes që të integrohen disa njësi ALU në paralel. Kështu, me kusht që të dhënat dhe burimet të mos varen nga njeri-tjetri, mund të themi se kjo mënyrë organizimi do të bëjë të mundur që të ekzekutoheshin njëkohësisht N instruksione. Procesorë të tillë quhen "*super-skalare*".

Skematikisht kjo situatë paraqitet në figurën e mëposhtëme:

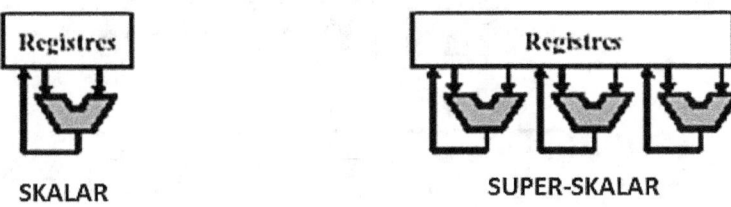

SKALAR   SUPER-SKALAR

Figura 3.48

Procesori Intel Pentium 4 disponon :

- Dy Floating Point (FP) ALU që shërbejnë për ekzekutimin e instruksioneve FP dhe të instruksioneve MMX , SSE dhe SSE2 (Streaming SIMD Extension 2).
- Dy ALU që shërbejnë për ekzekutimin e instruksioneve Arithmetike dhe Logjike
- Një ALU që shërben për "shift/ rotate".

3.9 Aneksi i Kapitullit 3

❑ A three-bus system

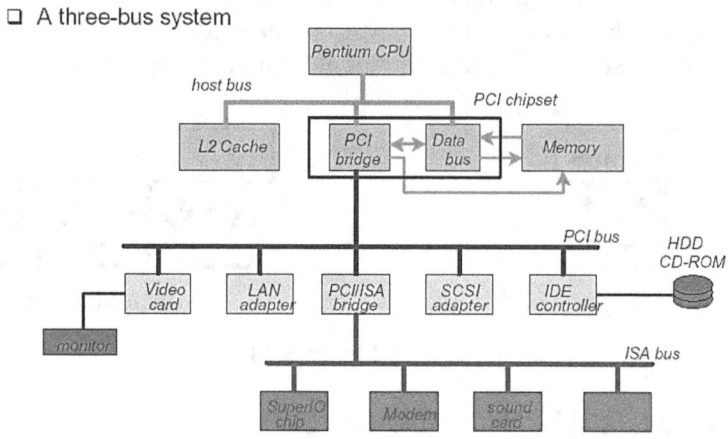

Figura 3.49

Dalloni tre lloje busesh në këtë figurë: System-Memory bus (host bus), PCI Bus dhe ISA Bus.

Tabela 3.1

BUS	FREKUENCA (MHZ)	GJERESIA BITE	DEBITI (BANDWITH)	KOMENTE
PCI	33-66	32-64	132-528 MB/S	Sinkron, i muliplexuar, arbitrim i fshehur, "burst mode", shared bus
PCI-X	32-100	32-64	1GB/s	Sinkron, "burst mode"
PCI-Express 2.0	5000	x1,x2,...x32	16GB/s	Serial, point-to-point, bidirectional
HyperTransport 2.0	200-800	2-32	200MB/s-22.5 GB/s	Point-to-point, njedrejtimësh (unidirectional)
AGP 4X	66X4	32	1GB/s	Demultiplexuar
AGP 8X	66X8	64	2.133 GB/s	
IDE	<100	16	<200 MB/s	Asinkron
SATA3(Sata-600)	N/A	2	750 MB/s	Serial
USB 2.0	N/A	2	<60 MB/s	Serial, asinkron
USB 3.0	N/A	2	400 MB/s	
Fireware 400	N/A	4	49.1 MB/s	Asinkron
FireWire1600(I EEE 1394b)	N/A		196.6 MB/s	Asinkron

Ne këtë tabelë jepen vlerat e parametrave frekuencë, gjerësi dhe debit për disa lloje busesh.

3.9.1 Chipset dhe PCI

Në figurën 3.50 jepet ndërtimi i një kompjuteri perosnal i organizuar rreth "north dhe south bridge".

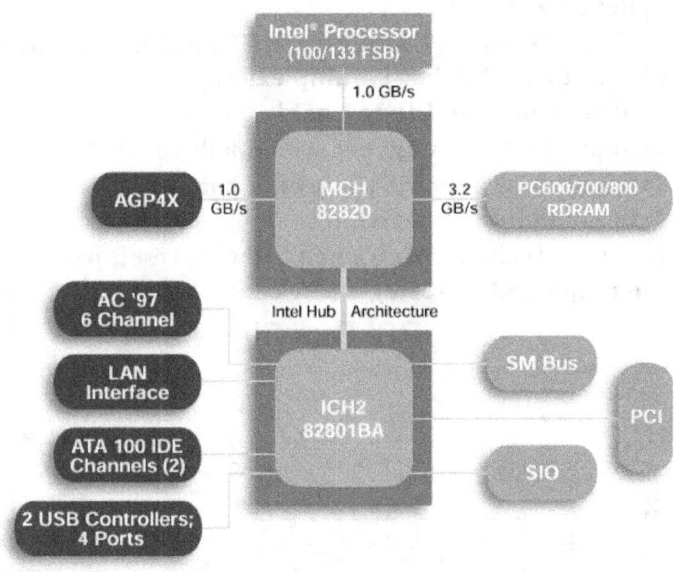

Figura 3.50

32 bit PCI Signals

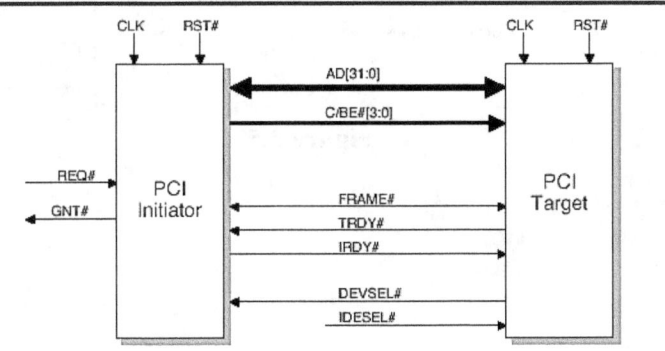

Figura 3.51

62 sinjalet e busit PCI

- **32 linja "data" që përdoren njëkohësisht për adresa dhe të dhëna (PCI është bus i multiplexuar)**
- **4xlinja "Command/Byte Enable"**
- **2xlinja "wait", nga një për secilin kah**
- **2xlinja "stop", nga një për secilin kah**
- **2xlinja"Request and Grant"**
- **Linja kontrolli ku përfshihen "clock", reset, parity, error lines, interrupts (ndërprerje), cache control, etj.**

PCI Bus Signals

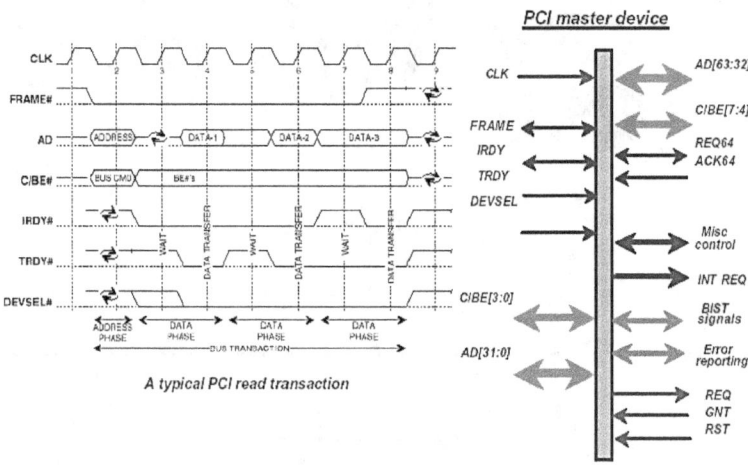

Figura 3.52

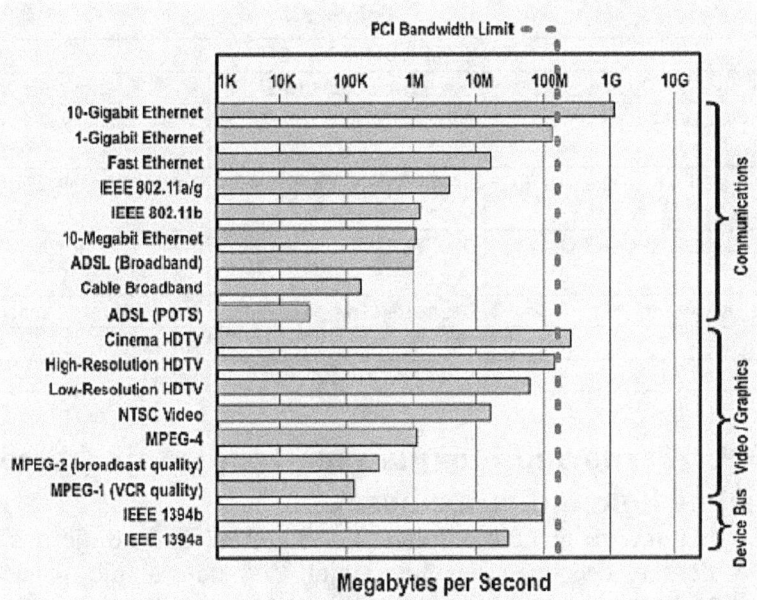

Figura 3.53

Në figurën 3.56 paraqitet debiti i nevojshëm nga paisje të ndryshme periferike, krahasuar këto me kufirin maksimal të debitit të ofruar nga busi PCI 32 bite, që është 132 MB/s. Vihet re se ky bus nuk është më i mjaftueshëm për të teknologji të reja si p.sh. 1 dhe 10 Gigabit Ethernet. Prandaj, versionet e reja të busit PCI ofrojnë debite mjaft më të larta si p.sh. PCI-X që funksionon me frekuence 533 MHZ dhe ofron debit 4.26 GB/sek. Ndërsa busi PCI-Express 3.0 siguron debit maksimal që arrin vlerën 31.5 Gbyte/sek. [PCI Express 3.0 (x32 link)].

Në tabelën 3.2 janë përmbledhur efektet e parametrat të ndryshëm të një busi në performancat dhe koston etj.

Tabela 3.2

PERMBLEDHJE E MUNDESIVE PER NJE BUS		
Opsioni	Performancë e lartë	Kosto e ulët
Gjerësia e busit (bus width)	Linja "data" dhe adresë të ndara	Linja "data" dhe adresë të multiplexuara
Gjerësi a e të dhënave (data width)	I gjerë është me shpejt (psh 32-64 bitë)	I ngushtë është më i lirë (psh 8 bitë)
Madhësia e transferimit	Disa fjalë rresht krijojnë më pak "bus overhead"	Transmetim me një fjalë është më e thjeshtë.
Bus Masters	Disa mastera (kërkon arbitrim)	Vetëm një master (pa arbitrim)
Clock	Sinkron	Asinkron
Protokolli	Pipeline	Serial

3.9.2 Përdorimi i logjikes me tre gjendje (three-state logic) në komandimin e buseve.

Logjika me tre gjendje eliminon konfliktin që lind në një bus kur një paisje dërgon ose gjeneron një sinjal "1" ndërsa një paisje tjetër, njëkohësisht, gjeneron një sinjal "0". Një situatë e tillë është praktikisht e paevitueshme në rastin kur disa dalje "normale" (që mund të jenë në gjendjet "0" dhe "1") bashkohen nëpërmjet një busi.

Për të zgjidhur këtë situatë përdoren qarqe me tre gjendje, të cilat simbolikisht janë paraqitur në figurën 3.54 .

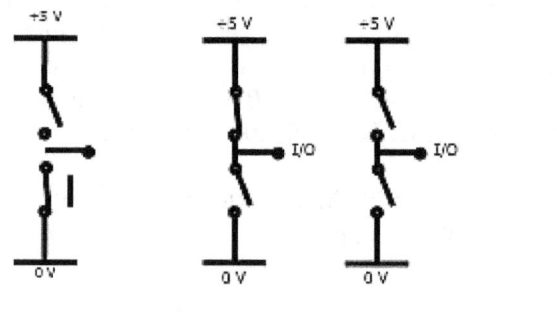

Dalje "0"   Dalje "1"   Dalje "Rezistence e larte" (high impedance)

Figura 3.54

Një qark i tillë paraqitet si në figurën 3.55.

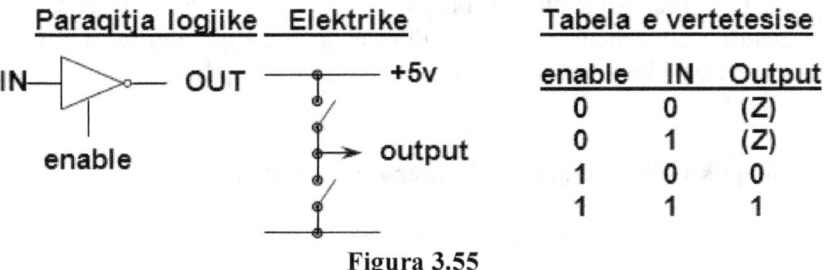

Figura 3.55

Gjendja e tretë (Z) komandohet prej sinjalit "enable". Në këtë gjendje, dalja (output) nuk është as "0" as "1", por ajo "floton" ose siç thuhet ndryshe ka "rezistence të lartë".

Me poshtë jepen dy shembuj të thjeshtë:

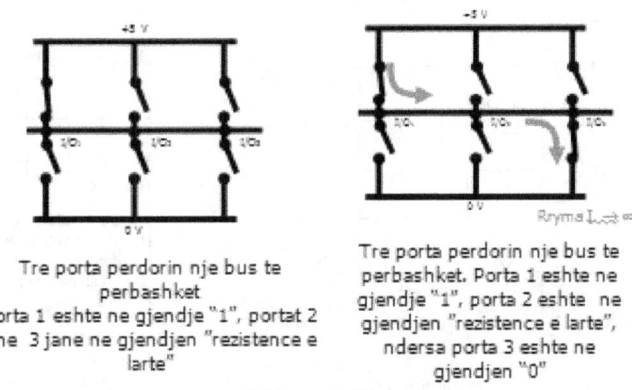

Figura 3.56

Për të bërë të mundur komunikimin me një bus dydrejtimesh, portat me tre gjendje lidhen kokë-më-kokë si në figurën e mëposhtëme.

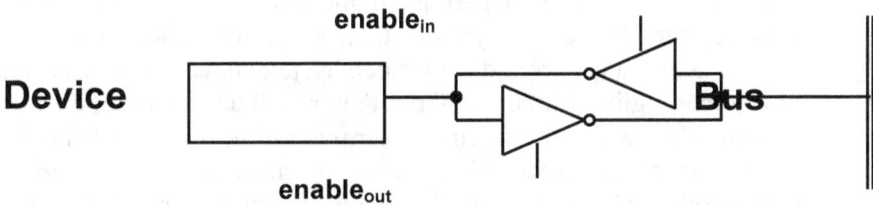

Figura 3.57

Për të komunikuar me një bus, përdoren qarqe logjike të posaçëm me tre gjendje, që quhen "buffers", të cilët janë në gjendej të debitojnë një rryme të konsiderueshme e domosdoshme për të përcjellë sinjalin në një bus.

Një qark i tillë paraqitet në figurën e mëposhtëme :

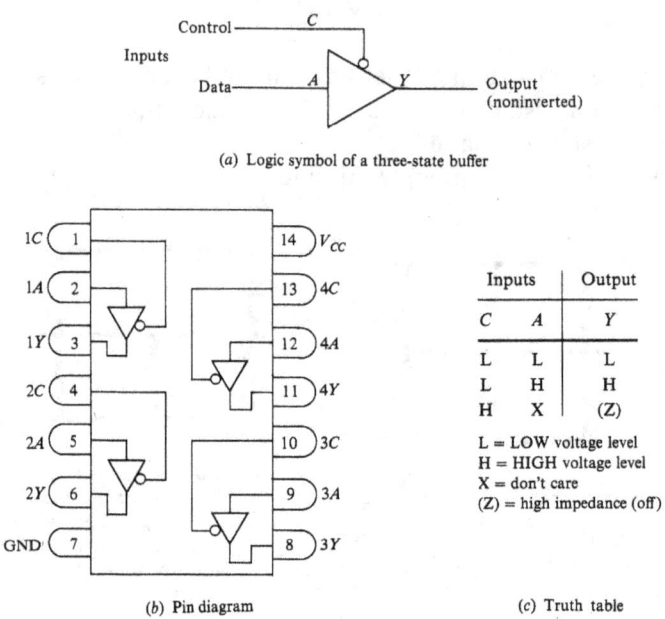

(a) Logic symbol of a three-state buffer

(b) Pin diagram

(c) Truth table

Inputs		Output
C	A	Y
L	L	L
L	H	H
H	X	(Z)

L = LOW voltage level
H = HIGH voltage level
X = don't care
(Z) = high impedance (off)

Figura 3.58

Përmbledhje për "three state logic".

• Të gjitha njësitë e një kompjuteri komunikojnë me busin e të dhënave ("data bus") nëpërmjet lidhjeve me logjikë "three state". Kjo pasi ato mund të transmetojnë dhe të marrin informacion në bus.

• Kujtesa qëndrore dhe paisjet e hyrje/daljeve (I/O devices) nuk kanë nevojë për logjike "three state" për të komunikuar me buset e adresave dhe të kontrollit, pasi ato kurrë nuk gjenerojnë informacion për këta buse.

• Meqenëse procesori gjeneron informacion në buset e adresave dhe të kontrollit, atëherë ai përdor logjike me tre gjendje për të komunikuar me këta buse.

• Një DMAC (Direct Memory Access Controller) gjithashtu përdor logjike me tre gjendje për të komunikuar me buset e adresave dhe të kontrollit.

KAPITULLI 4

NJESIA E KONTROLLIT-SEKUENCORI I KOMANDAVE

4.1 Të përgjithshme dhe përkufizime

Përkufizim

Sekuencori qendror i një kompjuteri është një automat që gjeneron komanda, të cilat aplikohen në elementet e ndryshëm të njësisë qëndrore.

Daljet e gjeneruara prej sekuencorit janë sinjale komandash, që aplikohen gjatë rrugës se të dhënave sipas një diagrame kohore të caktuar, që varet nga koha e përgjigjes se njësive të komanduara.
Hyrjet e sekuencorit përftohen prej :
- Instruksionit ku përfshihen kodi i operacionit, mënyrat e adresimit, indekset dhe regjistrat që përdoren
- Gjendjet e makinës ku përfshihet përmbajtja e regjistrit të gjendjes se njësisë se kontrollit.

Skematikisht kjo situatë është paraqitur në figurën 4.1.
Procesorët mund të jenë :
- Asinkrone : në këtë rast operacionet e ndryshëm realizohen me ritmin e tyre. Në këtë rast sekuencori pret për përfundimin e një operacioni para se të lëshoje ekzekutimin e operacionit tjetër.
- Sinkrone : në këtë rast operacionet e ndryshëm sinkronizohen nga një sinjal ore (clock), në bazë të të cilit gjenerohen komandat e

njëpasnjëshme duke i lënë operacioneve kohën e nevojshme për tu realizuar.

Praktikisht sot të gjithë kompjuterat janë të tipit sinkron. Megjithatë kompjuterët e mëdhenj mund të jenë pjesërisht asinkrone, në kuptimin që njësitë e ndryshme që përbëjnë kompjuterin kanë secila një sinjal ore të tyre të brendshëm.

Sipas mënyrës se realizimit, sekuencorët mund të jenë dy tipash :

- Hardware, d.m.th. të realizuar me qarqe logjike kombinatorë.
- Të mikroprogramuar. Në këtë rast sinjalet e komandës gjenerohen nga programe të regjistruar në kujtesën e mikroprogramimit, e cila është e inkorporuar në vetë sekuencorin.

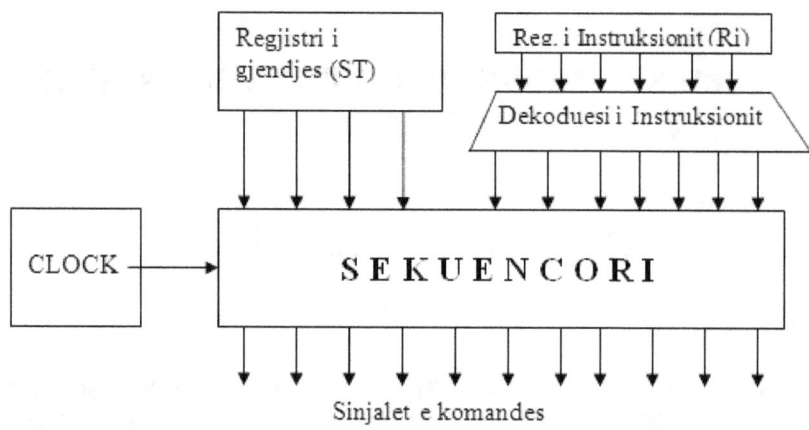

Figura 4.1

4.2 Diçka më shumë rreth konceptit "CLOCK"

Ekzekutimi i një instruksioni në një procesor konsiston në realizimin e disa etapave, ku secila prodhon një rezultat që përdoret prej etapës pasardhëse (shikoni paragrafin "pipeline" në kapitullin 3). Eshtë e nevojshme pra që të sinkronizohen këto etapa në mënyrë që rezultati të jetë i saktë. Kështu, në se një komponent C_2 prodhon një rezultat në dalje, i cili është vartësi e sinjalit të komponentit C_1 të etapës para-ardhëse, atëherë duhet që C_1 ti lihet një interval kohë i mjaftueshëm që ai të gjenerojë këtë sinjal në dalje. Në rast të kundërt, produkti i C_2 do të jetë i gabuar.

Për këtë qëllim duhet të përcaktohet koha e nevojshme për ekzekutimin e çdo etape me qëllim që të bllokohet dërgimi i rezultatit në komponentët pasues përderisa ekzekutimi nuk ka përfunduar. Për këtë, përdoren "barriera" ose "tamponë" që vendosen në hyrje dhe në dalje të

132

komponentëve duke kontrolluar kështu përhapjen e rezultateve nga njeri komponent në tjetrin. Për të thjeshtuar komandimin e këtyre barrierave, në shumicën e procesorëve, ato hapen dhe mbyllen në intervale fikse. Pra, ato komandohen nëpërmjet një sinjali periodik, i cili ka një fazë "1" (hapje=ON) dhe një fazë "O" (mbyllje = OFF) dhe që quhet sinjali i orës (clock).

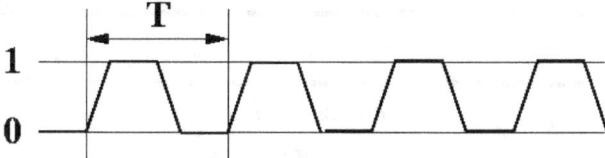

Figura 4.2

Me qëllim që të thjeshtohet sinkronizimi i komponentëve të ndryshëm të një procesori, në përgjithësi përdoret një sinjal i vetëm CLOCKU. Kohëzgjatja e një periode, që quhet "**cikël clocku**" dhe është e barabartë me kohëzgjatjen më të madhe të kalkulimit ose ekzekutimit që kryhet nga komponenti më i ngadaltë i procesorit. Ky komponent quhet "faktor kufizues" pasi është ai që përcakton pra edhe "ritmin" (d.m.th. clockun) e procesorit . Kështu në një procesor Pentium 4 me frekuencë 2 GHz, koha e ciklit është vetëm 0.5 ns. Edhe pse cikli i clockut është mjaft i vogël, mekanizmi i sinkronizimit nëpërmjet një clocku të vetëm nuk është gjithmonë efikas, pasi koha e ciklit përcaktohet, siç thamë, prej komponentit më të ngadaltë. Aktualisht bëhen kërkime për të krijuar procesorë asinkrone, pra që nuk përdorin sinjal clocku të vetëm (shih [11]).

4.3 Komandat që gjeneron një sekuencor. Sekuencorët e tipit hardware

Të sqarojmë fillimisht se çfarë janë komandat që duhet të gjenerojë sekuencori. Për këtë do të analizojmë në mënyrë të detajuar ekzekutimin e instruksionit të mbledhjes për rastin e makinës me një adresë të organizuar sipas strukturës me dy buse siç është paraqitur në figurën 4.3.

Fazat në të cilat do të kaloje realizimi i instruksionit të mbledhjes për një makinë të tillë do të jenë :

PC → **S**; përmbajtja e regjistrit PC vendoset në regjistrin S të kujtesës,
MEM(S) → **B**; leximi i instruksionit nga kujtesa,
B→ Ri ; instruksioni i lexuar vendoset në regjistrin Ri të CU,
ADR → **S**
MEM(S) → **B**
B add AC → **AC**; mblidh B dhe AC, rezultatin vendose në akumulator,
PC +1 → **PC** ;inkremento PC (përgatitu për instruksionin pasues).

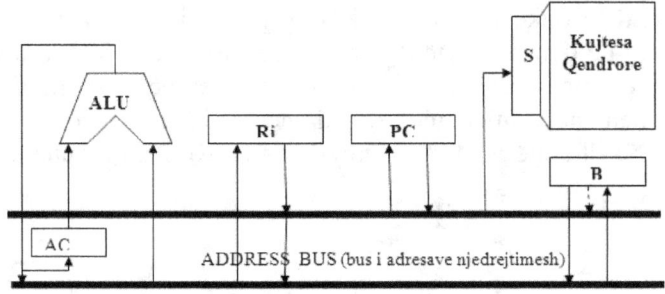

Figura 4.3

Të analizojmë në veçanti secilën nga këto faza.

I.   Faza e leximit të instruksionit
a. **PC** → **S**; përmbajtja e regjistrit PC vendoset në regjistrin S të kujtesës

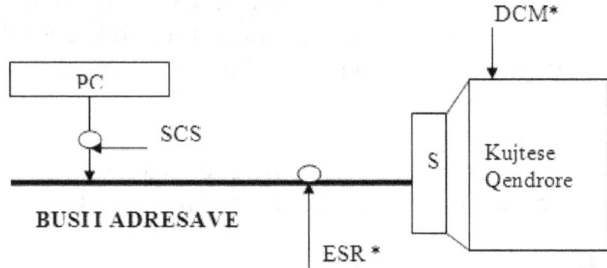

Figura 4.4

Diagrama kohore e komandave që realizojnë këtë operacion do të këtë formën si në figurën 4.5.

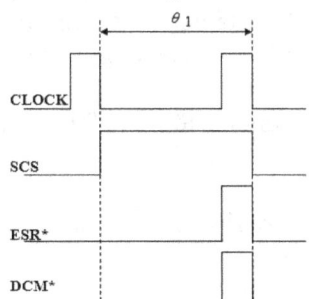

Figura 4.5
Porta e daljes të regjistrit PC mbi busin e adresës mbahet e hapur nëpërmjet sinjalit me nivel SCS. Në fund të këtij intervali kohe informacioni që gjendet në busin e adresës nëpërmjet sinjalit impulsiv ESR* memorizohet në regjistrin S. Në të njëjtën kohë nëpërmjet sinjalit impulsiv DCM* lëshohet një cikël kujtese.

b.   Leximi i instruksionit në regjistrin RI
MEM(S) → **B**; leximi i instruksionit nga kujtesa,

B→ Ri ; instruksioni i lexuar vendoset në regjistrin Ri të njësisë se kontrollit.

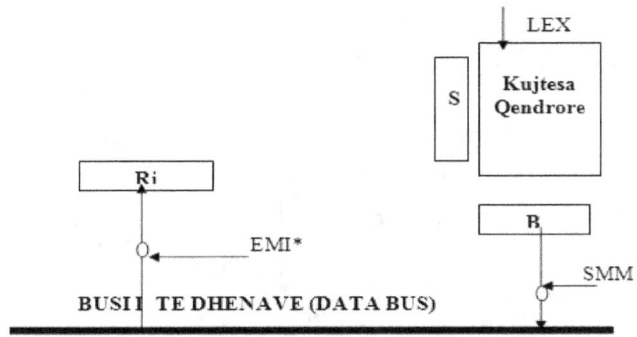

Figura 4.6

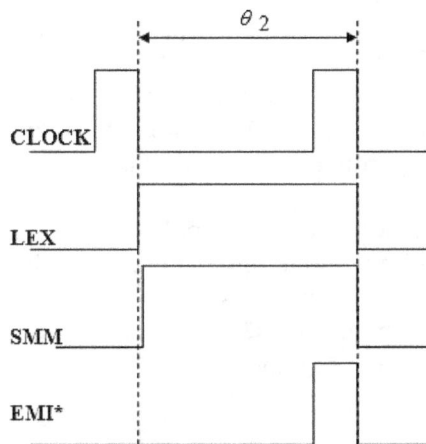

Fillimisht nëpërmjet sinjalit LEX, i tregohet kujtesës se operacioni që do të kryhet është një lexim, d.m.th. transferim i qelizës me adresë (S) në regjistrin B. Njëkohësisht hapet porta e daljes se regjistrit B mbi busin e të dhënave nëpërmjet sinjalit SMM. Në fund të këtij intervali kohe informacioni që gjendet mbi busin e të dhënave, nëpërmjet sinjalit EMI*, vendoset në RI.

II.   Leximi i operandës në kujtesë dhe realizimi i mbledhjes

ADR → S

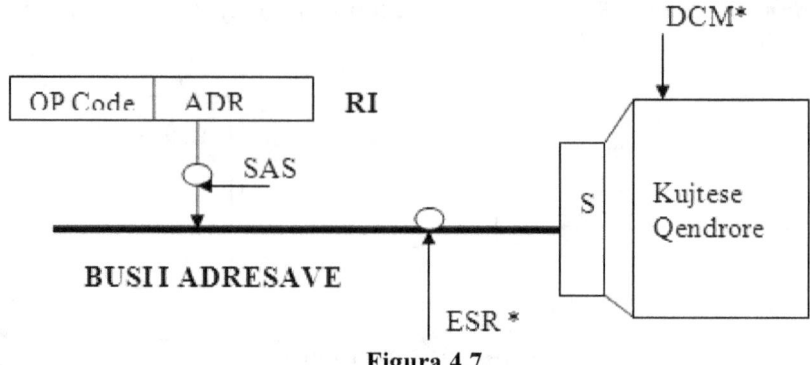

Figura 4.7

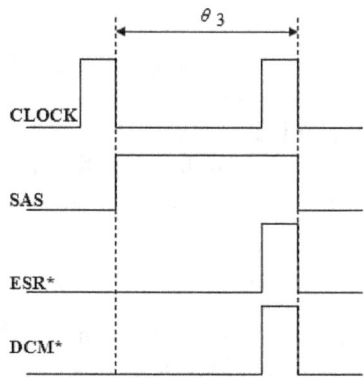

Përmbajtja e një pjese të regjistrit RI, pra ADR, kalohet në BUS-in e Adresave. Për këtë qëllim, porta e daljes e ADR mbi bus hapet nëpërmjet sinjalit SAS. Pastaj:

Nëpërmjet impulsit ESR*, informacioni që gjendet në BUS vendoset në regjistrin S.
Lëshohet përsëri një cikël kujtesë nëpërmjet impulsit DCM*.

Realizim i mbledhjes
MEM(S) → B
B add AC → AC ; mblidh B dhe akumulator, rezultatin vendose në akumulator,

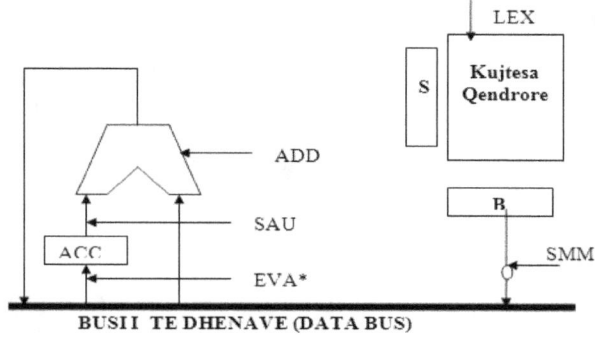

Figura 4.8

Fillimisht nëpërmjet sinjalit LEX, i tregohet kujtesës se kemi të bëjmë me një operacion leximi. Në të njëjtën kohë, nëpërmjet sinjalit SMM, hapet porta e daljes se regjistrit B mbi busin e të dhënave. Kështu operanda nëpërmjet busit të të dhënave bëhet prezente në hyrjen e ALU-se.

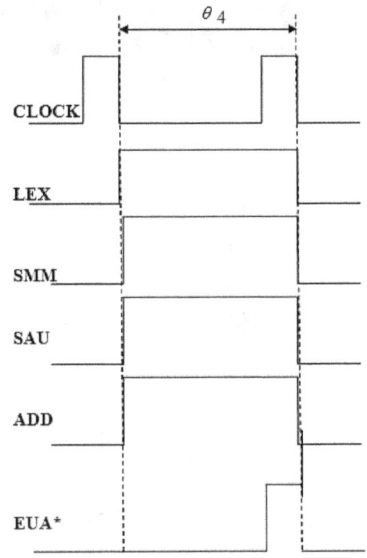

Nëpërmjet Sinjalit SAU, operanda tjetër, e cila ndodhet tashme në akumulator (ACC), aplikohet në hyrjen tjetër të ALU-se.

Nëpërmjet sinjalit ADD, i tregohet ALU-se se duhet të kryejë një operacion mbledhje të dy operandave.

Në përfundim, nëpërmjet impulsit EUA*, rezultati i përftuar në dalje të ALU-se vendoset në akumulator.

Këtu në krah paraqitet diagrama kohore e sinjaleve të përmendur më sipër.

Diagramat kohore e të gjithë sinjaleve të nevojshëm për realizimin e operacionit të mbledhjes janë paraqitur në figurën 4.9.

Nga analiza e këtij shembulli nxjerrim këto konkluzione të rëndësishme :

- Komandat e gjeneruara nga sekuencori nuk janë gjë tjetër veçse sinjalet e nevojshme për realizimin e një instruksioni (si p.sh. SCS, ESR*, DCM, LEX, etj.). Secili instruksion shoqërohet nga një sekuence e caktuar komandash.
- Sinjalet e komandës mund të jenë të formës me nivel (si p.sh. SMM, LEX etj.) ose impulsive (ESR*, DCM*, EMI*,EUA*).

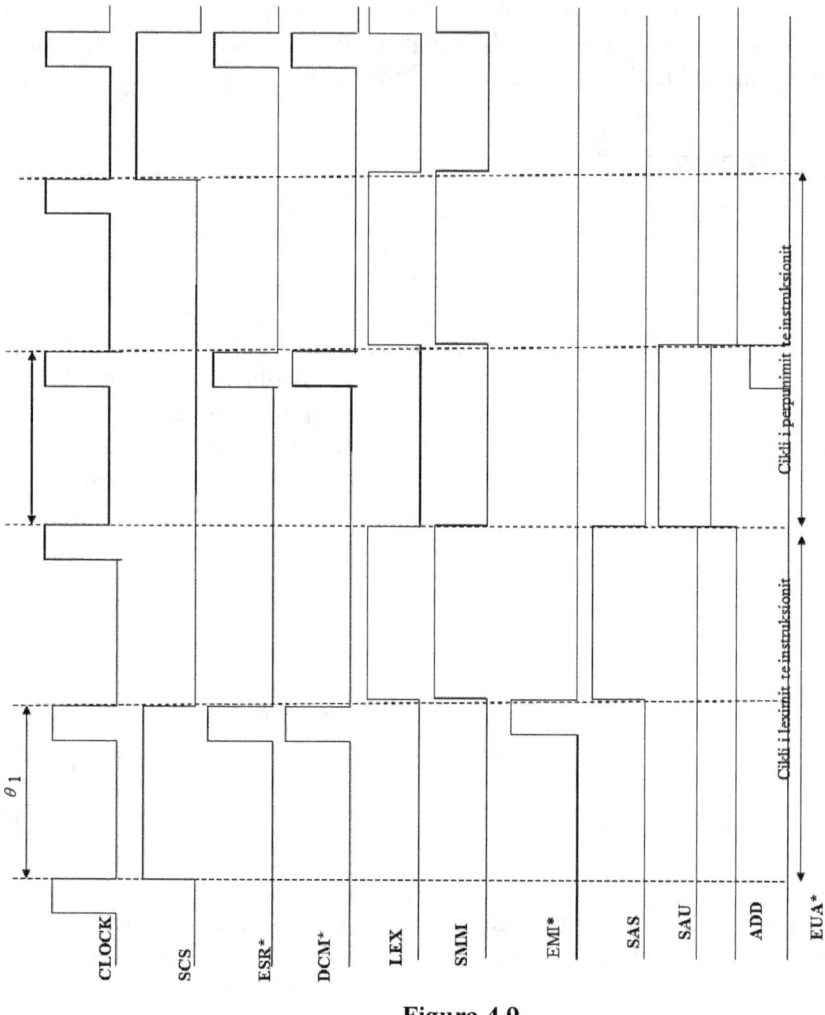

Figura 4.9

Për të dalluar se në cilin fazë të ekzekutimit ndodhet instruksioni përdoret "Distributori i fazave", i cili gjeneron sinjale standarde që përdoren për formimin e sinjaleve të komandave. Skema e këtij distributori paraqitet në figurën 4.10.

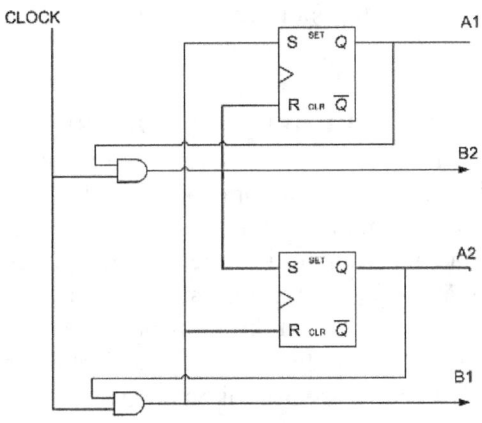

Figura 4.10

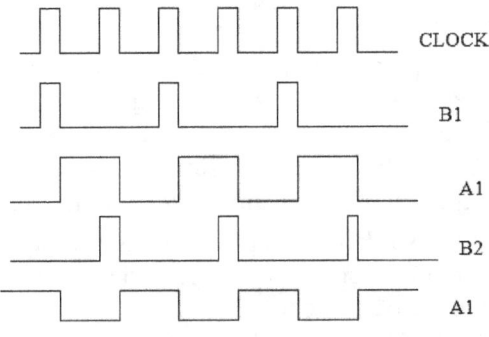

Figura 4.11

Veç kësaj është e nevojshme të dihet në se ndodhemi në ciklin e kërkimit të instruksionit (I) , ose në ciklin e përpunimit të operandës (T). Në figurën e mësipërme, cikli I i korrespondon dy intervaleve të parë të sinjalit të orës (clock), ndërsa T i korrespondon dy intervaleve të tjerë.

Për të realizuar një sekuencor hardware, fillimisht për çdo instruksion hartohen diagramat kohore, ashtu siç bëme gjatë analizës se instruksionit të mbledhjes për rastin e makinës me dy buse. Mbi këtë bazë përcaktohen ekuacionet logjike të funksioneve që duhet të realizojë sekuencori, d.m.th. ekuacionet që shprehin secilin sinjal të komandës. Kështu p.sh. komanda ESR* duhet të gjenerohet çdo dy perioda të clockut, pra do të kemi që ESR*= $\beta 1$. Po kështu edhe për komanden ose sinjalin DCM*. Sinjalet e tjerë të komandave janë më komplekse.

Si konkluzion mund të themi se realizimi i një sekuencori Hardware shpie në realizimin e një <u>qarku kombinator</u> mbi bazën e ekuacioneve logjike të të gjithë instruksioneve, të bistablave të gjendjes dhe distributorit të fazave.

4.4 Sekuencorët e mikroprogramuar

Eshtë e qartë se në rastin e sekuencorëve hardware sa më i madh të jetë numri i instruksioneve, aq më kompleks do të jetë sekuencori. Në këtë kushte lindi ideja që ky numër i madh instruksionesh mund të realizohet duke u nisur nga një numër i vogël instruksionesh elementare, të organizuar në formën e një mikroprogrami, i cili regjistrohet në kujtesën e mikroprogramit dhe që gjeneron mikrokomandat.

Në këtë paragraf përdorëm disa terma krejtësisht të rinj si p.sh.:

- Instruksione elementare ose mikrokomanda
- Mikroprogram
- Kujtesë e mikroprogramit

Në paragrafët e mëposhtëm do të analizojmë këta elementë.

4.4.1 Modeli Wilkes

Bazat e mikroprogramimit janë hedhur nga Wilkes më 1951. Sipas modelit të propozuar nga Wilkes (shih figurën e mëposhtme), kodi i operacionit të një instruksioni (op.code) është adresa e një mikroprogrami të implantuar, të përfshirë, në kujtesën e mikroprogramit. Kjo adresë dërgohet në regjistrin e adresimit (μRA) të kësaj kujtese duke seleksionuar kështu instruksionin e parë të këtij mikroprogrami.

Në këtë mënyrë seleksionohet një linjë horizontale e kujtesës duke bërë që në linjat vertikale të përftohen :

- Mikrokomanda ose "microword".
- Adresat e mikroinstruksionit pasues që vendoset në regjistrin e adresave të mikroinstruksionit μ AD.

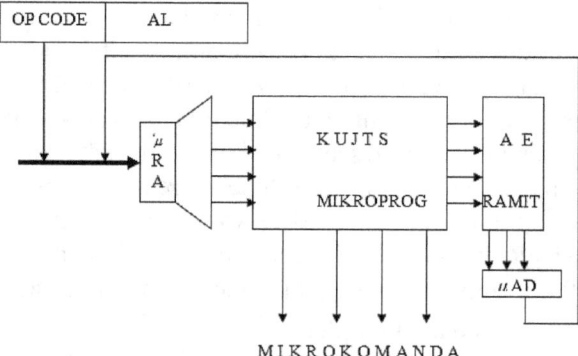

MIKROKOMANDA

Figura 4.12

Sipas këtij modeli, çdo biti të fjalës së zgjedhur në kujtesë i korrespondon një mikrokomandë (një sinjal komande). Adresimi bëhet në formë eksplicite.

4.4.2 Kujtesat e mikroprogramit. FIRMWARE

Me qëllim që teknika e mikroprogramimit të jetë e efektshme në aspektin e shpejtësisë se funksionimit, është e domosdoshme që kujtesa e mikroprogramit të jetë e shpejtë (5-10 herë më e shpejtë në krahasim me kujtesën qëndrore). Përsa i përket realizimit, kjo kujtesë mund të jetë :

- ROM ose REP.ROM , në këtë rast mikroprogramet mbeten përherë të regjistruar në këtë kujtesë.
- RAM –Random Access Memory.

Avantazhi thelbësor i përdorimit të kujtesave RAM si kujtesa të mikroprogrameve qëndron në faktin se mikroprogramet mund të korrigjohen dhe të plotësohen lehtë. Në këtë rast është e domosdoshme që në momentin e inicializimit të kompjuterit, mikroprogramet të ngarkohen paraprakisht në këtë kujtesë.

Përdormi i kujtesave ROM si kujtesa të mikroprogramit, bën që mikroprogramimi të vendoset ndërmjet hardwar-it dhe softwar-it, pasi ai mund të konsiderohet si software sepse mikroprogramet janë fleksibel dhe konceptohen si programe.

Nga ana tjetër mikroprogramet mund të konsiderohen si hardware sepse ato ngurtësohen në kujtesa ROM.

Bashkësia e mikroprogrameve të një kompjuteri quhet **FIRMWARE** (Elasticiel, në frëngjisht).

4.4.3 Kodimi i mikroinstruksioneve

Kodimi i mikroinstruksioneve i propozuar nga Wilkes është elementar : çdo biti të fjalës se zgjedhur në kujtesë i korrespondon një mikrokomandë (një sinjal komande). Në këtë rast kemi të bëjmë me atë që quhet "mikrokodim horizontal" ("*horizontal microcode*"), i cili skematikisht paraqitet në figurën 4.13.

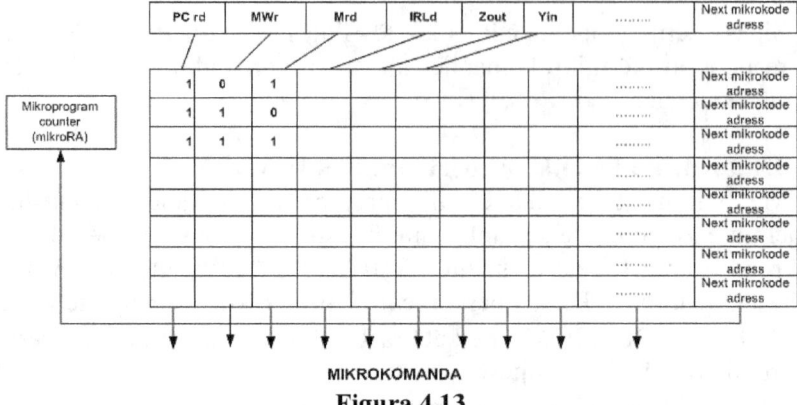

MIKROKOMANDA

Figura 4.13

Kjo mënyrë kodimi e mikroinstruksioneve ka të metën që ato (mikroinstruksionet) mund të rezultojnë shumë të gjatë. Për më tepër, mikrokodimi horizontal shpesh është joefikas, pasi zakonisht, nga shumica e mikroinstruksioneve, përdoret vetëm një pjesë e "microword ".

Nga ana tjetër ka avantazhin se dekodimi i tyre është i menjëhershëm.

Për këtë arsye përdoren zgjidhje të ndërmjetme. Kështu, për kodimin e mikroinstruksioneve përdoren :

- **Kodimi i tipit instruksion** : Në këtë rast struktura e mikroinstruksionit është e ngjashme me atë të një instruksioni të përbërë nga kodi i operacionit dhe adresën e operandës përkatëse:

OP CODE	Adresa e operandes

Figura 4.14

Eshtë e qartë se dekodimi i një mikroinstruksioni të tillë do të jetë relativisht kompleks dhe mund të linde nevoja e një sekuencori hardware ose të nanoprogramuar të mikro-komandave. Në këtë rast kemi të bëjmë me atë që quhet "mikrokodim vertikal" (*vertical microcode*"). Skematikisht është paraqitur në figurën e mëposhtme (fig. 4.15).

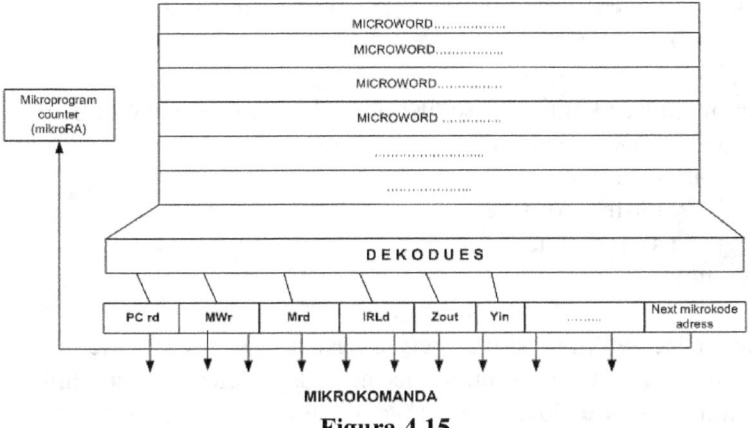

Figura 4.15

Mikrokodimi vertikal ofron avantazhin e reduktimit të gjatësisë së mikroinstruksioneve, dhe për pasojë edhe të madhësisë e kostos së kujtesës se mikroprogrameve. Por nga ana tjetër ai shkakton vonesa, zvogëlim të performancave si dhe një fleksibilitet më të vogël të mikroprogrameve.

- **Kodimi me zona ose fusha** : Në këtë rast mikrokomandat ndahen në grupe të pavarur me qëllim që secili grup të mos këtë mikrokomanda të njëkohshme. Praktikisht secilit grup i korrespondon një tipi funksioni si p.sh. hapja e portave të regjistrave të ndryshëm mbi të njëjtin bus, komandat që ekzekutohen nga ALU etj. Gjatësia e zonës duhet të jetë e mjaftueshme për kodimin e të gjithë mikrokomandave të grupit. Dekodimi bëhet zonë–për–zonë. Me poshtë paraqitet një shembull formati i një mikroinstruksioni që përdor këtë format kodimi.

CSA	CSB	COP	CRC

Figura 4.16

Ku :
CSA : është zona e regjistrit burim mbi busin A; kodohet me 2 bitë
CSB : është zona e regjistrit burim mbi busin B; kodohet me 2 bitë
CRC : është zona e regjistrit rezultat mbi busin C; kodohet me 3 bitë
COP : është zona e kodit të operacionit të ALU, kodohet me n bitë

Vërejtje : Në rastin e mësipërm është marre në konsiderate një makinë me tre buse e trajtuar në kapitullin e tretë.

4.4.4 Krahasim ndërmjet mikrokodimit horizontal dhe mikrokodimit vertikal.

Supozojmë se kemi pesë regjistra të CPU, të cilët kanë dalje në BUS :
Regjistri i instruksioneve   RI
Program Counter   PC
Regjistri buffer i kujtesës   B
Regjistri seleksionues i kujtesës   S
Akumulatori   ACC

Meqenëse vetëm njeri prej këtyre pesë regjistrave, në një moment kohë të caktuar, mund të komunikoje në bus, atëherë sipas mikrokodimit horizontal , 5 bitë do të jenë të domosdoshëm por edhe plotësisht të mjaftueshëm, sepse shumë kombinime të këtyre 5 bitëve nuk do të përdoren pasi nuk do të kishin asnjë kuptim. Skematikisht kjo është paraqitur në figurën e mëposhtëme (fig .4.17).

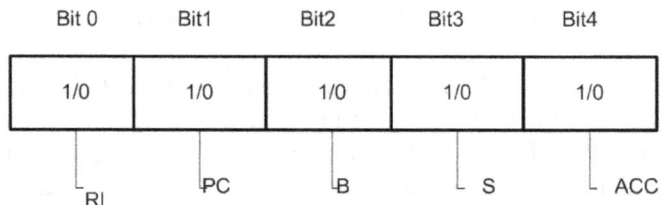

Figura 4.17

Sipas mikrokodimit vertikal, këto 5 mikrokomanda do të mund të kodohen në një mikroinstruksion me gjatësi 3 bitë (figura 4.18).

Bit0	Bit1	Bit2	Enable register on BUS
0	0	0	Nuk përdoret
0	0	1	Enable RI
0	1	0	Enable PC
0	1	1	Enable B
1	0	0	Enable S
1	0	1	Enable ACC
1	1	0	Nuk përdoret
1	1	1	Nuk përdoret

Figura 4.18

Një dekodues i thjeshtë 3/5 do të shërbente në këtë rast për të gjeneruar 5 sinjale kontrolli në vartësi të tre bitëve (Bit 0,1,2) të mikrokomandave.

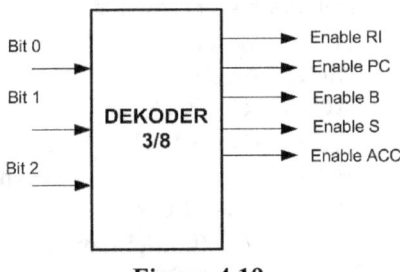

Figura 4.19

4.4.5 Adresimi i mikroinstruksioneve

Zakonisht përdoren dy mënyra adresimi të mikroinstruksioneve :

• **Adresimi eksplicit** – është mënyra e adresimit që përdoret në modelin Wilkes. Adresa e mikroinstruksionit pasues konsiderohet si një zonë e mikroinstruksionit. Kjo mënyrë adresimi përdoret zakonisht në rastin e kodimit me zona. Për realizimin e kërcimeve të kushtëzuara, zona adresë e mikroinstruksionit çon në regjistra që përmbajnë adresën e re (adresën e kërcimit).

• **Adresimi sekuencial** – Në këtë rast regjistri i adresës µRA i kujtesës se mikroprogramit realizohet si numërues në formën e një numëruesi të programit (Program Counter = PC).

Për realizimin e kërcimeve, përdoret një bit i posaçëm i mikroinstruksionit. N.q.s. ky bit është 0, ndiqet sekuenca, pra ekzekutohet mikroinstruksioni pasues. Ndërsa kur ky bit është =1, atëherë kemi të bëjmë me një mikroinstruksion kërcimi, ku adresa e kërcimit ndodhet në pjesën tjetër të mikroinstruksionit. Në figurën e mëposhtme (fig.4.20) paraqitet ky realizim.

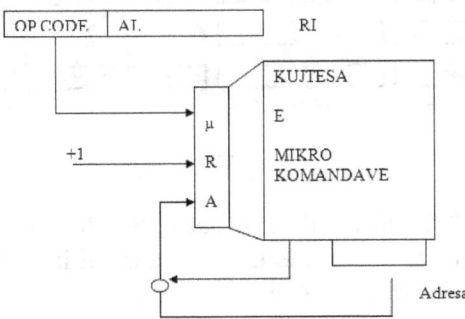

Figura 4.20

4.5 Shembull : Sintetizimi i njësisë se kontrollit të një procesori të thjeshtë

Me poshtë do të marrim në konsideratë një kompjuter hipotetik, i cili duhet të realizojë 8 instruksione si më poshtë :

LOAD X	AC <- M(X)
STORE X	M(X) <- AC
ADD X	AC <- AC + M(X)
AND X	AC <- AC + M(X) (AND logjik)
JUMP X	PC <- X ; "branch" i pakushtëzuar
JUMPZ X	if AC=0 then PC <- X ; "branch" i kushtëzuar
COMP	AC <- AC (koplemento akumulatorin)
RSHIFT	Zhvendos (shift) djathtas akumulatorin

Pra, në mënyrë të përmbledhur, mund të themi se kemi të bëjmë me një makinë me një adresë, d.m.th. që në një instruksion akumulatori konsiderohet në mënyrë implicite dhe operanda X shpreh një adresë në kujtesën qëndrore të kompjuterit.

Në figurën e mëposhtme paraqitet organigrama e realizimit të këtyre 8 instruksioneve.

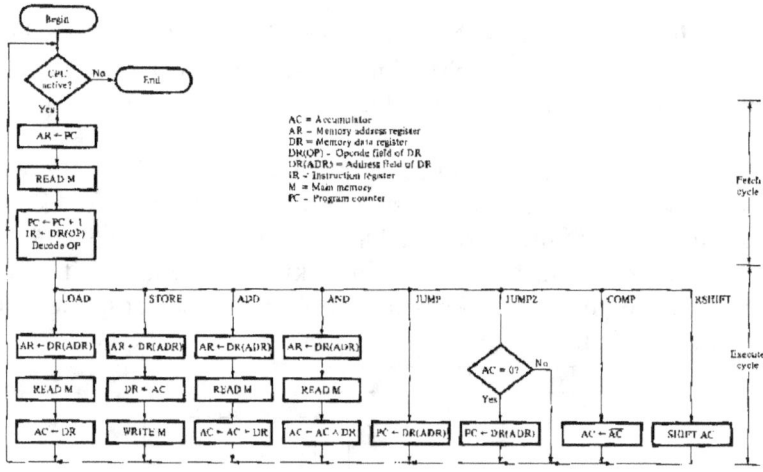

Figura 4.21

Në këtë figurë ka disa emërtime paksa të ndryshme nga ato me të cilat jemi mësuar deri tani, veçanërisht në kapitullin e tretë - **Mënyrat e organizimit të njësisë qëndrore**.

Ekuivalentimi ndërmjet atyre që kemi mësuar dhe figurës është si më poshtë:

AR (Memory address register) është ekuivalent me regjistrin **S**
DR (Memory data register)   "   "   "   "   **buffer B**
Operacioni READ M   "   "   " me **Mem (S) -> B**
Pas këtyre ekuivalentimeve, figura 4.21 është lehtësisht e kuptueshme.

Kështu, secili instruksion realizohet në dy cikle : Fetch cycle, i cili është i njëjtë për të gjithë instruksionet, dhe nga një Execution Cycle, i ndryshëm për secilin instruksion.

Tabela 4.1

Sinjali i kontrollit	Operacioni që realizohet
c_0	$AC \leftarrow AC + DR$
c_1	$AC \leftarrow AC \wedge DR$
c_2	$AC \leftarrow \overline{AC}$
c_3	$DR \leftarrow M(AR)$ (READ M)
c_4	$M(AR) \leftarrow DR$ (WRITE M)
c_5	$DR \leftarrow AC$
c_6	$AC \leftarrow DR$
c_7	$AR \leftarrow DR(ADR)$
c_8	$PC \leftarrow DR(ADR)$
c_9	$PC \leftarrow PC + 1$
c_{10}	$AR \leftarrow PC$
c_{11}	$IR \leftarrow DR(OP)$
c_{12}	RIGHT-SHIFT AC

Në tabelën 4.1 paraqiten sinjalet e kontrollit, nëpërmjet të cilëve bëhet e mundur realizimi i këtyre 8 instruksioneve. Ndërsa në figurën 4.22, paraqiten pikat e aplikimit të këtyre sinjaleve të kontrollit në një njësi të thjeshtë qëndrore.

Të shohim shkurtimisht realizimin e njësisë se kontrollit në formë hardware, cila është e aftë të realizojë këto instruksione.

Të supozojmë se çdo mikro-operacion, me përjashtim të READ M dhe WRITE M mund të realizohen në një njësi kohë, pra në një cikël clock-u. Supozojmë gjithashtu se këto dy operacione realizohen në dy cikle clock-u.

Nga organigrama e instruksioneve rezulton se një instruksion i ngadaltë si ai ADD kërkon 8 cikle clock-u, të cilët ndahen ndërmjet fazës "fetch" dhe të ekzekutimit të tij. Për këtë, për të gjeneruar ciklet e nevojshme të kohës, në ekuivalencë me distributorin e fazave, do të përdoret një numërues me 4 stade (modulo-8 sequence counter), i cili do të përdorë një clock, frekuenca e të cilit është e barabartë me një njësi kohe.

Në figurën 4 paraqitet struktura e përgjithshme e një njësie kontrolli, ose sekuencori hardware.

Duke u nisur nga organigrama e figurës 4.21 përcaktohet, për secilin instruksion në një moment të caktuar të kohës, se cili sinjal kontrolli "**Cx**" duhet të aktivizohet brenda ciklit të instruksionit.

Kështu p.sh. sinjali C_3, i cili komandon operacionet e leximit të kujtesës aktivizohet kur

$$\phi2 = 1$$

, i cili bën të lexohet ("fetch") një instruksion. Ky sinjal aktivizohet gjithashtu kur

$$\phi6 = 1$$

, që realizon leximin nga kujtesa të një operande në instruksionet LOAD, ADD, AND.

Pra, me fjalë të tjera kur daljet LOAD, ADD, ose AND e "Instruksion Decoder" janë "1".

Nga sa thamë më sipër ekuacioni logjik i sinjalit të kontrollit C_3 do të ishte:

$$C3 = \phi2 + \phi6(LOAD + ADD + AND)$$

Ky ekuacion logjik realizohet nëpërmjet një qarku kombinator, i cili në formë të përgjithshme është shprehur në figurën 4.23 me "Combinational circuit N".

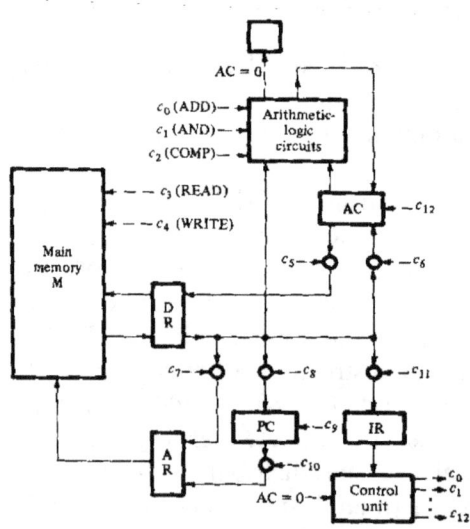

Figura 4.22

Shënim :

Në figurën 4.22 është paraqitur një njësi qëndrore e thjeshtuar (CU+ALU + Kujtesë Qëndrore). Ndryshe nga njësitë qëndrore që kemi parë deri tani, kjo e figurës nuk është e organizuar rreth buseve. Por, njësitë e ndryshme komunikojnë ndërmjet tyre nëpërmjet regjistrave respektivë, të cilët komunikojnë ndërmjet tyre në mënyrë të drejtpërdrejtë, të kontrolluar natyrisht nga sinjalet e kontrollit Cx, dhe jo nëpërmjet buseve. Kjo mënyrë paraqitjeje është bërë për të thjeshtuar situatën dhe për të parë në mënyrë më të drejtpërdrejtë veprimin e sinjaleve të kontrollit në pjesët e ndryshme të njësisë qëndrore. Në pjesën e poshtme të figurës është paraqitur "Control Unit", e cila gjeneron 13 sinjale kontrolli C_0 – C_{13}.

Në formë të përgjithshme, secili sinjal kontrolli Ci mund të paraqitet nëpërmjet ekuacionit logjik të formës:

$$Ci = \sum_j (\Phi_j \sum_m I_m)$$

ku Im është dalja e dekoduesit të instruksioneve (instruction decoder).

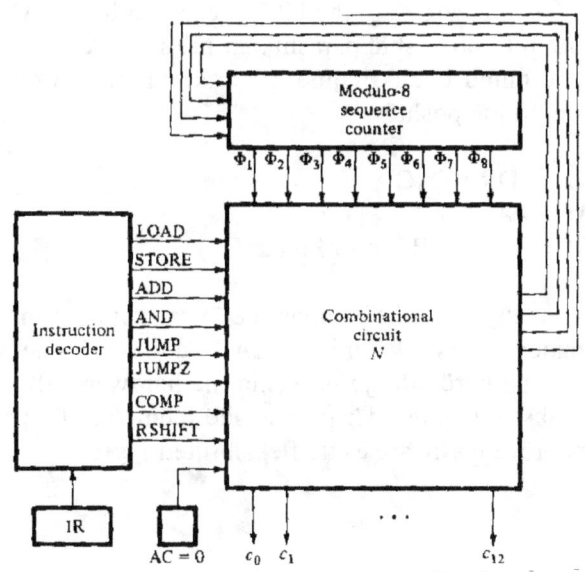

Figura 4.23

Me poshtë do të analizojmë realizmin e të njëjtës njësi kontrolli, por tashme në formë të mikroprogramuar.

Në këtë rast, duke u nisur nga organigrama e figurës 4.21, duhet të shkruhet një emulator, i cili është i aftë të realizojë këto 8 instruksione.
I gjithë emulatori në formë simbolike është paraqitur në figurën 4.24.

Mikroprogami që do të ekzekutohet për një instruksion të dhënë përcaktohet nga OP-code i instruksionit. Prandaj përmbajtja e regjistrit të instruksionit IR, përdoret për të përcaktuar adresën e fillimit të mikroprogamit që realizon instruksionin përkatës.
Nga paraqitja e emulatorit në figurën 4.24, vihet re se ai përmban një mikroprogram të veçantë për secilin nga ciklet e ekzekutimit të 8 instruksioneve që do të realizohen si dhe një mikroprogram i quajtur FETCH, i cili realizon ciklin fetch të instruksionit.
Instruksioni **go to IR** realizon operacionin IR -> mPC, nëpërmjet të cilit kalohet në instruksionin e parë të mikroprogramit që interpreton instruksionin e sapo lexuar nga kujtesa, ose të ashtuquajturin instruksion korrent.
Supozojmë se si pasojë e një gabimi gjatë projektimit, është harruar të realizohet një instruksion i quajtur CLEAR, funksioni i të cilit është vendosja në gjendje zero të gjithë biteve të akumulatorit AC. Megjithëse në njësinë e kontrollit nuk është parashikuar një sinjal kontrolli Cx, i cili do të zerojë AC, ne mund të shkruajmë një mikroprogam, i cili do të realizojë këtë funksion. Si më poshtë:

CLEAR: DR <- AC
       AC <- AC
       AC<- AC   DR, go to FETCH.

Në këtë mënyrë, duke shtuar këtë mikroprogram në kujtesën e mikroprogrameve, instruksioni CLEAR do ti shtohet bashkësisë se instruksioneve pa bërë ndonjë ndryshim në hardware. Kjo dëshmon edhe një herë për faktin se një ndër përparësitë themelore të mikroprogramimit ndaj sekuencorëve hardware është fleksibiliteti i tyre.

```
FETCH:    AR ← PC;
          READ M;
          PC ← PC + 1, IR ← DR(OP);
          go to IR;

LOAD:     AR ← DR(ADR);
          READ M;
          AC ← DR, go to FETCH;

STORE:    AR ← DR(ADR);
          DR ← AC;
          WRITE M, go to FETCH;

ADD:      AR ← DR(ADR);
          READ M;
          AC ← AC + DR, go to FETCH;

AND:      AR ← DR(ADR);
          READ M;
          AC ← AC ∧ DR, go to FETCH;

JUMP:     PC ← DR(ADR), go to FETCH;

JUMPZ:    If AC ≠ 0 then go to FETCH;
          PC ← DR(ADR), go to FETCH;

COMP:     AC ← AC̄, go to FETCH;

RSHIFT:   RIGHT-SHIFT(AC), go to FETCH;
```

Figura 4.24

4.6 Njohuri mbi performancat e procesorëve

4.6.1 Performancat e procesorëve

Si mund të shprehen performancat e një procesori ? Për këtë na vjen në ndihmë barazimi i mëposhtëm:

$$\text{Koha per nje pune (task)} = I*C*T$$

Ku :
I = Numri i instruksioneve/ punë ("task")
C = Numri i cikleve / për instruksion
T = kohëzgjatja e një cikli clocku

Si mund të arrihet rritja e performancave të një procesori ?

Parametri I :   Nëpërmjet përdorimit të instruksioneve komplekse. Për këtë shërbejnë arkitekturat CISC (Complex Instruction Set Computer) dhe VLIW (Very Long Instruction Word) (p.sh. procesori Itanium)

Parametri C :   Nëpërmjet ekzekutimit të njëkohshëm të disa instruksioneve si p.sh. :
- Strukturat pipeline
- Strukturat paralele
- Strukturat superskalare

Parametri T :   Nëpërmjet   përmirësimeve   teknologjike   dhe
zvogëlimit të operacioneve elementare që arrihen nëpërmjet strukturave
super-pipeline.

4.6.2 Rritja eksponenciale performancave

Nga sa më sipër, mund të nxjerrim si konkluzione se parformancat e
kompjuterave varen nga :

- Tërësia e komponentëve hardware (CPU, kujtesë, I/O)
- Software (programet, kompilatorë, sistemi operativ)

Performanca e komponentes hardware varet prej dy faktorëve :

- Evolucioni eksponencial i teknologjisë se gjysemerçuesve (ligji i
Moore)
- Evolucioni i arkitekturës se procesorëve dhe kompjuterave.

Rezultati i këtyre faktorëve ka sjellë një rritje eksponenciale të
performancave, si në figurën e mëposhtme, sipas se cilës performancat
rriten me një koeficient 1.5 në vit.

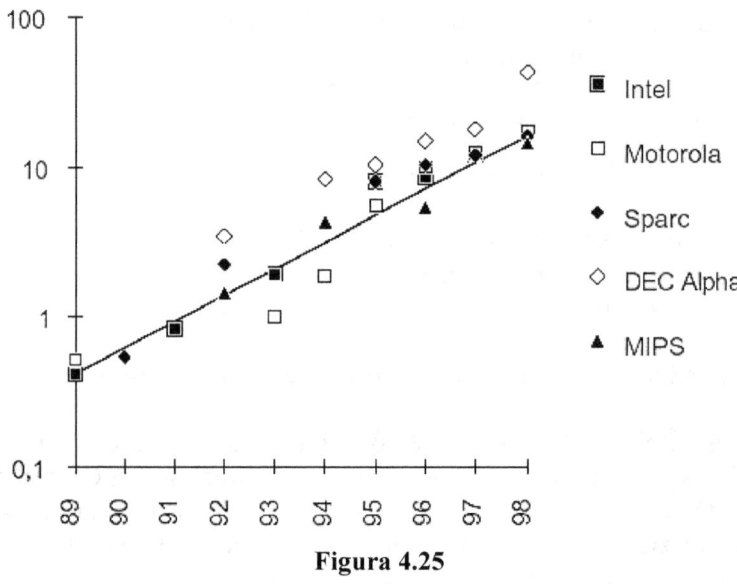

Figura 4.25

152

4.6.3 Matja e performancave

Njësitë matëse më të thjeshta të performancave janë MIPS (Milionë Instruksione Për Sekondë) dhe MegaFLOP (Milion Instruksione Flotuese Për Sekondë).

Këto madhësi shprehin numrin e instruksioneve (ose instruksioneve me presje notuese) që një kompjuter ekzekuton në një cikël clocku pjestuar me kohëzgjatjen e ciklit. Pra, ato shprehin numrin maksimal të instruksioneve që mund të ekzekutohen në një sekondë, d.m.th. që arkitektura e një kompjuteri nuk mund ta kapërcejë. Kjo mënyrë llogaritje nuk është plotësisht objektive për të krahasuar kompjuterat ndërmjet tyre, pasi ato nuk shprehin "sasinë e punës" që kryen realisht një instruksion.

Prandaj për të krahasuar në mënyrë korrekte procesorët dhe kompjuterat duhet të matet koha e ekzekutimit të programeve reale. Për këtë, përdoren programe testi që quhen *"benchmarks"*, të cilët janë të përafërt me aplikimet reale.

Benchmarks përcaktohen nga konsorciume industriale ose organizma shkencorë. Të tillë janë p.sh. **SPECint**, që shërbejnë për vlerësimin e fuqisë llogaritëse bruto të procesorëve për numrat e plotë dhe **SPECfp** për numrat me presje notuese. Matjet e shprehura në SPEC kanë vlerë vetëm kur kushtet e matjes (frekuenca e clockut, hierarkia e përdorur e kujtesës, etj.) janë të fiksuara. Të tjerë tipe të "benchmarks" janë më të orientuar drejt programeve aplikative. Të tillë janë p.sh. **TP-1**, të cilat vlerësojnë numrin e transaksioneve për sekondë (TPS). Në këtë rast vlerësohet tërësia e performancave të kompjuterit duke përfshire edhe atë të debitit të sistemit të disqeve dhe të sistemit operativ.

4.6.4 CPI dhe IPC

Le ta rimarrim formulën :

Koha për një punë (task) =I*C*T

dhe ta shprehim në formën :

KOHA exe =NI*CPI*Tc
Ku :

NI : **Numri** i Instruksioneve të programit. NI është funksion i instruksioneve makinë të gjeneruar nga kompilatorët, pra paraqet aspektin software të një kompjuteri.

CPI :   Cikle **Për** Instruksion dhe është numri mesatar i cikleve të clockut të nevojshëm për ekzekutimin e një instruksioni.

Tc :   Eshtë kohëzgjatja e një cikli clocku dhe është funksion i teknologjisë se përdorur. Tc shpreh kohën e nevojshme për ekzekutimin e etapave elementare.

Shpesh përdoret edhe një parametër tjetër : **IPC** që është **I**nstruksione **Për C**ikël, i cili lidhet me CPI nëpërmjet shprehjes :

$$IPC = \frac{1}{CPI}$$

Relacioni ndërmjet MIPS (Milion Instruksione Për Sekondë) dhe IPC do të ishte:

$$MIPS = \frac{NIx10^{-6}}{KOHAexe} = FxIPC$$

Ku F është frekuenca e clockut të procesorit e shprehur në megaherz.

Parametri CPI shpreh performancat e arkitekturës materiale të një kompjuteri. Kështu CPI shërben për të krahasuar arkitekturat materiale të kompjuterave që përdorin të njëjtën arkitekture software, duke eliminuar influencën e teknologjisë (që shprehet nëpërmjet Tc) .

4.6.5 Fuqia e konsumuar nga një procesor

Teknologjia mbizotëruese që përdoret sot për përgatitjen e qarqeve të integruar, pra edhe të procesorëve është teknologjia CMOS (Complementary Metal Oxyde Semiconductor). Në një teknologji të tillë, burimi kryesor i çlirimit të nxehtësisë është e ashtuquajtura "fuqi dinamike " (dynamic power), pra fuqia që çlirohet gjatë procesit të komutimit, pasi fuqia e konsumuar në qetësi (idle state) nga një qark i tillë është shumë e vogël.

Barazimi që lidh "fuqinë dinamike" me kapacitetin parazitar (capacitive loading) të çdo transistori, me vlerën e tensionit dhe frekuencën e komutimit të transistorit është si më poshtë :

Fuqia = Kapacitet parazitar x Tension^2 x Frekuence e komutimit

Nga barazimi shihet se tensioni ka një ndikim shumë të madh në fuqinë e çliruar nga qarqet e integruar. Kështu për një periudhe 20 vjeçare, tensioni i punës se mikroprocesorëve është zvogëluar nga 5 V në 1.5 V. Kapaciteti parazitar (capacitive load) i transistorit është varësi e numrit të transistorëve që lidhen në një dalje (quhet "*fanout*") dhe e teknologjisë se përdorur.

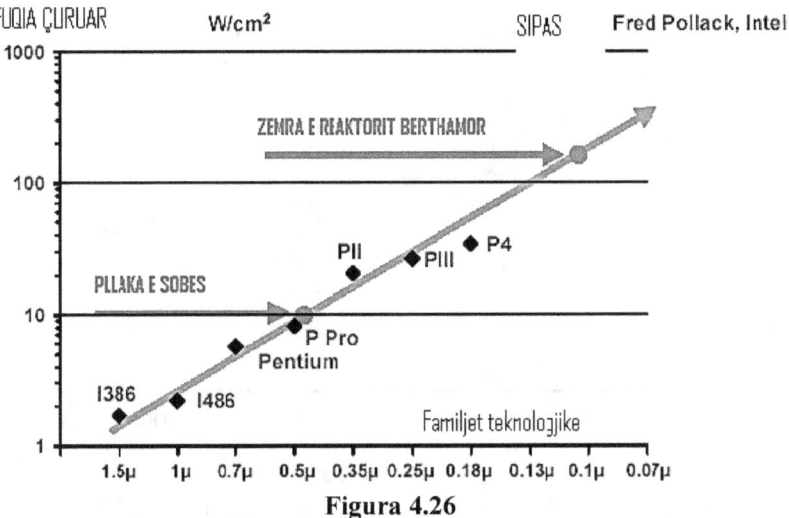

Figura 4.26

Në figurën 4.26 paraqitet grafikisht rritja në vite e fuqisë se konsumuar mikroprocesorët Intel.

Për të zbutur problemin e nxehjes së materialit gjysmëpërçues të një procesori, prodhues të ndryshëm po përdorin me sukses teknologjinë « multi-core ». Kështu brenda një « chip-i » gjysmëpërçues, vendosen dy ose më shumë procesorë (« core ») qe funksionojnë paralelisht. Secila nga këto « core » funksionon me frekuencë më të vogël, duke bërë kështu që në total procesori te ketë performanca më të larta dhe konsum energjie, pra nxehje të tij, më të vogël.

Këtu më poshtë shprehet në formë sasiore ky fakt. Te dhënat janë marë nga eksperimente të kryera prej Intel.

Figura 4.27 shpreh faktin se në një procesor me një « core », në se rritet frekuenca me 20 %, atëherë performancat e tij do te rriten me 13%, por energjia që kërkohet për ketë qellim do te rritet me 73 %. Për rrjedhojë, zvogëlimi i frekuencës me 20%, zvogëlon energjinë e nevojshme me 49%, por do të rezultojë edhe një zvogëlim i performancave me 13%.

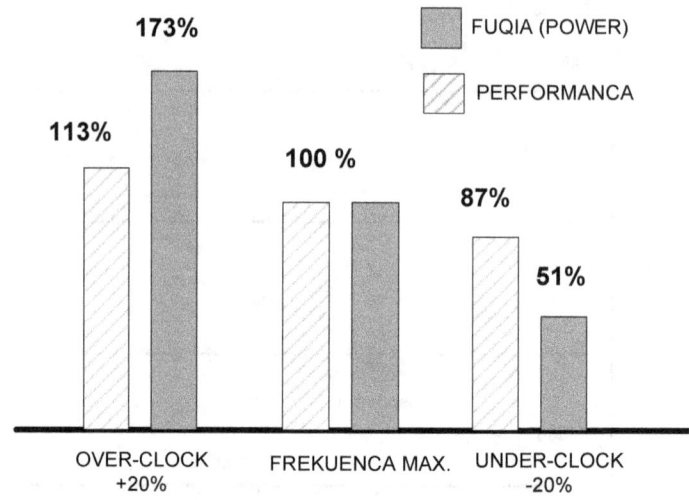

Figura 4.27

Në figurën 4.28 , shëmbullit te paraqitur ne figurën 4.27, i është shtuar një « core » i dyte duke përftuar kështu një procesor « dual-core ».

Efekti është i menjëhershëm: frekuenca e "clockut" edhe pse e zvogëluar me 20% , performancat rriten me 73%, ndërkohë që fuqia e konsumuar është pothuajse sa ajo e procesorit "single-core" .

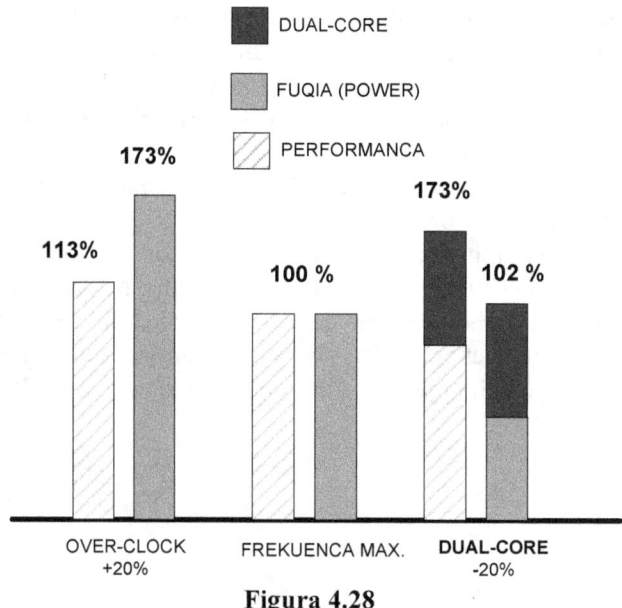

Figura 4.28

Në figurën 4.29 paraqitet një procesor Intel Pentium 4 (3.06 GHZ) i montuar mbi një ftohës ("heat sink"), i cili duhet të evakuojë rreth 82 Watt e çliruar prej mikroprocesorit.

Figura 4.29

KAPITULLI 5

KUJTESA DHE ORGANIZIMI I SAJ

5.1 Hierarkia e kujtesave

Çdo sistem kompjuterash përmban një shumëllojshmëri elementesh ose pajisjesh për ruajtjen e instruksioneve dhe të dhënave. **Sistemi i kujtesës** së një kompjuteri përbëhet nga:

- Elementet ose pajisjet për ruajtjen e informacionit.

- Mënyra dhe mjete, të realizuara në hardware ose software, të nevojshme për kontrollin dhe administrimin e informacionit të ruajtur. Shkurt: **gjithshka që nevojitet për kapjen e informacionit të ruajtur në kujtesë.**

Në përgjithësi, është e dëshirueshme që procesori të ketë akses të menjëhershëm dhe të pandërprere në kujtesë. Kjo do të thotë, që koha e nevojshme që i duhet procesorit për transferimin e informacionit me kujtesën të jetë e barabartë ose afërsisht e barabartë me shpejtësinë e funksionimit të tij. Pra, që procesori të mos presë për një informacion që do të lexojë/shkruajë në kujtesë.

Për fat të keq, kujtesa të tilla janë mjaft të shtrenjta, prandaj nuk ekzistojnë (me përjashtime shumë të rralla) sisteme që përdorin vetëm një teknologji për realizimin e kujtesës. Eshtë kjo arsyeja që në një kompjuter informacioni ruhet në kujtesa të ndryshme, të cilat kanë karakteristika krejt të ndryshme.

Kështu, kujtesa e një kompjuteri mund të ndahet në tre grupe të mëdha (kujtoni hierarkia e kujtesës në kapitullin e parë):
1. Kujtesa e brendshme e procesorit. Përfshin bashkësinë e vogël të regjistrave të shpejtë të procesorit ku ruhen përkohësisht të dhëna dhe instruksione.

2. Kujtesa qëndrore (ang. Main memory). Kjo është kujtesa relativisht e madhe që përdoret nga programi dhe të dhënat gjatë funksionimit të kompjuterit. Karakteristikë për këtë kujtesë është fakti se informacionet mund të kapen *shpejt dhe direkt* nga bashkësia e instruksioneve të CPU. Për krijimin e kësaj kujtesë kryesisht përdoret teknologjia e qarqeve të integruar.

3.   Kujtesa dytësore ose sekondare. Kjo kujtesë është me kapacitet shumë më të madh, por edhe shumë më e ngadaltë se kujtesa qëndrore. Përdoret për të ruajtur programe, të dhëna, të cilat në përgjithësi nuk kërkohen nga CPU. Teknologjitë përfaqësuese të këtyre kujtesave janë disqet dhe shiritat magnetike.

Skematikisht kjo situatë është paraqitur në figurën e mëposhtme.

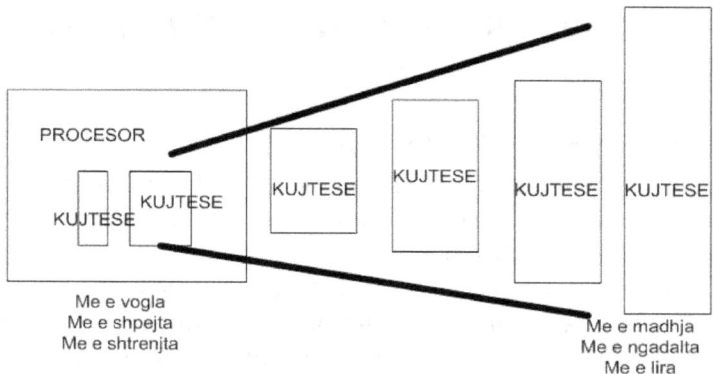

Figura 5.1

5.1.1 CPU-Memory Gap ose hendeku CPU-Kujtesë qëndrore

Shpejtësia e rritjes se performancave të procesorëve është disa herë më e madhe se sa ajo e kujtesave, duke krijuar dhe thelluar vazhdimisht atë që quhet "hendek CPU-kujtesë"(CPU-Memory gap), i paraqitur skematikisht në figurat e mëposhtme.

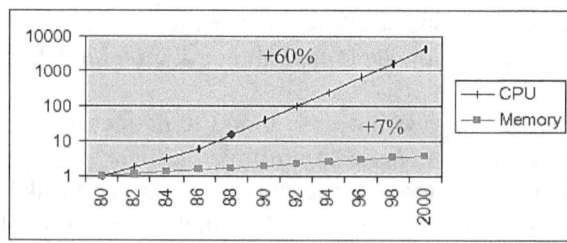

Figura 5.2

Processor-DRAM Memory Gap (latency)

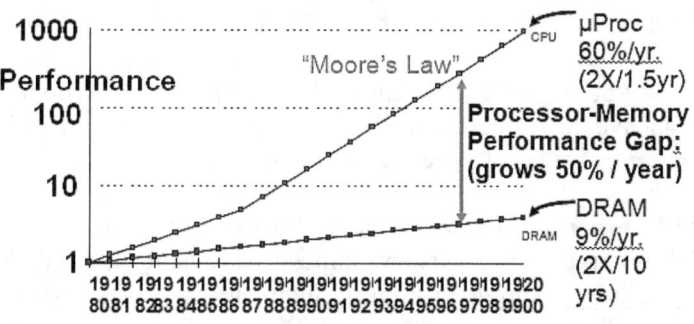

Time

Figura 5.3

Në tabelat e mëposhtme jepen disa shifra që ilustrojnë grafikët e figurave 5.2 dhe 5.3.

Tabela 5.1

	Rritja e kapacitetit	Rritja e shpejtesise
CPU	2X ne 3 vjet	2X ne 3 vjet
Kujtesa DRAM	4X ne 3 vjet	2X ne 10 vjet
Disk	4X ne 3 vjet	2X ne 10 vjet

Tabela 5.2
Kujtesat DRAM

Viti	Madhesia	Cycle Time
1980	64 Kb	250 ns
1983	256 Kb	220 ns
1986	1 Mb	190 ns
1989	4 Mb	165 ns
1992	16 Mb	145 ns
1995	64 Mb	120 ns

Kështu, për kujtesat DRAM (Dynamic RAM) në 15 vjet kapaciteti ose madhësia e tyre është rritur 1000 herë, ndërsa shpejtësia afërsisht vetëm 2 herë.

Arsyet se përse shpejtësia e kujtesave mbetet mbrapa asaj të procesorëve, është se procesi i dekodimit të adresës dhe ngarkimi i linjave elektrike të përbashkëta që shërbejnë për leximin dhe shkrimin e qelizave të kujtesës janë dy etapa të vështira për t'u përshpejtuar.

Në tabelën e mëposhtme shprehet rritja e diferencës së performancave ndërmjet kujtesave DRAM dhe procesorëve të tipit Alpha.

1st Alpha (7000):	340 ns/5.0 ns = 68 clks x 2 ose	136 instruksione
2nd Alpha (8400):	266 ns/3.3 ns = 80 clks x 4 ose	320 instruksione
3rd Alpha (t.b.d.):	180 ns/1.7 ns =108 clks x 6 ose	648 instruksione

Për të zbutur këtë diferencë të ndjeshme që krijohet ndërmjet performancave të procesorëve dhe të kujtesave, përdoret kujtesa kashé (cache memory) si pjesë e hierarkisë së kujtesave.

5.1.2 Detaje rreth hierarkisë se kujtesave

Objektivi kryesor i çdo sistemi kujtese është që <u>të sigurojë një kapacitet ruajtjeje të informacionit të mjaftueshëm me një nivel performancash të pranueshme dhe me një çmim të arsyeshëm.</u>

Atëherë si mund të përmbushet ky objektiv, pra që të krijohet një kujtesë, në kuptimin e përgjithshëm të fjalës, që të jetë e madhe, e shpejtë dhe e lirë njëkohësisht ?

Për këtë përdoren dy rrugë :

- Hierarkia e kujtesave.
- Përdorimi i paralelizmit në administrimin e kujtesës.

Në një kompjuter, sistemi i kujtesës se tij mund të shikohet si një bashkësi e njësive kryesore, të cilat formojnë hierarkinë e kujtesave (M1, M2, ..., Mn), të tillë që Mi është nën vartësinë e nivelit më të lartë M_{i+1}. Kështu, të gjithë informacionet që gjenden në M_{i-1} <u>në çdo moment gjenden gjithashtu edhe në Mi, por jo anasjelltas.</u>

Procesorët komunikojnë drejtpërdrejt me nivelin e parë të hierarkisë M1. Pas kësaj M1 komunikon drejtpërdrejt me M2, e kështu me radhë. Në se shënojmë me K_i, t_{Ai} dhe S_i respektivisht koston për bit, kohën e kapjes dhe madhësinë e kujtesës M_i, atëherë për nivelet e kujtesave M$i+1$ dhe Mi do të kishim që :

$$K_i > K_{i+1}$$
$$t_{Ai} < t_{A+i}$$
$$S_i < S_{i+1}$$

Në këtë mënyrë hierarkia e suksesshme e kujtesës në një kompjuter bën që :

- Përdoruesit t'i ofrohet aq kujtesë sa është madhësia e kujtesës më të lirë
- Kujtesa të kapet me shpejtësinë e kujtesës më të shpejtë.

Praktikisht kjo situatë në kompjuterat moderne është paraqitur në figurën e mëposhtme (figura 5.4).

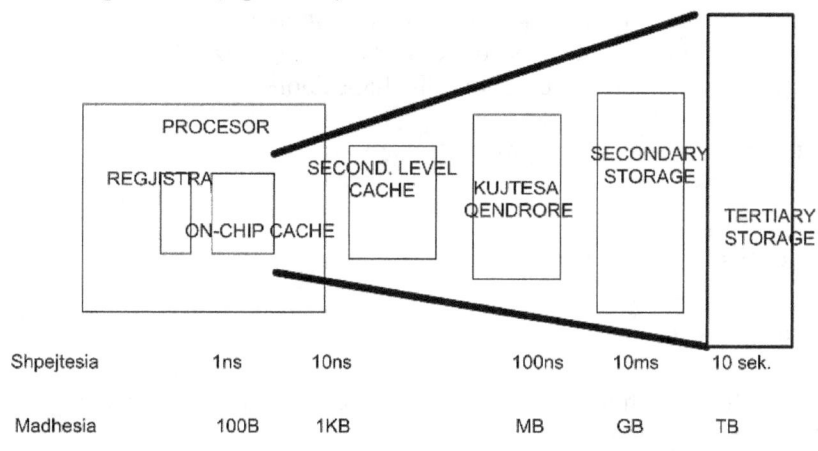

Figura 5.4

Përse funksionimi i mekanizmit të hierarkisë se kujtesave është i suksesshëm ?

Sepse programet gëzojnë veçorinë e afërsisë (Principle of locality), i cili shprehet në dy forma :

Afërsi kohore (Temporal locality) : në se një e dhënë që gjendet në kujtesë në adresën A përdoret nga procesori, atëherëp robabiliteti është i madh që ajo të përdoret përsëri në një interval të shkurtër kohor.

Në praktike kjo do të thotë : mbaji të dhënat e përdorura se fundmi sa më pranë procesorit !

Afërsi hapësinore (Spatial locality) : në se një e dhënë që gjendet në kujtesë në adresën A përdoret nga procesori, atëherë ekziston një probabilitet i lartë që një e dhënë tjetër e gjendur në kujtesë pranë së parës, të përdoret gjithashtu në një interval të shkurtër kohor.

Në praktikë kjo do të thotë : Blloqet e të dhënave që zhvendosen ndërmjet niveleve të ndryshme të hierarkisë së kujtesave përbëhen nga fjalë të dhënash që gjenden në vazhdimësi.

Këtu jepet një shembull që ilustron veçorinë e afërsisë.

```
for (i=0; i<N; i++) {
    for (j=0; j<N; j++) {
        y(i) = y[i] + a[i][j]* x[j]
    }
}
```

Në këtë shembull realizohet produkti matricë-vektor.

y[i] : veçoria e afërsisë kohore dhe hapësinore
a[i]*[j] : veçoria e afërsisë hapësinore
x[j] : veçoria e afërsisë kohore dhe hapësinore

Ja edhe një shembull tjetër i thjeshtë :

sum=0;
for (i=0; i<n; i++);
    sum+=a(i);
return sum;

Si administrohet hierarkia e kujtesës? Këto më poshtë paraqitet shkurtimisht ky fakt.

Regjistra <-> Kujtesë qëndrore
• Administrohet nga kompilatorët (programuesi)
Cache <-> Kujtesë qëndrore
• Administrohet nga hardware
Kujtesë qëndrore <-> Disk
• Administrohet nga hardware dhe sistemi operativ (kujtesa virtuale (virtual memory))
• Nga programuesi (nëpërmjet skedarëve)

Në figurën e mëposhtme paraqitet një përmbledhje e hierarkisë së kujtesës, ku tregohet se cila është teknologjia e përdorur, shpejtësia, madhësia dhe si administrohet ajo.

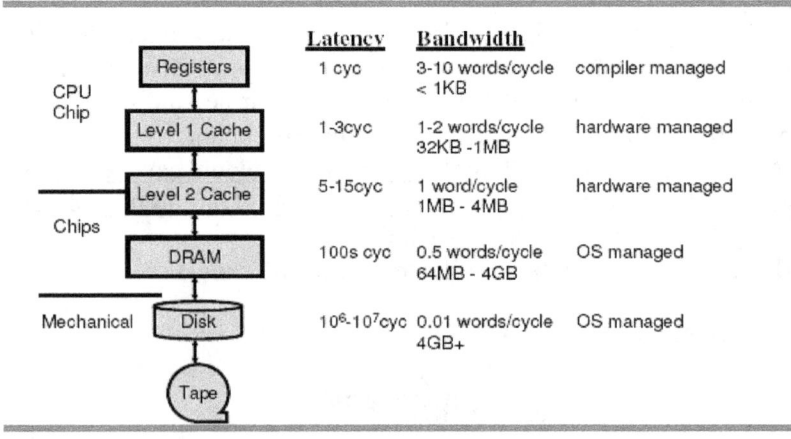

Figura 5.5

5.2 Karakteristikat e pajisjeve të kujtesës

Pavarësisht se ekziston një shumëllojshmëri e madhe pajisjesh që shërbejnë si kujtesa, fenomenet fizike mbi të cilat bazohen dhe mënyrat bazë të organizimit të tyre janë të kufizuara. Në këtë pjesë do të analizojmë aspektet e përgjithshme të pajisjeve që përdoren për ruajtjen e informacionit (kujtesa) si dhe parimet fizike që shfrytëzojnë disa teknologji që përdoren më shumë.

5.2.1 Kosto

Përfshin jo vetëm koston e qelizës që ruan njësinë bazë të informacionit (bit), por edhe koston e pajisjeve anësore, shoqëruese të nevojshme për funksionimin e kujtesës. Kostoja **k** e kujtesës përcaktohet si më poshtë:

$$k = K/S \quad (dollar/bit)$$

ku :
K – është kostoja e gjithë sistemit të kujtesës.
S – kapaciteti në bit i kujtesës.

5.2.2 Koha e kapjes (leximit) se informacionit (Access time)

Zakonisht llogaritet nga intervali i kohës ndërmjet marrjes nga kujtesa të një kërkese leximi dhe prezencës së informacioni të kërkuar në terminalet e daljes se kujtesës. Kjo kohë shënohet me t_A dhe varet nga disa faktorë, ku më të rëndësishmit janë:

- Karakteristikat fizike të mjedisit ku ruhet informacioni
- Tipi i mekanizmit që përdoret për kapjen e informacionit

Shënim: Koha e shkrimit në një kujtesë përcaktohet në mënyrë të ngjashme, por jo gjithmonë ajo është e barabartë me kohën e leximit të informacionit t_A.

Një mënyrë tjetër e matjes se performancave të një kujtesë është edhe "shpeshtësia e kapjes" (access rate) të informacionit b_A, e cila shprehet si 1/tA dhe matet me fjalë për sekondë.

Natyrisht që kujtesa të lira dhe të shpejta janë shumë të dëshirueshme, por për fat të keq, këto dy karakteristika janë mjaft të papajtueshme. Kështu kujtesat me kohë të vogël kapje të informacionit jenë të shtrenjta, ndërsa kujtesat e lira janë të ngadalta. Në figurën 5.6 është paraqitur vartësia ndërmjet kostos **k** dhe t_A për teknologjitë që përdoren aktualisht për kujtesat.

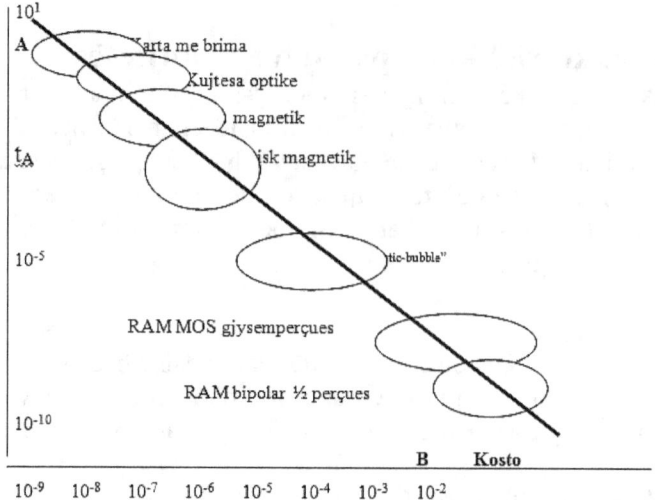

Figura 5.6

Vartësia ndërmjet **k** dhe t_A mund të përafrohet nëpërmjet drejtëzës AB. Provohet se pjerrësia e kësaj drejtëze është m = -0.5. Kjo do të thotë që, për të përftuar kujtesa 10 herë më të shpejta, pra për të zvogëluar 10 herë kohën e kapjes se informacionit t_A, kostoja e saj **k** do të rritet me 100 herë.

Përmirësimet në teknikat dhe teknologjitë e prodhimit të kujtesave kanë sjellë zvogëlimin e vazhdueshëm dhe shpesh herë drastik të kostos se tyre. Po kështu edhe t_A , por me ndryshimin që ritmet kanë qenë më të ngadalta (kujtoni paragrafin 5.1.1).

Vërejtje

Sa thamë më lart në lidhje me t_A është parimisht e vërtetë për kujtesat konvencionale ose tradicionale. Në praktikë, për ta zvogëluar këtë kohë përdoren struktura kujtesash nga më të ndryshmet. Rasti më tipik është ai i personal kompjuterave (PC).

Kështu mikroprocesori 486 lexon informacionet nga kujtesa me blloqe ("burst"). Në këtë mënyrë lexohen njëherazi 4 blloqe me nga 4 byte secili (gjithsej 16 byte). Mikroprocesorët Pentium lexojnë 4 blloqe me nga 8 byte secili, ndërsa Pentium Pro dhe Pentium II lexojnë njëherazi 8 blloqe me 8 byte secili.

Për të optimizuar kujtesat shfrytëzohet pikërisht ky fakt : leximi me blloqe nga CPU i informacioneve nga kujtesa RAM. Kështu vlera aktuale tipike e t_A të një kujtesë RAM është 60-70 ns. Por këto kujtesa konceptohen të tilla, që byte i parë i informacionit të lexohet për një kohë t_A (60-70ns), ndërsa bytet e tjerë në vazhdim, të cilët përbëjnë bllokun që lexohet njëherazi, në një kohë shumë më të shkurtër që lëviz nga 3 deri në 1 cikël clock-u.

Le të marrim një shembull.

Supozojmë se një PC ka një « clock » të sistemit të barabartë me 66 Mhz, pra kohëzgjatja e një cikli është 15 ns ($1/66*10^6$). Duke pasur parasysh se t_A e një kujtese tipike është 60-70 ns, atëherë do të duhen 5 cikle clocku që kujtesa ti përgjigjet një adrese të re. Në rast se nuk do të kishte asnjë lloj optimizimi, atëherë çdo lexim i një byte brenda bllokut që lexon mikroprocesori do të ishte i barabartë me 5 cikle. Ekzistojnë tipe të ndryshme kujtesash, të paraqitura në mënyrë të përmbledhur në tabelën e mëposhtme (Tabela 5.3), që këtë kohë e reduktojnë nga 5 në 1 cikël, siç është rasti i SDRAM.

Tabela 5.3

	No. i cikleve per 8 bytet e pare	No. i cikleve per 8 bytet e dyte	No. i cikleve Nga byti i 3-7	No. i cikleve per 8 bytet e tete.	PC ku perdoren en
RAM Tradicional	5	5	5	5	PC XT/AT
Fast Paged RAM	5	3	3	3	PC 486
EDO RAM	5	2	2	2	Pentium
SDRAM	5	1	1	1	Pentium / Pentium II
DDR-RAM	5	1	1	1	Pentium 4
Static RAM	2	1	1	1	Cache Memory

Disa sqarime rreth Tabelës 5.3

- EDO RAM është shkurtim i Extended Data OUT RAM
- SDRAM është shkurtimi i Synchronous Dynamic RAM
- DDR-RAM : Double Data Rate RAM
- Static RAM janë kujtesa RAM të krijuara me transistorë bipolarë (jo MOS) të cilat janë të shtrenjta dhe të shpejta, prandaj dhe përdoren në kujtesat kashé.

Shënim :Se si funksionojnë realisht disa nga këto lloj kujtesash do t'i analizojmë më poshtë kur të trajtojmë kujtesat RAM dinamike.

5.2.3 Mënyrat e kapjes se informacionit (Access Modes)

Një veçori e rëndësishme e kujtesave është sekuenca ose mënyra sipas së cilës mund të lexohet informacioni. Duhet të kihet parasysh se mënyra e kapjes se informacionit është në funksion të organizimit të kujtesës si dhe i karakteristikave të teknologjisë që përdoret për realizimin e saj.

Kështu dallojmë **tre mënyra** të kapjes se informacionit:

1. Random Access Memory (RAM) – Çdo qelizë e kujtesës mund të kapet në mënyrë të pavarur nga vendndodhja e saj dhe koha e kapjes t_A është po ashtu e pavarur nga vendndodhja e saj. Pra, t_A është e njëjtë për të gjitha qelizat e kujtesë. Kujtesa të tilla janë ato gjysme-përçuese dhe dikur kanë qene ato me bërthama ferriti.

Në këto kujtesa çdo qelizë kujtesë mund të kapet në mënyrë të pavarur nga të tjerat, siç është paraqitur në mënyrë skematike në figurën 5.7.

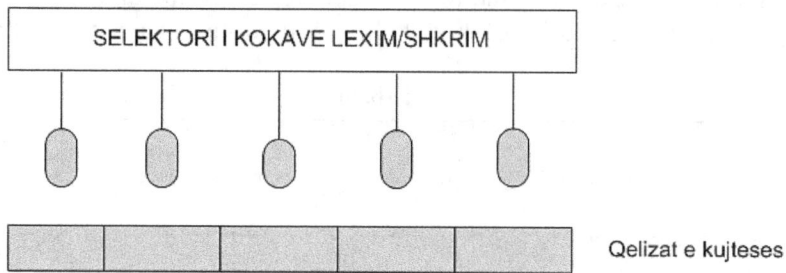

Figura 5.7

Pra, në mënyrë simbolike është paraqitur që për secilën qelizë ekziston një koke lexim/shkrimi e veçantë dhe e pavarur nga të tjerat. Pra secila qelizë disponon mekanizmin e saj të adresimit. Ky fakt bën që kujtesat RAM të jenë më të shtrenjta se të tjerat.

2. Kujtesat me kapje seriale (serial-access memories)

Janë kujtesat në të cilat qelizat e kujtesës mund të kapen vetëm sipas disa sekuencave të paracaktuara. Të tilla janë shiritat magnetike, kujtesat optike etj.

Në këto lloj kujtesash, mekanizmi i kapjes se informacionit nuk është i veçantë për çdo qelizë, por është një për të gjitha. Ai duhet të jetë në vende të ndryshme dhe natyrisht në kohë të ndryshme. Skematikisht kjo është paraqitur në figurën 5.8

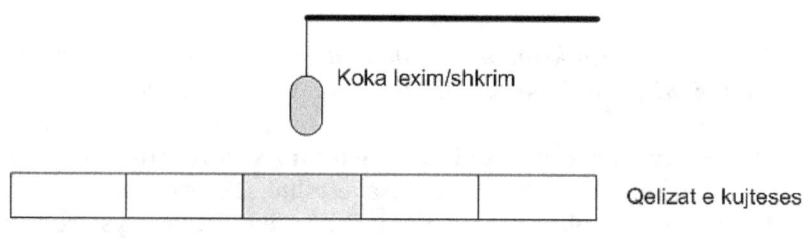

Figura 5.8

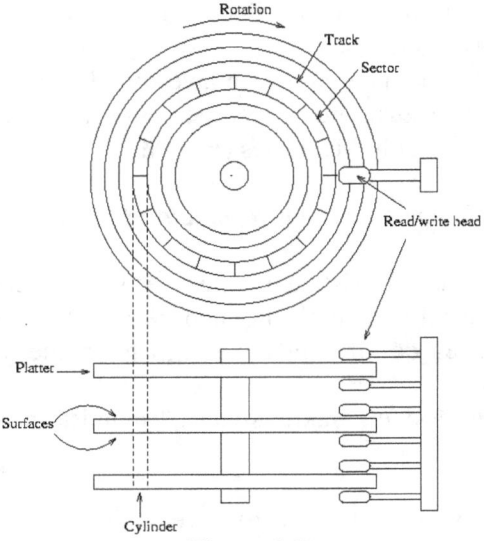

Figura 5.9

Kështu në figurën e mësipërme, kjo gjë realizohet duke rrotulluar qelizat e kujtesës, kokën e lexim/shkrimit ose të dyja se bashku. Prandaj, në rastin e këtyre kujtesave, koha e nevojshme për kapjen e një qelizë të caktuar, <u>nuk është fikse</u>, por varet nga pozicioni i saj relativ në lidhje me kokën lexim/shkrim.

Fakti që mekanizmi i kapjes se informacionit ndahet nga të gjitha qelizat që përbëjnë kujtesën, bën që këto kujtesa të jenë të lira, por nga ana tjetër të ngadalta.

Kujtesat RAM dhe ato me kapje seriale ndodhen në dy grupet ekstreme të drejtëzës AB të figurës 5.6.

3. *Semirandom ose gjysme të rastit (figura 5.9).* Këto kujtesa njihen edhe me emrin me "kapje të drejtpërdrejtë". Kështu disa pajisje kujtesë si p.sh. disqe magnetike janë të organizuar në një numër të madh pistash rrotulluese. Secila piste ka ose jo kokën e tij të lexim/shkrimit. Në këtë mënyrë, një piste e çfarëdoshme mund të kapet në formë të rastit, ndërsa brenda vetë pistës kapja është në formë seriale. Qe këtej rrjedh edhe emri "gjysme të rastit".

5.2.4 Karakteristika të tjera të kujtesave

Ndryshueshmëria, kujtesat ROM (Alterability)

Ekzistojnë metoda dhe kujtesa të tilla, që shkrimi i informacionit në to është i pakthyeshëm. D.m.th. pasi informacioni është shkruar ai nuk mund të modifikohet aty për aty (on-line). Këto kujtesa quhen Read-Only Memories, shkurt ROM.

Kujtesat ROM, përmbajtja e të cilave mund të modifikohet off-line (p.sh. duke i ekspozuar ndaj rrezeve intensive ultra-violet) quhen Programmable Read-only Memories (PROM).

Jetëgjatësia e ruajtjes se informacionit (Permanence of storage)

Eshtë një tjetër karakteristikë e kujtesave. Vetë procesi fizik që përdoret për regjistrimin e informacionit, në mënyrë të vetvetishme mund të jetë i paqëndrueshëm, pra që informacion i regjistruar, me kalimin e kohës të humbasë.

Tre janë faktorët dhe karakteristikat që mund të prishin informacion e regjistruar:

1. Leximi prishës (destructive readout),
2. Kujtesat dinamike (dynamic memories),
3. Humbja e informacionit (volatility).

1. Leximi prishës i informacionit. Disa kujtesa kanë vetinë që metoda që përdoret për leximin e informacionit, shkatërron vetë informacionin. Ky fenomen njihet shkurt me termin DRO (Destructive readout). Në këto lloje kujtesash, çdo lexim i informacionit duhet të pasohet nga një regjistrim automatik, i cili e kthen në gjendjen fillestare qelizën e kujtesës që ruan informacion. Skematikisht ky proces paraqitet në figurën 5.9. Restaurimi i informacionit kryhet automatikisht nëpërmjet një NDRO Regjistër Buffer.

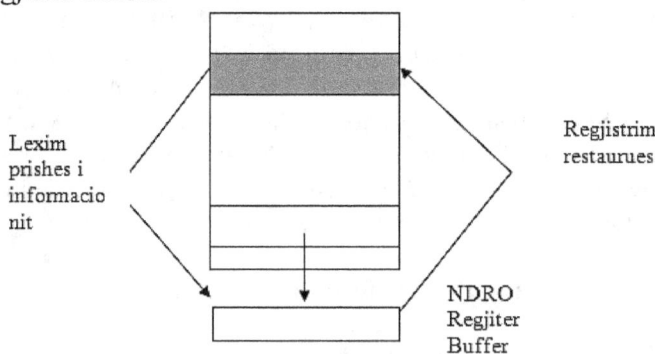

Figura 5.10

2. Kujtesat dinamike. Disa lloje kujtesash, për arsye të strukturës dhe proceseve fizike që marrin pjesë, kanë vetinë që një "1" i regjistruar në to, tenton të bëhet "0", dhe anasjelltas (një "0" të bëhet "1"). Kështu p.sh. në disa lloje kujtesash gjysme-përçuese, të cilat do ti shohim më poshtë, një "1" paraqitet nëpërmjet një ngarkese elektrike të akumuluar në një kondensator, ndërsa "0" nëpërmjet mungesës se kësaj ngarkese. Eshtë e natyrshme që me kalimin e kohës, ngarkesa e kondensatorit tenton të zvogëlohet drejt vlerës 0. Prandaj, në këto raste, është i domosdoshëm një "rifreskim" i kujtesës. Kujtesat, të cilat kanë nevojë për një rifreskim periodik quhen kujtesa dinamike. Rifreskimi mund të kryhet në mënyrë të ngjashme me kujtesat DRO (figura 5.10). Kështu përmbajtja e çdo qelizë të kujtesës, transferohet periodikisht në një regjistër buffer dhe që këtej kthehet tashmë e restauruar në qelizën origjinë.

3. *Humbja e informacionit (volatility)* Një proces tjetër fizik, i cili mund të sjellë prishjen e informacionit është mungesa e energjisë elektrike. Një kujtesë quhet "e humbëshme" (volatile), n.q.s. informacioni që ruhet në të humbet n.q.s. mungon energjia elektrike që ushqen kujtesën. Rast tipik i kujtesave të tilla janë ato gjysmë-përçuese. Ndërsa kujtesat magnetike nuk janë të tilla. Këtu informacioni ruhet pavarësisht nga prezenca ose jo e energjisë që ushqen ato kujtesa.

Koha e ciklit dhe debiti i kujtesës (cycle time /data transfer rate)

Në fillim të këtij kapitulli përcaktuam që koha e kapjes t_A llogaritet nga intervali i kohës ndërmjet marrjes se një kërkesë leximi nga kujtesa dhe prezencës se informacioni të kërkuar në terminalet e daljes se kujtesës.

Në rastin e kujtesave DRO dhe dinamike, është e pamundur që të lëshohet një cikël tjetër aksesi në kujtesë, pa përfunduar më parë operacionet e rifreskimit të saj. Kjo do të thotë që koha minimale ndërmjet dy operacioneve të kapjes se informacionit në kujtesë do të jetë më e madhe se t_A. Për këtë arsye, shpesh përdoret edhe parametri tjetër që quhet koha e ciklit të kujtesës t_M. Në përgjithësi mund të thuhet se t_M është koha e nevojshme për të realizuar një operacion leximi ose shkrimi në kujtesë. Raporti $1/t_M$ do të shprehë sasinë e informacionit që shkëmbehet me kujtesën në njësinë e kohës (sekondë) dhe quhet debiti i kujtesës b_M (data transfer rate ose bandwidth). Ky parametër matet me fjalë për sekondë.

Në tabelën e mëposhtme janë grupuar karakteristikat që sapo pamë më lart për disa nga kujtesat më të përdorshme.

Tabela 5.4

Teknologjia	t_A (s)	Menyra e Kapjes	Ndryshue-shmeria	Jetegjatesia	Karakteri stikat Fizike
½ perçues bipolare	10^{-9}	E rastit	Lexim/shkrim	NDRO, volatile	Elektronik e
MOS	10^{-8}	E rastit	Lexim/shkrim	DRO ose NDRO, volatile	Elektronik e
Disk magnetik	10^{-2}	Gjysem e rastit	Lexim/shkrim	NDRO, jo volatile	Magnetik
Shirit magnetik	10^{-1}	Seriale	Lexim/shkrim	NDRO, jo volatile	Magnetik
CD-ROM	1	Gjysem e rastit	ROM	NDRO, jo volatile	optike

Me poshtë do të analizojmë më me detaje disa lloje të rëndësishme kujtesash duke filluar nga ato RAM.

5.3 Kujtesat me kapje të rastit ose shkurt RAM

Kujtesat RAM karakterizohen nga fakti që çdo njësi ku ruhet informacioni mund të kapet në mënyrë të pavarur. Për këtë arsye kohët t_A dhe t_M për secilën njësi janë konstante dhe të pavarura nga pozicioni i tyre.

Në figurën 5.10 janë paraqitur komponentët kryesore përbërës të një kujtesë RAM.

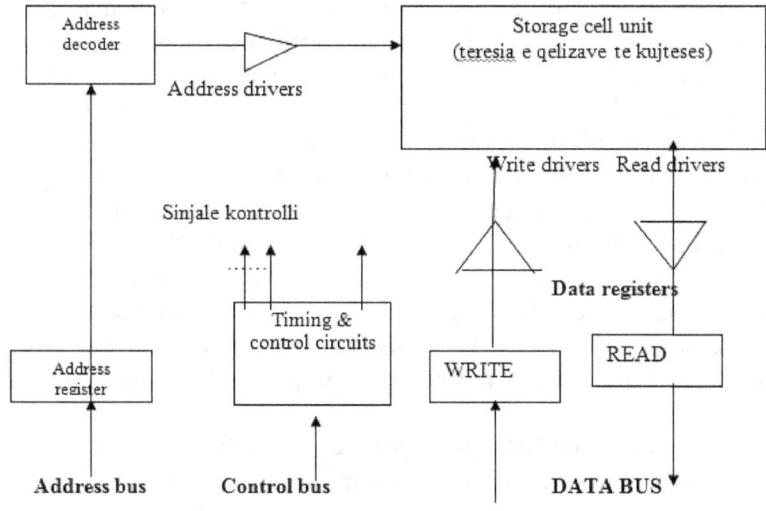

Figura 5.11

Shënim: "Storage cell unit" përbëhet nga N qeliza, ku secila mund të ruaje 1 bit informacion.

Kjo kujtesë funksionon në këtë mënyrë: adresa e fjalës që kërkohet transferohet në "address register" nëpërmjet "address bus". Më tej adresa përpunohet nga "address decoder", nga ku seleksionohet fjala e kërkuar në "storage cell unit". Nëpërmjet një linjë të posaçme kontrolli lexim/shkrimi, specifikohet në se kemi të bëjmë me një lexim ose me një shkrim në kujtesë. N.q.s. kërkohet një lexim, atëherë përmbajtja e fjalës se përzgjedhur transferohet në "output data register". N.q.s. kemi të bëjmë me një shkrim në kujtesë, atëherë fjala që do të shkruhet fillimisht vendoset në "input data register" dhe që këtej transferohet në "storage cell unit". Meqenëse zakonisht një kujtesë nuk realizon në të njëjtën kohë lexim dhe shkrim të informacionit, regjistrat "input & output data register" bashkohen duke formuar një "data register" të vetëm, që shpesh herë quhet edhe "memory buffer register", të cilin e kemi shënuar me germën B në kapitujt e mëparshëm.

Në figurën 5.12 është paraqitur një model krejtësisht i thjeshtuar i një kujtesë RAM.

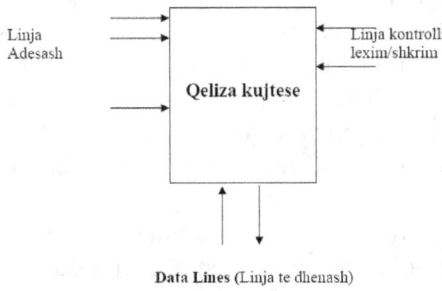

Data Lines (Linja te dhenash)

Figura 5.12

5.3.1 Organizimi i kujtesave RAM

Një nga metodat më efikase për reduktimin e qarqeve të nevojshëm për adresimin e kujtesës është e ashtuquajtura "organizim i RAM në formë matricore", e cila bazohet në dy parime themelore:

1. Qelizat e kujtesës organizohen fizikisht sipas një strukturë katërkëndore, gjë e cila lehtëson komunikimin ndërmjet pjesës se adresimit të kujtesës dhe vetë qelizave .

2. Adresa e kujtesës ndahet në d komponentë, të tillë që adresa A_i e qelizës C_i shprehet nëpërmjet një vektori d-dimensional të formës (Ai,1, Ai,2..., Ai,d). Secila nga d pjesët e një adrese përfundojnë në një dekodues adrese të veçantë. Një qelizë e caktuar seleksionohet nëpërmjet aktivizimit të njëhershëm të të gjitha d linjave të adresës. Një kujtesë e tillë quhet "kujtesë d-dimensionale".

Mënyra më e thjeshtë e organizimit është rasti kur d=1 dhe quhet një-dimensional ose shkurt kujtesë 1-D. Secila qelizë shoqërohet nga një linjë adresë, siç është paraqitur në figurën 5.13.

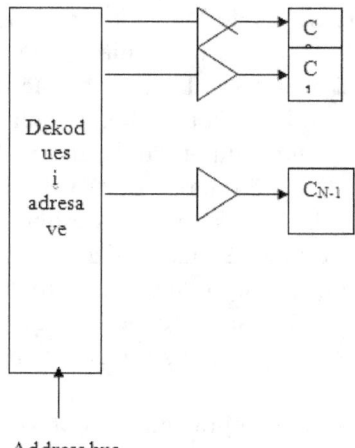

Address bus

Figura 5.13

Në rastin e organizimit dy dimensional (shkurt 2-D) të kujtesave, të paraqitur në figurën 5.14, adresa ndahet në dy përbërëse, të quajtura X dhe Y, të përbëra respektivisht nga a_x dhe b_y bite. Qelizat janë organizuar sipas një katërkëndëshi të përbërë nga $N_x <= 2^{ax}$ rreshta dhe $N_y <= 2^{ay}$ kolona. Për pasojë numri total i qelizave do të jetë $N = N_x * N_y$.

Një qelizë e caktuar do të zgjidhet nga ndërprerja e sinjaleve në linjat e adresave X dhe Y.

Organizimi në formën 2-D i kujtesave kërkon shumë më pak komponentë elektronike se sa në rastin e kujtesave 1-D, pra kosto më e ulët.

Meqenëse ky zvogëlim është i papërfillshëm në krahasim me kompleksitetin e kujtesave të organizuara sipas varianteve shumë dimensionale, në praktike kujtesa të organizuara sipas metodës d>2 janë shumë të rralla.

5.3.2 Kujtesat RAM gjysme-përçuese

Ekzistojnë dy tipe kujtesash RAM gjysmë-përçuese: kujtesa RAM statike (SRAM) dhe kujtesat RAM dinamike (DRAM).

Në rastin e SRAM, biti i informacionit memorizohet në një "flip-flop" të zakonshëm; pra gjendja e "flip-flopit" mbetet e pandryshuar sa kohë që hyrjet e tij nuk ngacmohen dhe tensioni që ushqen kujtesën nuk ndërpritet.

Parimi i memorizimit të bitit të informacionit në një DRAM është krejt i ndryshëm. Këtu, biti i informacionit memorizohet në formën e një ngarkese elektrike të akumuluar në kapacitetin portë-nënshtresë të një transistori MOS (Metal Oxyde Semiconductor).

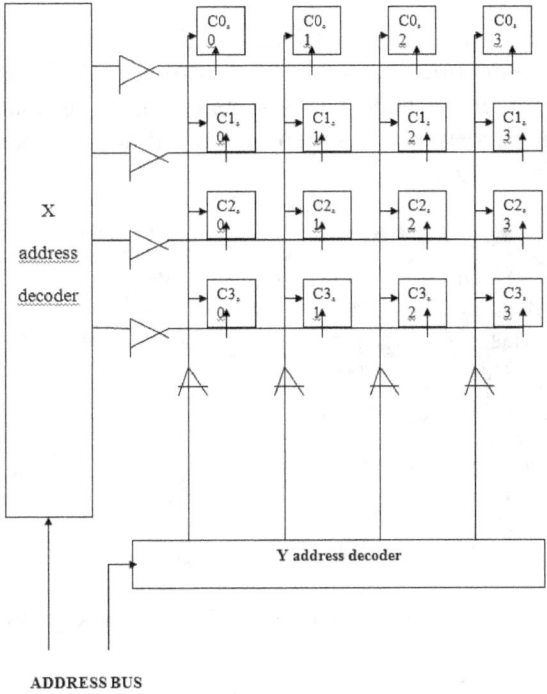

ADDRESS BUS

Figura 5.14

5.3.3 Krahasim i shkurtër ndërmjet DRAM dhe SRAM

Kujtesat DRAM kanë disa avantazhe ndaj atyre SRAM, që janë:

a. Kanë densitet më të lartë integrimi, pasi një qelizë dinamike ka më pak transistorë se një qelizë statike. Për pasojë, kapaciteti i një qarku DRAM është 4-8 herë më i madh se i një kujtese SRAM.

b. Kanë kosto të ulët.

c. Kanë konsum energjie të ulët.

Kujtesat DRAM kanë dy të meta :

a. Kanë shpejtësi më të ulët funksionimi. Shpejtësia tipike e një DRAM është 60-100 ns.

b. E meta themelore e kujtesave DRAM është nevoja e "rifreskimit" periodik (afërsisht çdo 8 ms.) të përmbajtjes se saj, gjë e cila kërkon të shtohet logjike suplementare.

Krahasuar me DRAM, kujtesat SRAM kanë një avantazh të vetëm : ato janë të shpejta. Por kjo shoqërohet me këto të meta :

a. Densitet i ulët (nevojiten 6 transistorë).

b. Kosto e lartë

c. Konsum i lartë.

Raporti kosto/cycle time SRAM/DRAM është 8-16.

Për arsyet e mësipërme kujtesat DRAM përdoren për krijimin e kujtesës qëndrore të kompjuterave, ndërsa SRAM përdoren në kujtesat kashé.

Në tabelën e mëposhtme paraqiten ndryshimi në vite i karakteristikave kryesore të kujtesave DRAM.

Tabela 5.5

PARAMETRA TE DYNAMIC RAM (DRAM)				
VITI	No. BIT/CHIP	Min.CLOCK	ACCESS TIME	CYCLE TIME
1986	1 MB	25 ns	135 ns	190 ns
1989	4 MB	20 ns	110 ns	165 ns
1992	16 MB	15 ns	90 ns	120 ns
1996	64 MB	12 ns	75 ns	110 ns
1998	128 MB	10 ns	70 ns	100 ns
2000	265 MB	7 ns	65 ns	90 ns
2002	512 MB	5 ns	60 ns	80 ns
2004	1 GB	3.8 ns	55 ns	70 ns
2010	8 GB	3 ns	25 ns	40 ns

Me poshtë do të analizojmë me hollësi këto dy lloj kujtesash RAM.

5.3.4 Kujtesat SRAM

Struktura e një qelize të kujtesës SRAM është paraqitur në figurën 5.15.

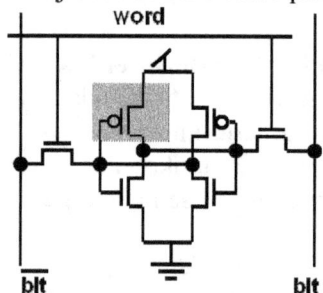

Figura 5.15

Gjatë procesit të shkrimit të një biti në qelizën e kujtesës, aktivizohen njëkohësisht të dy linjat "bit" dhe $"\overline{bit}"$. Kështu në se do të shkruhet një "1", atëherë duhet që njëkohësisht linja "bit"=1, ndërsa linja $"\overline{bit}"$="0". Pas kësaj, duke bërë që linja "word" ="1", të dy transistorët do të hapen, dhe informacioni të shkruhet në qelizë.

Gjatë leximit të qelizës dy linjat "bit" dhe $"\overline{bit}"$ vendosen në gjendjen "1". Pas kësaj, nëpërmjet linjës "word" hapen dy transistorët dhe informacioni i ruajtur në qelizë do të përcillet në linjat "bit" dhe $"\overline{bit}"$.

Nëpërmjet amplifikatorëve të posaçëm detektohet diferenca e këtyre dy sinjaleve.

Në figurën e mëposhtme paraqitet një kujtesë SRAM e organizuar në 16 fjalë me nga 4 bite secila.

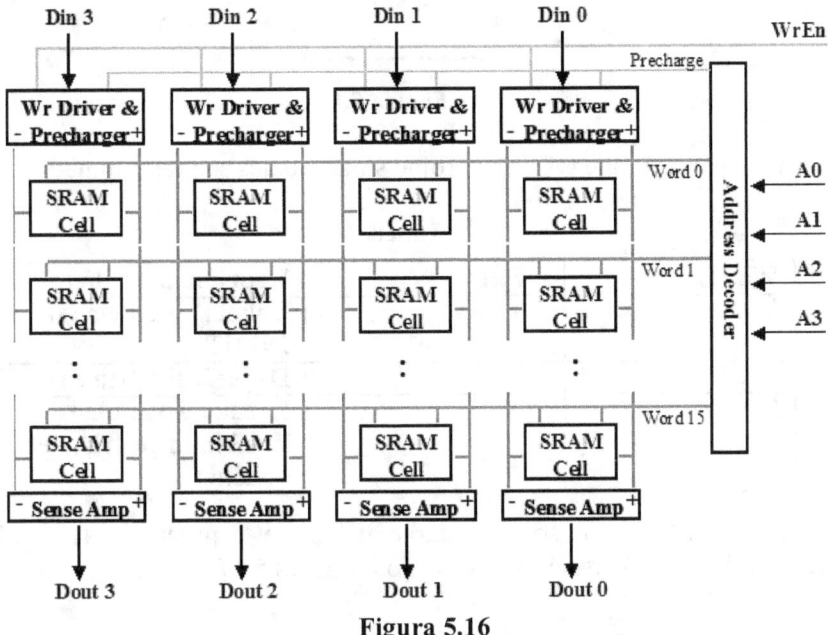

Figura 5.16

Linjat *"word"* të celulave bashkohen ndërmjet tyre horizontalisht dhe përfundojnë në dekoduesin e adresave. Ndërsa linjat *"bit"* dhe *"$\overline{bit}$"* lidhen vertikalisht dhe përfundojnë në "sense amlplifiers" nga njëra anë (shërbejnë për lexim) dhe "write drivers" nga ana tjetër (për shkrim) . Nëpërmjet sinjalit "wr. en. =write enable", komandohet një operacion shkrimi, ndërkohë që në mënyrë implicite është i aktivizuar leximi i qelizave të kujtesës.

Në figurën 5.17 paraqitet diagrama logjike e një kujtese tipike SRAM e përbërë nga 2^N fjalë me nga M bite secila. Meqenëse qelizat e kujtesës nuk mund të lexohen dhe shkruhen njëkohësisht dhe me qëllim që numri i daljeve ("pins") të mos rritet artificialisht, linjat Din dhe Dout bashkohen në një grup të vetëm M daljesh dydrejtimëshe, të shënuara me D. Që këtej rrjedh edhe nevoja për një sinjal kontrolli që është "Output Enable". Linjat e adresimit janë shënuar me A dhe numri i tyre është N=numri i fjalëve të kujtesës.

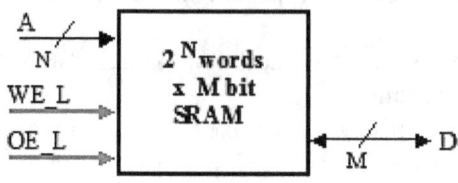

Figura 5.17

Sinjalet WE_L dhe OE_L veprojnë sipas tabelës se mëposhtme.

Tabela 5.6

WE_L	OE_L	Veprimi qe kryhet
LOW	HIGH	Daljet D sherbejne si INPUT
HIGH	LOW	Daljet D sherbejne si OUT
LOW	LOW	Rezultat i panjohur, kombinim qe duhet te evitohet

Në figurën 5.18, paraqiten diagramat kohore të proceseve të shkrimit dhe leximit në një kujtesë SRAM si ajo e figurës 5.17.

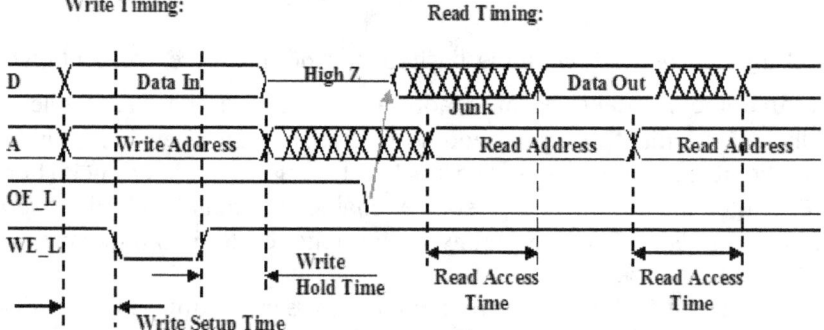

Figura 5.18

5.3.5 Kujtesat DRAM

Në figurën 5.19 paraqitet skematikisht ndërtimi i qelizës se kujtesës të krijuar mbi bazën e një DRAM.

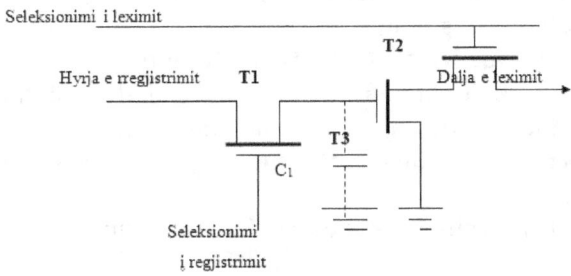

Figura 5.19

Në figurë, kapaciteti memorizues C1 i qelizës se kujtesës, realizohet prej kapacitetit parazitar portë-nënshtrese të transistorit T3.

Të shohim shkurtimisht se si funksionon një qelizë e tillë kujtese.

Në regjistrim, linja "seleksionimi i regjistrimit" hap transistorin T1, i cili bën që C1 të ngarkohet në nivelin logjik të hyrjes. Ndërsa në lexim, transistori T2 hapet nëpërmjet linjës "seleksionim i leximit" duke bërë që T3 të komunikoje me "daljen e leximit".

Eshtë e qartë se një qelizë e tillë mund të ruaje informacionin për sa kohë që kapacitetit C1 nuk shkarkohet: afërsisht 2-10 ms. Pas këtij intervali kohë, shkarkimi i kapacitetit të strukturës bëhet i ndjeshëm, prandaj bëhet i domosdoshëm "rifreskimi" i informacionit të memorizuar, d.m.th. ringarkimi i C1 me vlerën e tensionit të mëparshëm.

Në kujtesat DRAM moderne, për të rritur densitetin, qeliza e kujtesës ka vetëm një transistor dhe një kondensator, siç tregohet ne figurën e mëposhtme. Për ketë arsye, kjo qelizë quhet edhe 1T1C. Kondensatori i qelizës ("storage capacitor") do të ngarkohet/shkarkohet kur e dhëna që aplikohet në linjën "bitline" do të lejohet nga "access transistor", i cili kontrollohet prej sinjalit të aplikuar në "wordline gate". Kondensatori që ka kapacitet të rendit 30fF ($30*10^{-15}$ Farad) siguron ruajtje të informacion për disa qindra milisekonda. Procesi i "rifreskimit" është pra i domosdoshëm.

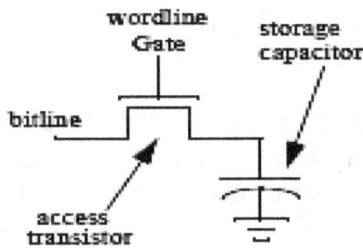

Figura 5.19/bis

Procesi i rifreskimit konsiston në leximin e informacionit të kujtesës dhe pas kësaj regjistrimin e po këtij informacioni, duke rivendosur në këtë mënyrë ngarkesën në kondensator. Pra, kemi të bëjmë me një proces të ngjashëm me atë të paraqitur në figurën 5.10. N.q.s. ky operacion do të bëhej për secilën qelizë të kujtesës në veçanti, atëherë ai do të zgjaste shumë. Prandaj, kujtesat DRAM kanë një ndërtim të tillë që mund të rifreskohet njëherësh një linjë ose një kolonë e plotë.

Kështu, për të "rifreskuar " një kujtesë me 64 linja do të nevojiteshin 64 cikle rifreskimi.

Nevoja e rifreskimit të kujtesave DRAM mund të konsiderohet si e metë sepse :

a.   Kërkon një logjike suplementare, e cila realizohet me qarqe elektronike të specializuar që quhen "DRAM controllers".

b.   Operacioni i rifreskimit shkakton vonesë në operacionet lexim/shkrimit në kujtesë. Por, meqenëse rifreskimi kryhet njëherësh linjë pas linje, atëherë ky zvogëlim është mjaft i reduktuar (1-5 %). Një vlerësim sasior i influencës se procesit të rifreskimit periodik të kujtesave DRAM jepet në aneksin e këtij kapitulli.

Në figurën 5.20 paraqitet mënyra e përzgjedhjes të bitëve në një kujtesë DRAM.

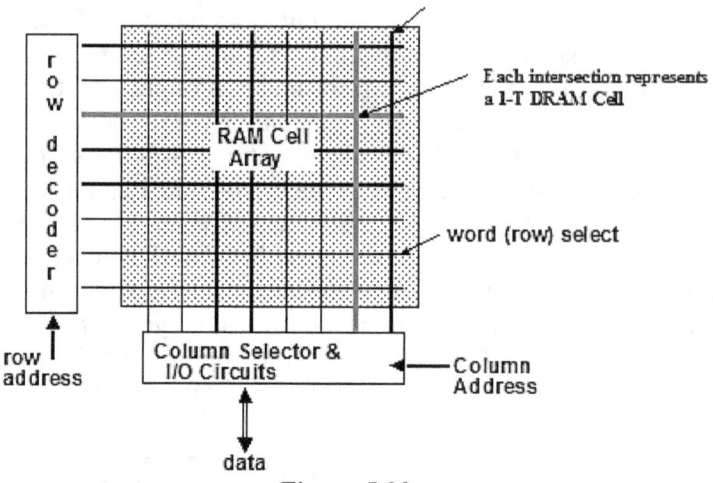

Figura 5.20

Ashtu si edhe SRAM, kujtesat DRAM janë të organizuara në rreshta dhe kolona. Por, ndryshe nga SRAM ku lexohet njëherazi i gjithë reshti, në kujtesat DRAM klasike lexohet vetëm një bit. Kjo bëhet për të kursyer energji dhe hapësirë në chip. Kështu, duke dërguar fillimisht adresën e rreshtit dhe pastaj atë të kolonës përzgjidhet një bit i kujtesës.

Në figurën e mëposhtme, fig. 5.21, paraqitet mënyra e organizmit të një qarku (chip) kujtesë DRAM 16Kx16Kx1bit =256 Mbit. Për seleksionimin e kolonave dhe rreshtave do të nevojiten 14 bite (2^{14}=16384).

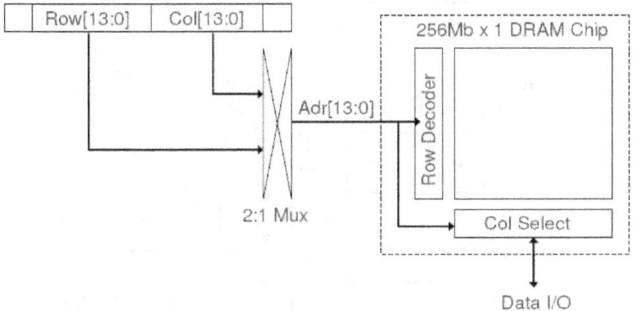

Figura 5.21

Për të krijuar një kujtesë 256 Mbyte mjafton të vendosen 8 qarqe të tillë në paralel, siç paraqitet skematikisht këtu më poshtë :

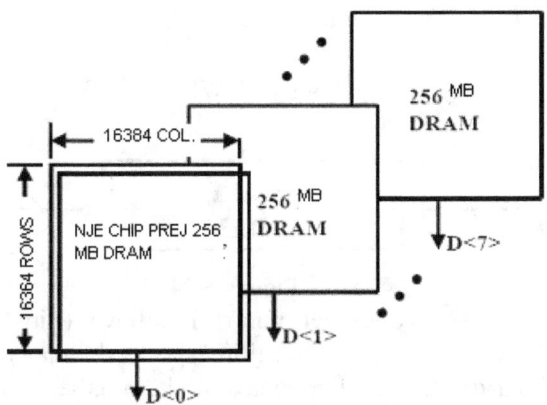

Figura 5.22

Siç tregohet edhe në figurën 5.21, adresa ndahet në dy pjesë me nga 14 bite secila (Kujtesë RAM në formën e një matrice 2-D). Për të dalluar në se adresa i përket një kolone ose një rreshti përdoren këto dy sinjale :

RAS – Row Access Strobe
CAS – Column Access Strobe

Një qark DRAM në formë më të detajuar, ku janë shtuar edhe këta dy sinjale përzgjedhës, është paraqitur në këtë figurë.

181

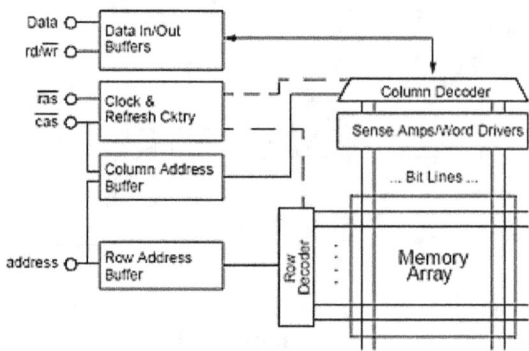

Figura 5.23

Paraqitja logjike e qarkut DRAM të marrë si shëmbull në figurat e mësipërme, jepet e plotë në figurën 5.24.

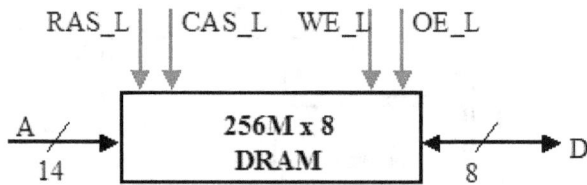

Figura 5.24

Me qëllim që të zvogëlohet numri i daljeve (pins) Din dhe Dout bashkohen në një grup daljesh dydrejtimëshe të shënuar në D. Për pasojë, për të kontrolluar drejtimin e të dhënave në këto dalje, nevojiten dy sinjale Write Enable and Output Enable që veprojnë sipas tabelës se mëposhtme :

Tabela 5.7

WE_L	OE_L	Veprimi qe kryhet
LOW	HIGH	Daljet D sherbejne si INPUT
HIGH	LOW	Daljet D sherbejne si OUT
LOW	LOW	Rezultat i panjohur, kombinim qe duhet te evitohet

Me qëllim që të zvogëlohet akoma numri i daljeve (pra të ulet kosto), adresat e kolonave dhe rreshtave përdorin të njëjtat dalje, të shënuara me A. Për të dalluar adresat e rreshtave nga adresat e kolonave përdoren sinjalet RAS_L, CAS_L. Për të kuptuar se si operohet me këto dy sinjale, referojuni figurës se mëposhtme.

Në figurën 5.25, paraqiten diagramat kohore të procesit të shkrimit të një kujtese DRAM.

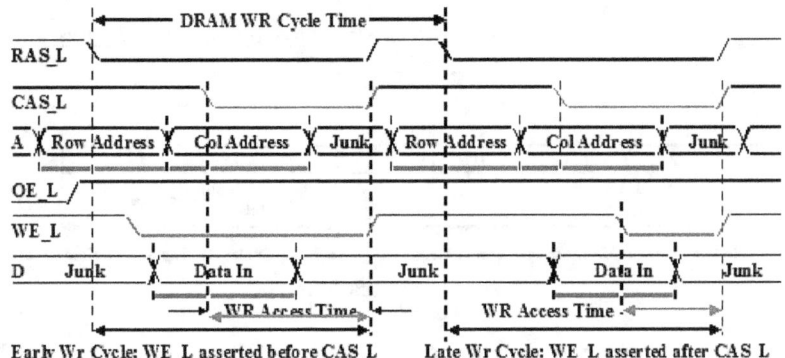

Figura 5.25

Çdo cikël shkrimi ose leximi në një DRAM fillon gjithmonë duke bërë sinjalin RAS=Low, pra lexohet adresa e rreshtit, e ndjekur nga ajo e kolonës nëpërmjet sinjalit CAS.

Në këtë figurë procesi i shkrimit bëhet sipas dy mënyrave :

• Early Write Cycle : Sinjali Write Enable bëhet aktiv para sinjalit CAS. Në këtë rast shkrimi në kujtesën DRAM fillon pak pas sinjalit CAS.
• Later Write Cycle : Sinjali Write Enable bëhet aktiv pas sinjalit CAS.

Përveç këtij ndryshimi, këto dy mënyra shkrimi dallojnë edhe nga kohëzgjatja e sinjalit Write Enable.

Vini re gjithashtu edhe këto dy fakte :

• Linja RAS mbetet aktive përgjatë gjithë ciklit të shkrimit.

• Kohëzgjatja e cikli i shkrimit ("DRAM write cycle") që është koha ndërmjet dy sinjaleve RAS të njëpasnjëshme, rezulton shumë më e gjatë se sa "DRAM write access time".

Diagramat kohore të procesit të shkrimit të një DRAM paraqiten më poshtë.

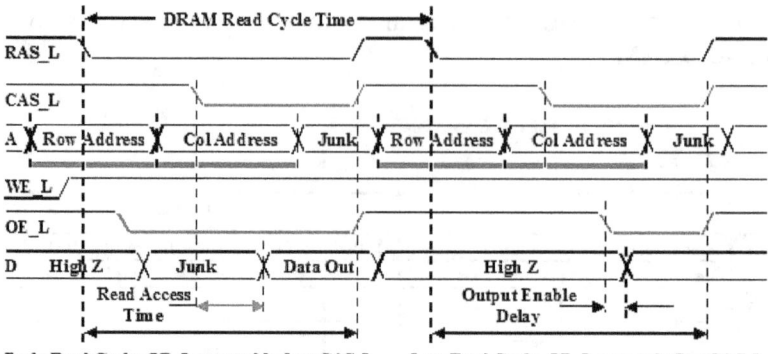

Early Read Cycle: OE_L asserted before CAS_L   Late Read Cycle: OE_L asserted after CAS_L

Figura 5.26

Procesi i leximit të një DRAM, ashtu si edhe gjatë shkrimit, kryhet sipas dy mënyrave :

• Early Read Cycle : Sinjali "Output Enable" bëhet aktiv para aktivizimit të sinjalit CAS. Pasi sinjali CAS=Low, do të duhet të kaloje koha "Read access time", me qëllim që të dhënat të mund të lexohen nga kujtesa në daljet e të dhënave (D).

• Later Read Cycle : Sinjali "Output Enable" bëhet aktiv pas aktivizimit të sinjalit CAS. Pasi sinjali OE_L=Low do të duhet të kaloje koha "Read access time", me qëllim që të dhënat të mund të lexohen nga kujtesa në daljet e të dhënave (D).

Vërejtjet që bëmë për procesin e shkrimit vlejnë edhe për leximin e DRAM.

Ja disa nga parametrat më të rëndësishëm kohore të kujtesave DRAM.

°t_{RAC}: koha minimale nga momenti kur RAS=Low deri kur të dhënat mund të lexohen në dalje.

Për një kujtesë të shpejtë $t_{RAC} = 60$ ns.

°t_{RC}: koha minimale nga momenti kur RAS=Low deri në momentin kur RAS do të bëhet përsëri Low. Këtë kohëzgjatje në e kemi quajtur edhe "DRAM write/read cycle".

Një kujtesë me $t_{RAC} = 60$ ns, ka një $t_{RC} = 110$ ns.

5.4 Rritja e performancave të kujtesës qëndrore

Për rritjen e performancave të kujtesës qëndrore të një kompjuteri ekzistojnë rrugë të ndryshme. Njëra nga këto është leximi i kujtesës DRAM me blloqe ("burst mode"), gjë e cila çon në optimizimin në kohë të sinjaleve RAS, CAS etj. Një optimizim i tillë përdoret p.sh. në kujtesat e tipit "Fast Paged RAM", diagramat kohore të se cilës paraqiten në figurën e mëposhtme.

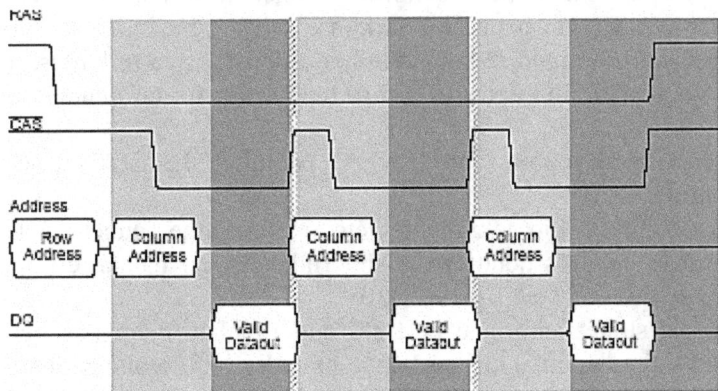

Figura 5.27

Në një kujtesë të tillë, kontrollori i kujtesës DRAM mban të pandryshuar adresën e rreshtit duke lexuar me shpejtësi disa kolona në vazhdim.

Me shumë informacion rreth këtyre metodave që përdoren për rritjen e performancave të DRAM do të gjeni në aneksin e këtij kapitulli si dhe në [10] dhe [16].

Një rrugë tjetër për të optimizuar kujtesën qëndrore është ajo që quhet "interleaving" (mémoire entrelacée fr.). Në këtë rast kujtesa qëndrore ndahet në "banka" ("banks" ang., banc, fr.).

Përkufizim : "Bankë" kujtes është një bashkësi qarqesh kujtes që kanë një hyrje të vetme adresë dhe që japin në dalje një fjalë me gjatësi sa është gjerësia e busit shoqërues.

Cila është arsyeja që kujtesa ndahet në copa që i quajmë banka ?
Kur trajtuam kujtesat DRAM pamë se "read/write access time" është disa herë më e vogël se "cycle time".

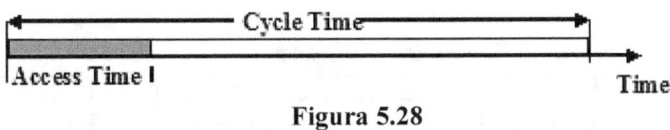

Figura 5.28

Ky fakt na bën të mendojmë se debiti ("bandwidth") i kujtesës do të rritej ndjeshëm në se sigurojmë një mekanizëm të tillë që kujtesa qëndrore të adresohet për lexim/shkrim jo në fund të "cycle time", por pas çdo "access time". Kjo do të mund të realizohej në se do të ishte e mundur që drejt kujtesës të dërgoheshin disa adresa njëkohësisht brenda "cycle time".

Për këtë qëllim, kujtesa qëndrore ndahet në *m* banka të veçanta M_0, M_1,..., M_{m-1}, ku çdo banke ka qarkun e saj të adresimit. Në këtë mënyrë kujtesa qëndrore mund të konsiderohet e përbërë nga *m* kujtesa relativisht të pavarura njëra nga tjetra. Kemi të bëjmë me ato që quhen "interleaved memories".

Mënyra se si vepron "interleaving" paraqitet skematikisht në figurën e mëposhtme.

Me qëllim që kjo teknikë të jetë e efektshme, duhet që hapësira e adresimit të kujtesës qëndrore të shpërndahet ndër bankat e kujtesës. Kjo situatë paraqitet në këtë figurën 5.30.

Pra, siç shihet adresat e kujtesës shpërndahen njëra pas tjetrës nëpër bankat e kujtesës, duke krijuar banka me adresa çifte dhe banka me adresa teke.

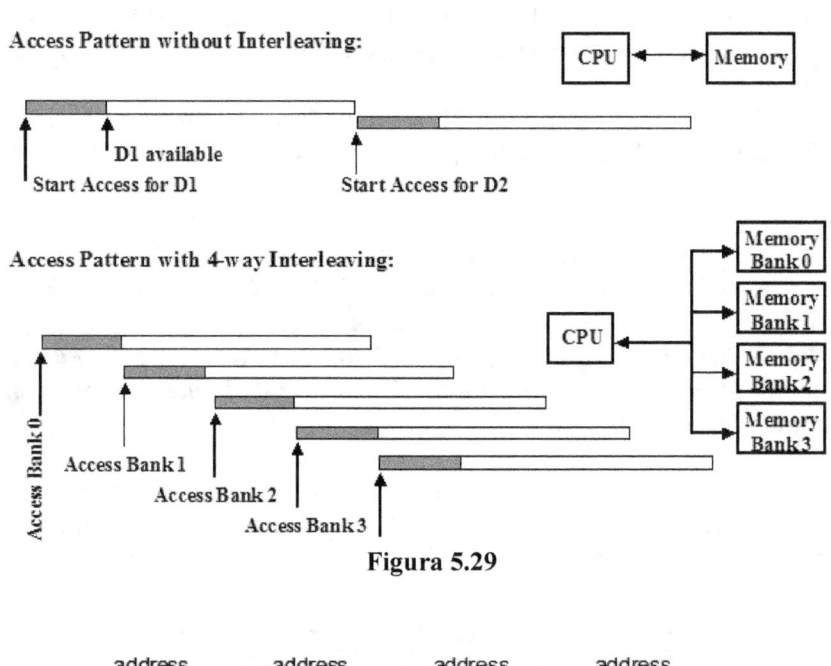

Figura 5.29

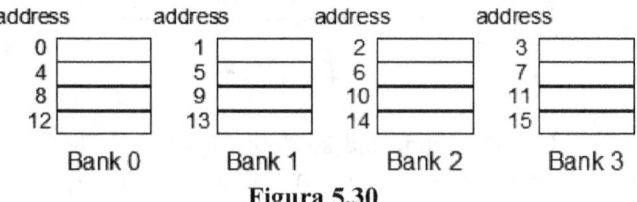

Figura 5.30

Sa është përftimi në shpejtësi që siguron teknika "interleaving"? Për këtë le të marrim një shembull.

Supozojmë se komunikimi CPU-kujtesë qëndrore realizohet sipas këtyre kohëve operimi :

1 cikël clocku për të dërguar adresën
6 cikle clocku për të kapur të dhënat
1 cikël clocku për të dërguar të dhënat drejt CPU

Supozojmë gjithashtu se komunikimi CPU(cache)-kujtesë kryhet me blloqe me madhësi 4 fjalë.

Në se kujtesa nuk do të ishte e ndarë në banka, atëherë 1 bllok do të transferohej për :

$$4x(1+6+1) = 32 \text{ cikle clocku}$$

Për një kujtesë ku vepron "interleaving" kjo kohë do të ishte:

$$1+6+4x1=11 \text{ cikle clocku.}$$

A ekzistojnë konflikte të adresimit të bankave dhe si mund të optimizohen ato? Sa është numri optimal e bankave të kujtesës?. Për këto shikoni në [6].

5.5 Kujtesa kashé
(cache memory angl., mémoire cachée fr.)
Parimi i funksionimit të kujtesës kashé është i thjeshtë : procesori nuk është i "vetëdijshëm" për prezencën e saj (**Caches have no inherent value, only try to close performance gap**) pasi ai dërgon drejt saj të gjitha kërkesat për lexim/shkrim sikur ajo të ishte kujtesa qëndrore. Pra, ajo nuk është e dukshme por e "fshehur", prej nga rrjedh edhe emri i saj. Ekzistojnë dy mundësi :

- Në se instruksioni ose e dhëna që kërkohen prej procesorit gjendet në kashé, atëherë ajo i përcillet menjëherë procesorit. Në këtë rast kemi të bëjmë me atë që quhet "cache hit" (succes de cache, fr.).
- Në se instruksioni ose e dhëna që kërkohen prej procesorit NUK gjendet në kashé, atëherë kontrollori i kujtesë kashé ja kërkon atë kujtesë qëndrore. E dhëna ose instruksioni që lexohet aty, i përcillet

procesorit dhe njëkohësisht ajo ruhet në kashé. Ky rast quhet "cache miss" (défaut de cache, fr.).

Natyrisht kur ndodh një "cache miss", kujtesa kashé nuk do të sjellë asnjë përfitim, pra performanca e kësaj kujtesë varet plotësisht prej përqindjes se "cache hits" : sa më shumë të dhëna ose instruksione që kërkohen prej procesorit të gjenden brenda në kashé, aq më e efektshme do të jetë kujtesa kashé.

5.5.1 Parametrat e funksionimit të një kujtesë kashé

Ja disa nga parametrat më të rëndësishëm që karakterizojnë funksionimin e një kujtesë kashé:

Hit Rate : është përqindja e kërkesave për të dhëna ose instruksione që janë gjetur brenda në kashé, ose e thënë ndryshe përqindja e cache hits. Në praktikë, vlerat tipike të "hit rate" janë të rendit 80-90 %. Këto vlera të larta i dedikohen vetisë së afërsisë (Principle of locality) që gëzojnë programet.

Hit Time : është koha e kapjes se informacionit (e dhënë ose instruksion) në kujtesën kashé.

Hit Time = "cashe access time" + koha nevojshme për të përcaktuar hit/miss.

Miss Rate : Miss Rate = 1 – (Hit Rate).

Miss Penalty : është e barabartë me kohën për zhvendosjen e bllokut nga kujtesa qëndrore në kashé + koha e nevojshme që ky bllok ti përcillet procesorit.

Me qëllim që një kashé të jetë e efektshme duhet detyrimisht që :

Hit Time << Miss Penalty

Ja disa nga ekuacionet kryesore që shprehin performancat e kujtesës kashé.

Ekuacionin **KOHA exe =NI*CPI*Tc**, i cili shpesh performancat e procesorit, do ta modifikojmë si më poshtë :

KOHA exe =NI*Tc*(ideal CPI + memory stalls/inst)

memory stalls/instruction = Average access/inst x Miss Rate x Miss Penalty =
(Average IFETCH/inst x MissRate$_{Inst}$ x Miss Penalty$_{Inst}$) +
(Average Data/inst x MissRate$_{Data}$ x Miss Penalty$_{Data}$)

Shënim : Në llogaritjet e mësipërme kemi supozuar se në CPI Ideal përfshihen "Hit Time", pra në rastin kur e dhëna ose instruksioni që kërkohen gjenden në kujtesën kashé.

Parametër tjetër i rëndësishëm është dhe koha mesatare e kapjes se kujtesës (Average Memory Access Time) :

Average Memory Access time = Hit Time + (Miss Rate x Miss Penalty)

Në aneksin e këtij kapitulli, jepet një ushtrim ku përdoren këto ekuacione.

5.5.2 Ndërtimi i kujtesës kashé
Në figurën 5.31 paraqitet ndërtimi i një kujtesë kashé tipike.

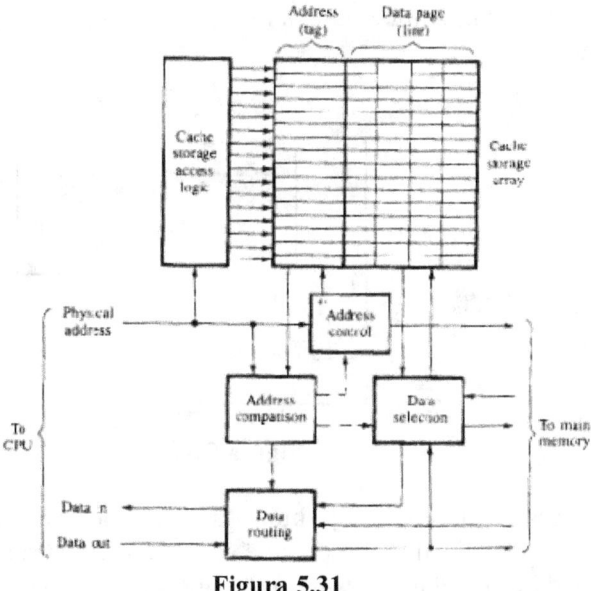

Figura 5.31

Ajo përbëhet kryesisht nga qelizat e ruajtjes se informacionit dhe nga kontrollori i kujtesës kashé, siç është paraqitur skematikisht në figurën e mëposhtme.

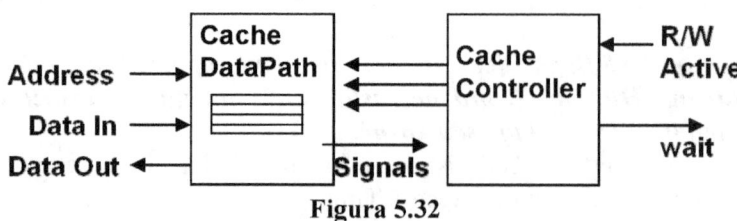

Figura 5.32

Meqenëse madhësia e kujtesës kashé është shumë më e vogël se ajo e kujtesës qëndrore, atëherë kujtesa kashé mund të përmbajë vetëm një pjesë të të dhënave të kujtesës qëndrore. Rrjedhimisht, pozicioni i një informacioni në kashé nuk do t'i korrespondojë më asaj të kujtesës qëndrore. Për këtë arsye, bashkangjitur çdo informacioni në kashé do të ruhet edhe adresa e tij në kujtesën qëndrore. Kështu, kujtesa kashé është e përbërë nga dy pjesë: tabela e adresave ("address tag") dhe tabela e të dhënave ("cache data"). Pra, se bashku me çdo informacion, ruhet edhe adresa e këtij informacioni në kujtesën qëndrore. Struktura e kujtesës kashé se bashku me mekanizmin e funksionimit të saj është paraqitur në figurën e mëposhtme.

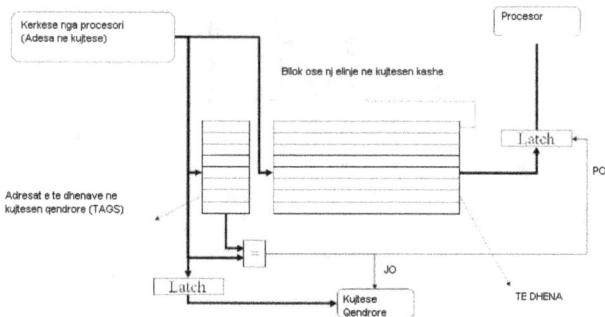

Figura 5.33

Kur procesori dërgon drejt kujtesës kashé adresën e të dhënës së kërkuar, kontrollori i saj krahason këtë adresë me atë të ruajtur në tabelën e adresave. Në se rezultati i krahasimit është pozitiv ("cache hit"), atëherë informacioni nga tabela e të dhënave i përcillet procesorit. Në rast të kundërt, kemi një "cache miss", prandaj kontrollori i kujtesës kashé fillon një sekuencë të kopjimit të bllokut që përmban informacionin e kërkuar nga kujtesa qëndrore në kashé. Në se është e nevojshme, kontrollori i kashé duhet të përcaktojë se në cilin vend do të vendosë këtë bllok të ri duke e zëvendësuar atë me një bllok të vjetër. Aspekte të tilla si p.sh. se sa duhet të jetë madhësia e bllokut, apo se cili do të jetë blloku në kashé që do të duhet të zëvendësohet, etj. do ti trajtojmë më poshtë.

Shënim : Zakonisht përdoret termi "bllok" i kujtesës kashé, por shpesh përdoret edhe termi "linjë" e kujtesës kashé.

Si kryhet procesi i krahasimit të adresave nga kontrollori i kashé? Procesi i skanimit ose i krahasimit një nga një i të gjithë hyrjeve në tabelën e adresave do të ishte shumë i ngadaltë. Prandaj, me qëllim që krahasimi të mund të përshpejtohet përdoren disa mënyra adresimi, nga ku marrin emrin edhe tipet e ndryshme të kujtesave kashé, që janë :

- **Direct mapped cashe.**
- **Fully associative cashe.**
- **Set associative cashe.**

5.5.3 Direct mapped cache

Eshtë rasti më i thjeshtë i adresimit të një kujtese kashé, e cila nëpërmjet një shëmbulli, është paraqitur këtu më poshtë.

Supozojmë se kemi një kujtesë kashé 1 KB të adresuar sipas formës "direct mapped cashe"dhe se madhësia e bllokut ose linjës është 32 bytes. Në këto kushte 5 bitët me peshe më të vogël të adresës përdoren për të seleksionuar 1 byte nga 32 të mundshmit brenda bllokut. Bitët 5-9 të adresës do të shërbejnë si "cashe index", duke seleksionuar njërin nga 32 blloqet e kujtesës kashé. 22 bitet mbetur regjistrohen në tabelën e adresave të kashé, pra përdoren si "Cashe Tag".

Në këtë mënyrë, duke përdorur "cashe index", përzgjidhet menjëherë linja ose blloku i duhur në kashé. Pas kësaj, krahasohet "cache tag" me bitët 10-31 të adresës. Në se ato janë të barabartë do të kemi "cashe hit", në të kundërt rezulton "cashe miss".

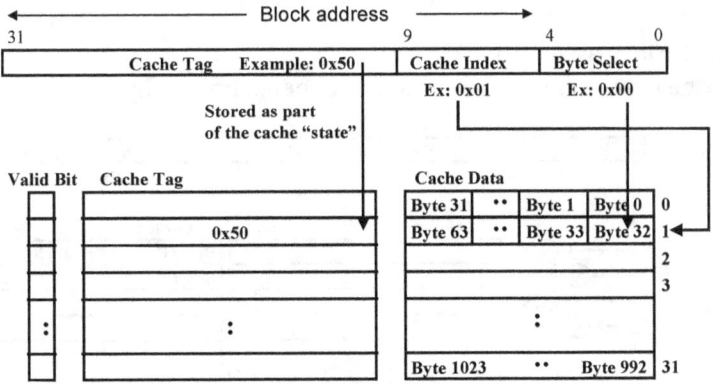

Figura 5.34

Shënim : "Valid Bit" (ndonjëherë quhet edhe" presence bit") tregon në se adresa respektive në kashé përmban një të dhënë të vlefshme, në të kundërt duhet të adresohet kujtesa qëndrore.

Sipas kësaj mënyre adresimi të kujtesës kashé do të rezultojë që, për shembull, blloget me adresat si më poshtë

```
31                                0     Adresa

00000000000000000000000 00000 00000    00000000

00000000000000000000000 00000 00001

00000000000000000000000 00000 00010

Xxxxxxxxxxxxxxxxxxxxxx0 xxxxxxxxxx

00000000000000000000000 11111 11111    000003FF


00000000000000000000001 00000 00000    00000400

00000000000000000000001 00000 00001

00000000000000000000001 00000 00010

Xxxxxxxxxxxxxxxxxxxxxx1 xxxxxxxxxx

00000000000000000000001 11111 11111    000007FF
```

do të jenë konkurrente për të njëjtin bllok në kujtesën kashé sepse "Cache Index" është i njejtë për ato blloqe . Në këtë rast kemi të bëjmë me atë që quhet konflikt i kashé-së (conflict misses, conflit de cache, fr.). Për të zvogëluar këto konflikte ka dy rrugë :

- Rritja e madhësisë së kujtesës kashé.
- Për të njëjtin "Cache Index" të ekzistojnë më shumë se një bllok në kujtesën kashé, siç është p.sh. rasti i "fully associative cache".

5.5.4 Fully associative cache
Ky rast është paraqitur në figurën e mëposhtme (fig.5.35).

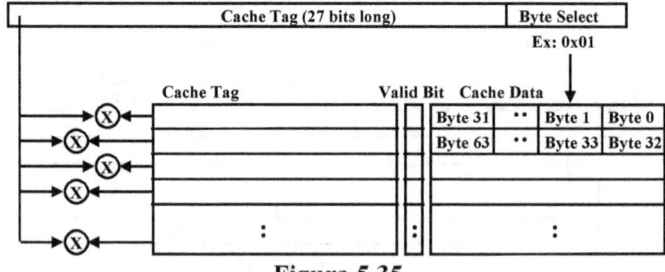

Figura 5.35

Secili bllok i kujtesës kashé shoqërohet me një qark krahasues të "cache tag". Kështu, 27 bitët e sipërme të adresës krahasohen me "cashe tag" të çdo blloku në veçanti. Adresa dërgohet tek të gjithë blloqet njëherazi duke u krahasuar në paralel dhe vetëm ajo adresë që përputhet do të dërgohet drejt procesorit. Ky është pra mekanizmi i funksionimit të adresimit shoqërues (associative).

Meqenëse hardware që nevojitet për një kujtesë të këtij lloji është i konsiderueshëm, atëherë një kujtesë e tillë kashé zakonisht kufizohet deri në < 64 blloqe. Në përgjithësi, një kujtesë kashé me N blloqe quhet "N-way associative cache". Një kujtesë e tillë do të shoqërohet me N qarqe krahasues me gjatësi 27 bite secili.

Një kujtesë e tillë do të këtë "conflict miss = 0" edhe pse
"miss rate"> 0.

5.5.5 Set associative cache

Në figurën e mëposhtme paraqitet një "2-way set associative cache". Quhet kështu sepse për secilin "cache index" ekzistojnë dy blloqe. Pra, parimisht kemi të bëjmë me dy "direct mapped cache" që funksionojnë në paralel.

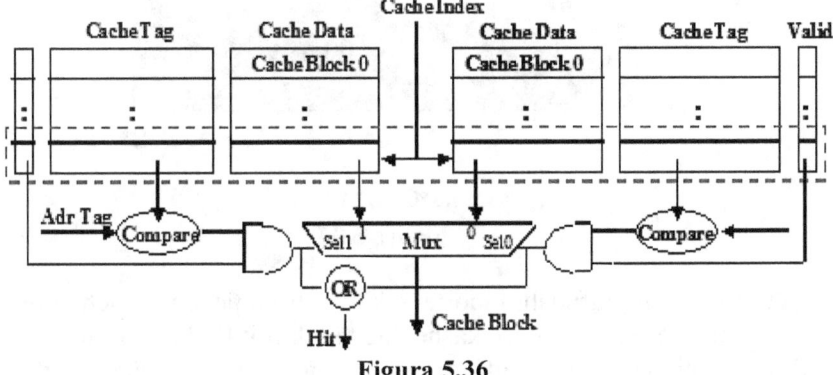

Figura 5.36

Nëpërmjet "cache index" (që në shembullin e mësipërm janë bitët 5-9 të adresës) do të përzgjidhet një çift blloqesh. Dy "cache tag" respektive krahasohen paralelisht me bitët 10-31 të adresës. Në se asnjeri nuk është i barabartë, atëherë kemi të bëjmë me "cache miss". Në të kundërt, kemi "cache hit" dhe të dhënat do të lexohen prej pjesës ku krahasimi i adresës me "cache tag" është pozitiv.

Me poshtë jepet një përmbledhje e faktorëve që shkaktojnë "cache miss".

- **Capacity miss**, shkaktohen prej faktit të thjeshtë se kujtesa kashé nuk është aq e madhe sa të përmbajë të gjithë blloqet që përdoren nga programi. Për të zvogëluar këtë parametër zgjidhja është e thjeshtë : të rritet madhësia e kujtesës kashé.

- **Compulsory misses**, të cilat nuk mund të evitohen, pasi shkaktohen kur përdoruesi i kompjuterit fillon ekzekutimin e një programi të ri.
- **Conflict misses**, të cilat siç pamë pak më lart, shkaktohen prej faktit se disa blloqe kujtese adresohen ("mapped to") tek i njëjti bllok në kujtesën kashé. Ekzistojnë dy mënyra për të zvogëluar ato :
  - o Rritja e madhësisë së kujtesës kashé.
  - o Rritja e faktorit të shoqërimit (associativity), si p.sh. përdorimi i "2-way set associative cache" në vend të "direct mapped cache".

Këto janë tre burimet kryesore të "cache miss", të cilat në mënyrë të përmbledhur paraqiten në figurën e mëposhtme :

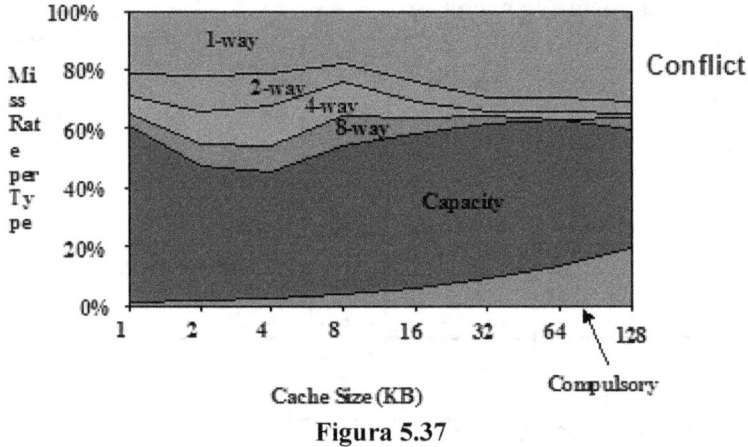

Figura 5.37

Këtu paraqiten grafikisht raportet e këtyre tre llojeve të "cache miss" në vartësi të madhësisë se kujtesë kashé dhe të faktorit të shoqërimit.

Për të optimizuar një kujtesë kashé, zvogëlimi i "cache miss" është vetëm njëra anë e problemit. Ana tjetër është edhe koha e kapjes se informacionit në kashé (cache access time) si dhe miss penalty. Këta faktorë si edhe influenca e madhësisë se bllokut do të diskutohen këtu më poshtë.

Në përgjithësi, rritja e madhësisë se bllokut në kashé do të zvogëlojë numrin e "miss rate", pasi në këtë mënyrë shfrytëzohet më mirë faktori i afërsisë hapësinore të programeve. Por, nga ana tjetër, rritja e madhësisë se bllokut do të do të rrisë edhe "miss penalty", pasi sa më i madh të jetë blloku, aq më shumë kohë do të nevojitet për ngarkimin e tij nga kujtesa qëndrore. Gjithashtu, rritja e madhësisë së bllokut përtej një kufiri të caktuar, do të bëjë që "miss rate" të fillojë të rritet, pasi numri i blloqeve,

194

duke mbajtur madhësinë e kujtesës kashé konstant, do të zvogëlohet mjaft (shihni grafikun e figurës 5.38).

Koha mesatare e kapjes se informacionit në kujtesë (Average Access Time) është matësja më reale e performancave, e cila shprehet nëpërmjet barazimit :

Average Memory Access time = Hit Time   + Miss Rate x Miss Penalty

Si rezultat i këtyre dy tendencave të paraqitura më sipër, kjo kohë fillimisht do të zvogëlohet, sepse "miss rate" zvogëlohet më shpejt se sa rritet "miss penalty". Por, në se rritim akoma madhësinë e bllokut, atëherë "**Average Access Time**" do të rritet shpejt, pasi do të rritet jo vetëm "miss penalty" por edhe "miss rate".

Këto vartësi janë paraqitur grafikisht më poshtë.

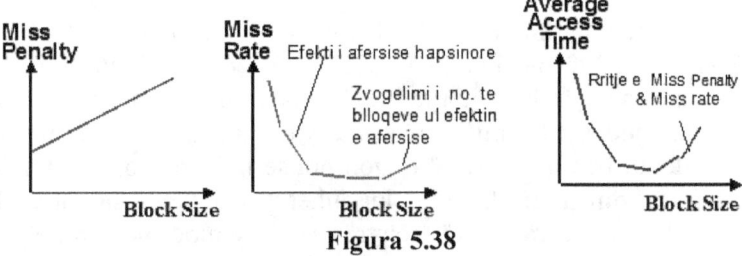

Figura 5.38

5.5.6 Aspekte të tjera të rëndësishme
Se fundmi le të trajtojmë edhe dy aspekte të tjera të kujtesave kashé :
Cili është mekanizmi i zëvendësimit të një blloku në rastin kur ndodh një "cache miss"? Si veprohet kur kemi të bëjmë me një shkrim në kujtesë?

Në rastet kur kemi një "cache miss", në kashé do të ngarkohet një linjë e re dhe rrjedhimisht duhet të përcaktohet se ku do të vendoset ajo në kashé. Në vartësi të llojit të kujtesës kashé, paraqiten dy raste :

- Direct mapped cache. Në këtë rast vendndodhja e bllokut të ri imponohet nga adresa e bllokut që do të transferohet nga kujtesa qëndrore për në kashé.
- Set associative ose fully associative cache. Në këtë rast ekzistojnë këto "politika" që përcaktojnë se cili bllok do të largohet nga kujtesa kashé :
  - Përzgjedhje të rastit (random).

o LRU (Last Recently Used). Blloku ose linja re në kashé vendoset në vendndodhjen e bllokut "më të vjetër".
o Pseudo LRU. Blloku i përdorur më se fundmi mbahet në kashé, ndërsa nder blloqet që mbeten bëhet një përzgjedhje e rastit.

Në tabelën e mëposhtme jepen vlerat e "miss rate" në vartësi të madhësisë se kujtesë kashé, të faktorit të shoqërimit dhe të politikave të zëvendësimit të bllokut në kashé. Nga tabela vihet re se efekti i politikave të mësipërme zvogëlohet ndjeshëm me rritjen e madhësisë se kujtesës kashé dhe të faktorit të shoqërimit.

Tabela 5.8

Associativity	2-way		4-way		8-way	
Cache size	LRU	Random	LRU	Random	LRU	Random
16kb	5.2%	5.7%	4.7%	5.3%	4.4%	5.0%
64 kb	1.9%	2.0%	1.5%	1.7%	1.4%	1.5%
256 kb	1.15%	1.17%	1.13%	1.13%	1.12%	1.12%

Në ato raste kur kemi të bëjmë me një shkrim në kujtesën kashé, atëherë situata është më komplekse. Kështu, çdo bllok informacioni në kujtesën kashé shoqërohet me një bit C=change bit., i cili merr vlerën "0" kur ky bllok vendoset fillimisht në kashé. Çdo ndryshim i informacionit në qelizat e bllokut bën që C=1, që tregon pra se informacioni në bllok është modifikuar (zakonisht kur C=0 blloku quhet "clean", ndërsa kur C=1 kemi një bllok "dirty"). Në vartësi të mënyrës se si ky modifikim reflektohet në kujtesën qëndrore ekzistojnë dy teknika përditësimi ("update") të kujtesave:

• **Write-through** - Informacioni shkruhet njëherazi si në bllokun në kujtesën kashé, ashtu edhe në kujtesën qëndrore.
• **Wite-back ose Copy-back** – Informacioni shkruhet vetëm në bllokun që gjendet në kashé. Blloku i modifikuar në kashé do të shkruhet në kujtesën qëndrore më pas, vetëm pasi ai do të zëvendësohet me një bllok të ri në kashé.

Secila metode ka të mirat dhe të metat e saj. Kështu p.sh. write-back eviton që të shkruhet në kujtesën qëndrore në rastet kur kemi disa shkrime të njëpasnjëshme në një bllok në kashé. Nga ana tjetër, në se përdoret kjo metode, atëherë, për të njëjtën adresë logjike, të dhënat që gjenden në kashé dhe në kujtesën qëndrore mund të jenë të ndryshme, në vartësi të faktit në se blloku është modifikuar ose jo. Kjo është një situatë aspak e dëshirueshme sidomos në rastet kur disa procesorë të pajisur me kujtesa kashé të veçanta, ndajnë të njëjtën kujtesë qëndrore. Në këtë rast do të çfaqen probleme specifikë si p.sh. "cache incoherence".

Kur përdoret metoda **Write-through,** për të evituar ngadalësinë e kujtesë qëndrore, shtohet edhe grup regjistrash që quhen **"write buffers"**, siç paraqitet në figurën e mëposhtme.

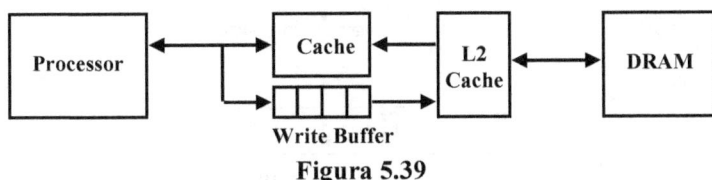

Write Buffer

Figura 5.39

Sipas këtij modeli procesori shkruan të dhënat njëherazi në kashé dhe në "write buffer". Me pas, kontrollori i kujtesës, përmbajtjen e këtij bufferi e shkruan në kujtesën qëndrore. Write buffer funksionon si një FIFO (First In First Out) dhe madhësia tipike e tij është 4 qeliza.

Në se në një sistem të tillë rezulton se :

Store frequency (w.r.t. time) > 1 / DRAM write cycle

atëherë do të rezultojë që "write buffer" do të tejmbushet. Një nga metodat që përdoret për të zvogëluar këtë efekt është vendosje e një "L2 cache"(shihni figurën 5.39), e cila për përditësimin e informacioneve në kujtesë, përdor metodën "write-back".

5.5.7 Hierarkia e kujtesave kashé

Meqenëse diferenca në performanca ndërmjet midis procesorëve dhe kujtesës rritet vazhdimisht, aktualisht shumica e kompjuterave përdorin jo me një kujtesë kashé, por një hierarki kujtesash kashé. Ato janë të tilla që, duke ju afruar kujtesës qëndrore, madhësia rritet ndërsa shpejtësia zvogëlohet. Në figurën e mëposhtme paraqitet hierarkia e kashé për procesorin Alpha 21164.

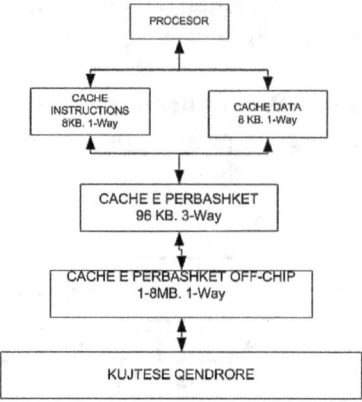

Figura 5.40

Komunikimi ndërmjet këtyre kujtesave kashé për këtë procesor (Alpha 21164) paraqitet në figurën 5.41

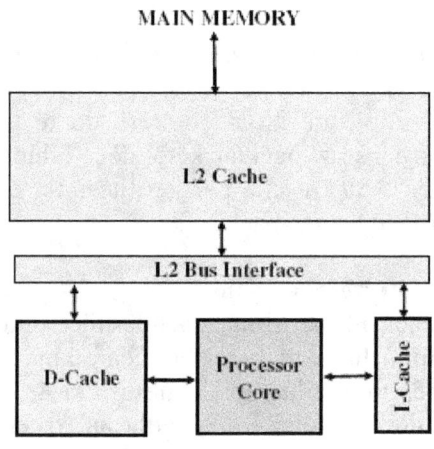

Figura 5.41

Në tabelën 5.9 janë përmbledhur parametrat e kohës së aksesit dhe madhësisë sistemit të kujtesës në një server me procesor Intel Pentium 4, 3.2 GHz.

Tabela 5.9

Component	Access Speed (Time for data to be returned)	Size of Component
Registers	1 cycle = 0.3 nanoseconds	8 registers
L1 Cache	3 cycles = 1 nanoseconds	Separate Data and Instruction Caches: 16 Kbytes each
L2 Cache	20 cycles = 7 nanoseconds	256 Kbytes, 8-way set associative
L3 Cache	40 cycles = 13 nanoseconds	4096 Kbytes, 8-way set associative
Memory	300 cycles = 100 nanoseconds	16 Gigabytes

5.6 Aneksi i Kapitullit 5

5.6.1 Vlerësim i efektit të hendekut CPU-Kujtesë në performancat e një kompjuteri

USHTRIM 1

Supozojmë se një procesor ka këto karakteristika :

➢   Frekuence e clockut =200 MHZ (cikli i clock-ut = 5 ns.)
➢   CPI =1.1 (CPI = Cikle Për Instruksion)
➢   Bashkësia e instruksioneve ka këto frekuenca të ekzekutimit

:

o   50 % instruksione arithmetike e logjike
o   30 % instruksione LOAD/STORE
o   20 % instruksione të kontrollit (CMP, JUMP etj.)

Supozojmë se 10 % e veprimeve me kujtesën qëndrore ekzekutohen në 50 cikle clocku.

Atëherë CPI reale e kësaj njësie qëndrore (CPU+MMU) do të ishte do të ishte :

CPI = CPI Ideale + vonesat mesatare për instruksion =1.1 + [(0.30*0.10*50)] = 1.1cikle +1.5 cikle = 2.6 cikle

Konkluzione :

1.   CPU i mësipërm shpenzon 58 % (1.5 cikele/2.6 cikle) të kohës në pritje të kujtesës!

2.   Në se vetëm 1% e instruksione nuk lexohen nga kujtesa cache, por direkt nga kujtesa qëndrore (Instruction miss rate), atëherë vlera e CPI rritet me 0.5.

USHTRIM 2

Supozojmë se një procesor ka këto karakteristika

➢   Frekuence e clockut =200 MHZ (cikli i clockut = 5 ns.)
➢   CPI =1.1 (CPI = Cikle Për Instruksion)
➢   Bashkësia e instruksioneve ka këto frekuenca të ekzekutimit

:

o   50 % instruksione arithmetike e logjike
o   30 % instruksione LOAD/STORE
o   20 % instruksione të kontrollit (CMP, JUMP etj.)

Supozojmë se 10 % e veprimeve me kujtesën rezultojnë si "cashe miss" dhe e "miss penalty" është 50 cikle clocku.

Supozojmë se 1% e instruksioneve pësojnë gjithashtu "cache miss" dhe "miss penalty" është e njëjta me atë të të dhënave (50 cikle clocku).

Atëherë CPI reale e kësaj njësie qëndrore (CPU+MMU) do të ishte :

CPI = ideal CPI + average stalls për instruction

1.1(cycles/inst.) + [0.30 (DataMops/inst) x 0.10 (miss/DataMop) x 50 (cycle/miss)] + [1 (InstMop/ins) x 0.01 (miss/InstMop) x 50 (cycle/miss)] = (1.1 + 1.5 + .5) cycle/ins = 3.1

5.6.2 Një vlerësim sasior i influencës se procesit të rifreskimit periodik të kujtesave DRAM

Qarku i tipit **i1103** është një kujtesë DRAM e organizuar në 32 kolona X 32 linja. Cikli i leximit (t_M) është 580 ns. Rifreskimi i plotë i një kujtesë qëndrore të një kompjuterit të ndërtuar me qarqe të tillë do të kryhet në :

580×10^{-9}s x 32 linja=18.6 µs

Gjatë këtij intervali kohë kujtesa nuk është e kapshme, pra nuk mund të përdoret nga procesorët.

Ky proces do të kryhet periodikisht çdo 2ms. Skematikisht situata është paraqitur këto më poshtë.

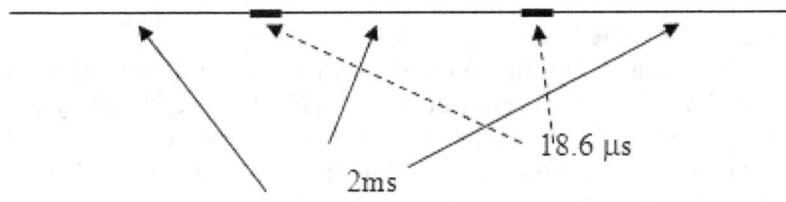

Pra, influenca e procesit të rifreskimit do të ishte vetëm 1%.

5.6.3 Disa të dhëna në lidhje me kujtesat DDR

5.6.3.1 SDRAM (figura 5.42)
"SDRAM" është një akronim i "**Synchronous Dynamic RAM**".
Në të kaluarën, të gjitha kujtesat RAM standarde, me përjashtim të atyre të destinuara për kujtesat kashé, kanë qenë kujtesa asinkron. Kjo do

të thotë se këto kujtesa nuk komunikojnë në mënyrë sinkrone me CPU-në dhe busin e sistemit. Këto RAM-e asinkrone janë të detyruara pra, që të mbajnë të dhënat deri sa bus-i të jetë i gatshëm ti pranojë ato. Në atë kohë, kjo nuk përbënte ndonjë problem, pasi pjesë të tjera të kompjuterit ishin faktorë më relevantë në përcaktimin e shpejtësisë së kompjuterit. Por, me kalimin e kohës, kujtesat asinkrone u bënë faktorë që kontribuonin ndjeshëm në përkeqësimin e performancave ("performance bottleneck"). Ky problem u eliminua me daljen e kujtesave RAM të cilat janë të sinkronizuara me orën e busit te sistemit dhe CPU-në. Kështu, sa herë që një RAM është gati të komunikojë të dhëna, busi është i gatshëm për ta "dëgjuar" atë. Kujtesat SDRAM kanë shpejtësi 66, 100, 133, 150 dhe 200 MHz.

Figura 5.42

5.6.3.2DDR SDRAM

"**DDR**" do të thotë "**Double Data Rate**". Ky është një lloj SDRAM-i që dyfishon shpejtësinë e kujtesës, duke komunikuar me CPU-në dy herë më shpesh se SDRAM i zakonshëm. Kështu kujtesat DDR SDRAM komunikojnë në të dy fronet e sinjalit te orës : ne frontin rritës dhe rrenës të tij. Për këtë arsye, këto kujtesa shkëmbejnë të dhëna në bus dy herë gjatë ciklit të clockut. Kjo teknikë në anglisht quhet "*dual pumping*".

DDR SDRAM aktualisht funksionojnë me 100, 133MHz e deri në 200 Mhz. Këto lloje të DDR SDRAM janë të njohur zakonisht si module 200 , 266 dhe 400 MHz DDR SDRAM, pasi ato komunikojnë dy herë gjatë një cikli clocku. Shumë prodhues i specifikojnë këto kujtesa edhe me emërtime te tilla si PC1600 apo PC2100, PC3200 etj. Këto janë vlera të rrumbullakuara të debitit (bandwidth) maksimal te shprehur në MBps (MegaByte/për sekondë). Formula llogaritëse e debitit të kujtesës është kjo:

DDR SDRAM bandwidth= (memory clock rate) × 2 (for bus clock multiplier) × 64 (bus with) / 8 (number of bits/byte)

Këtu më poshtë janë dhënë dy shembuj llogaritjesh të debitit të kujtesave DDR (kujtoni paragrafin 3.2).

PC-1600=(100MHz) x 2 (clock front rritje/rënie) x (64-bit gjerësia e busit) / (8 bit) = 1600MBps
PC-2100=(133MHz) x 2 (clock front rritje/rënie) x (64-bit gjerësia e busit) / (8 bit) = 2133MBps

Vlerat e parametrave që dallojnë kujtesat DDR janë grupuar ne tabelën e mëposhtëme.

Tabela 5.10

EMERTIMI	TIPI I DDR	FREK. REALE	BANDWIDTH
PC1600	DDR-200	100 MHZ	1600 MBps
PC2100	DDR-266	133 MHZ	2133 MBps
PC2400	DDR-300	150 MHZ	2400 MBps
PC2700	DDR-333	166 MHZ	2667 MBps
PC3200	DDR-400	200 MHZ	3200 MBps

Në formë të përmbledhur mund të themi se DDR është një SDRAM që karakterizohet nga një bus me gjerësi 64-bit. Transmeton të dhënat në fazën rritëse dhe rrënëse të sinjalit të clockut me shpejtësi prej 100 deri në 200MHz, duke rezultuar kështu "bandwidth" maksimal prej 1600 deri në 3200 MBps. DDR SDRAM është kompatibël me procesorët Intel dhe AMD.

5.6.3.3 DDR2 SDRAM

DDR2 është versioni i përmirësuar (versioni 2) i kujtesave DDR, të cilat kanë filluar të dalin në treg në vitin 2003. Sot, ato praktikisht kanë zëvendësuar kujtesat standard DDR.

Dallimi kryesor ndërmjet DDR dhe DDR2 qëndron në faktin se frekuenca e busit është dy herë më e madhe se ajo e qelizave të kujtesës. Kështu në një cikël kujtese mund të transferohen katër fjalë të dhënash. Rrjedhimisht për frekuencë të njëjtë të qelizave të kujtesës, kujtesat DDR2 kanë një debit dy herë më të madh se DDR . Gjithashtu, si pasojë e përmirësimeve teknologjike, frekuenca e kujtesave DDR2 arrin vlerën maksimale 266 MHz. që është më e lartë se DDR RAM. Gjithashtu tensioni i punës është 1.8 volt (në krahasim me 2.5 volt për DDR).

Formula llogaritëse e debitit të kujtesës është kjo:

DDR2 SDRAM bandwidth= (memory clock rate) × 2 (for bus clock multiplier) × 2 (for dual rate) × 64 (bus with) / 8 (number of bits/byte)

Të marrim një shembull.
PC2-5300 = 166 *2*2*64/8 = 5312 MBps.

Vlerat e parametrave që dallojnë kujtesat DDR2 janë grupuar ne tabelën e mëposhtëme.

Tabela 5.11

EMERTIMI	TIPI I DDR2	FREK. REALE	Bus Clock	Data Rate (MT/s)	BANDWIDTH
PC2-3200	DDR2-400	100 MHZ	200 MHZ	400	3200 MBps
PC2-4200	DDR2-533	133 MHZ	266 MHZ	533	4266 MBps
PC2-5300	DDR2-667	166 MHZ	333 MHZ	666	5333 MBps
PC2-6400	DDR2-800	200 MHZ	400 MHZ	800	6400 MBps
PC2-8500	DDR2-1066	266 MHZ	533 MHZ	1066	8533 MBps

Shënim :   Pavarësisht se debiti i kujtesave DDR2 dyfishohet në krahasim me DDR, vonesa e vetë celulave te kujtesës ("latency") është më e madhe se këto të fundit. Kjo ndodh sepse aksesi ne qelizat e kujtesës ndahet në n etapa. Rrjedhimisht kujtesat DDR2 janë më te përshtatshme për transferime me blloqe të mëdhenj të të dhënave, ashtu siç dinë të lexojnë kujtesën procesorët moderëe Intel dhe AMD.

5.6.3.4 DDR3 SDRAM

Eshtë gjenerata e tretë e kujtesave DDR RAM që kanë filluar të komercializohen prej vitit 2007. Në një kujtesë DDR3 frekuenca e busit është katër herë më e madhe se ajo e qelizave të kujtesës. Kështu në një cikël kujtese mund të transferohen tetë fjalë të dhënash. Rrjedhimisht, për frekuencë të njëjtë të qelizave të kujtesës, kujtesat DDR3 kanë një debit dy herë më të madh se DDR2, ose katër herë më të madh se DDR RAM. Përmirësime të tjera të DDR3 në krahasim me DDR2 janë edhe:

• Vonesë e leximit të qelizave të kujtesës më të vogël
• Konsum më i vogël energjie. Kujtesat DDR3 konsumojnë 30 % më pak energji në krahasim me DDR2 sepse tensioni i tyre është vetëm 1.5 volt.

Formula llogaritëse e debitit të kujtesës është kjo:

DDR3 SDRAM bandwidth= (memory clock rate) × 4 (for bus clock multiplier) × 2 (for dual rate) × 64 (bus with) / 8 (number of bits/byte)

Vlerat e parametrave që dallojnë kujtesat DDR3 janë grupuar në tabelën e mëposhtëme.

Tabela 5.12

EMERTIMI	TIPI I DDR2	FREK. REALE	Bus Clock	Data Rate (MT/s)	BANDWIDTH
PC3-6400	DDR3-800	100 MHZ	400 MHZ	800	6400 MBps
PC3-8500	DDR3-1066	133 MHZ	533 MHZ	1066	8533 MBps
PC3-10600	DDR3-1333	166 MHZ	666 MHZ	1333	10666 MBps
PC3-12800	DDR3-1600	200 MHZ	800 MHZ	1600	12800 MBps
PC3-14900	DDR3-1866	233 MHZ	933 MHZ	1866	14933 MBps
PC3-17000	DDR3-2133	266 MHZ	1066 MHz	2133	17066 MBps

5.6.3.5 DDR4 SDRAM

Moduli i parë DDR4 SDRAM u prodhua në janar 2011 nga Samsung. Parashikohet që DDR4 të fillojë të tregtohet në vitin 2012. Data Transfer Rate do të ketë vlera nga 2133 -4266 MT/s. Ndërsa tensioni i punës nga 1.2-1.5 Volt.

Shënim :
Kujtesat DDRx mund të kenë edhe këto veçori:

• **"ECC - Error Code Correction"**. Shtohen bitë suplementarë për të detektuar dhe korrigjuar gabime të mundshme. Këto module kujtese identifikohen nëpërmjet shtesës **ECC** ose **E** në emërtimin e kujtesave. Kështu PC3-6400ECC ose PC3-8500E tregojnë një kujtesë të tillë.

• **"Registered" ose "buffered"**. Nëpërmjet shtimit të një regjistri brenda modulit të kujtesës, sigurohet një "buferizim" ose përmirësim të integritetit të sinjaleve elektrike. Kjo bën që kompjuteri i pajisur me kujtesa "registered" të mbetet i qëndrueshëm edhe pse në të mund të vendosen një numër i madh modulesh DDRx. Këto kujtesa identifikohen me inicialin **R** në emërtimin e moduleve. Kështu PC3-6400R dhe PC3-6400R ECC janë kujtesa DDR3 "registerd" dhe "registered" + ECC, respektivisht. Kujtesat "non-registered" quhen edhe "unbuffered" dhe *mund* të identifikohen me shkronjën **U**="Unbuffered".

• **"Fully buffered"**. Në këtë rast shtohet një AMB (Advanced Memory Buffer) ndërmjet modulit dhe kontrollorit të kujtesës. Fizikisht këto module nuk janë të njëjtë me kujtesat e tjera DDRx, prandaj mund të përdoren në "motherboards" të posaçëm. Këto kujtesa identifikohen me inicialet F ose FB.

• Kujtesat DDRx <u>nuk janë të ndër-zëvendësueshme</u>, dhe të dallueshme nga "notch position" siç paraqitet në figurën këtu poshtë.

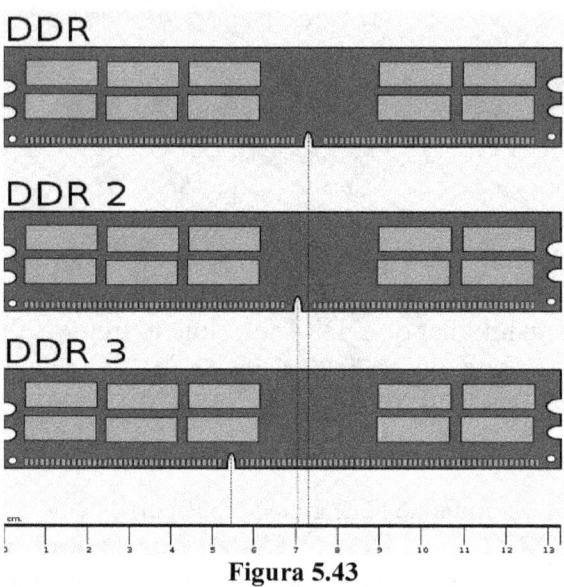

Figura 5.43

KAPITULLI 6

NEN-SISTEMI PERIFERIK
KOMUNIKIMI I NEN-SISTEMIT QENDROR ME
AMBJENTIN E JASHTËM

6.1 Hyrje

Me qëllim që të mund të shfrytëzohet aftësia përpunuese e informacionit të Nën-Sistemit Qendror (NSQ), është e domosdoshme të ekzistojë një ndërfaqe ndërmjet këtij nën-sistemi dhe përdoruesit. Për këtë qëllim shërben Nën-sistemi Periferik (NSP), i cili i furnizon NSQ-së :

- Programin, nëpërmjet të cilit ai i tregon se çfarë duhet të bëjë.
- Të dhënat me të cilat do të operojë ky program.

Nga ana tjetër, NSQ duhet të jetë në gjendje ti komunikojë përdoruesit rezultatet e përpunimit.

Një problem shumë i mprehtë shfaqet menjëherë :

Kompjuteri ofron mundësinë e një përpunimi shumë të shpejtë të informacionit, ndërkohë që njeriu, pra përdoruesi, ja ofron atë me një ritëm të kufizuar. Në këto kushte shtrohet pyetja: a ka kuptim që të realizohet një makinë kaq e shpejtë dhe e shtrenjtë siç është kompjuteri, për ta përdorur me një rendiment jashtëzakonisht të ulët ? Për këtë arsye janë konceptuar dhe ndërtuar pajisje të ndryshme, të cilat komunikojnë me NSQ me një ritëm shumë më të lartë, të cilat quhen pajisje periferike.

Krahas rritjes së shpejtësisë së përpunimit të informacionit nga NSQ është rritur edhe shpejtësia e komunikimit të pajisjeve periferike të një kompjuteri. Kështu historikisht janë shfaqur:

- Lexuesit e kartave të perforuara – shpejtësia maksimale e leximit arrin në 2000 karta në minutë.
- Shiritat magnetikë – mund të lexohen 15.000 – 300.000 karaktere në sekondë.
- Disqe magnetike – shpejtësia e komunikimit është > 1.000.000 karaktere në sekondë.

Shpesh herë, të dhënat origjinale që duhet t'i transmetohen kompjuterit, janë të kuptueshme prej njeriut, por jo prej kompjuterit. (programe, tekste, grafikë etj.). Për këtë arsye është i domosdoshëm, që së pari të kryhet procesi i transformimit të këtyre të dhënave nga pajisje periferike të posaçme dhe më pas transmetimi i informacionit drejt kompjuterit. Ky proces mund të kryhet off-line ose on-line.

Shpesh herë, për të eleminuar procesin e ndërmjetëm të transformimit, përdoren zakonisht dy rrugë:

- Regjistrimi i të dhënave bëhet në formë optike ose magnetike, ndërsa leximi i tyre kryhet me lexues specialë.
- Përdorimi i periferikëve të posaçëm (skaner, lexues optike, etj.) që shërbejnë për transformimin e drejtpërdrejtë të karaktereve që gjenden mbi letër, në informacion të përpunueshëm nga kompjuteri.

6.2 Nën-Sistemi Periferik (NSP)

6.2.1 Funksioni dhe struktura e NSP

NSP realizon dy funksione themelore :

- Transferimin e programeve, të dhënave dhe rezultateve drejt dhe nga kujtesa qëndrore nën kontrollin e CPU, d.m.th. funksionin e komunikimit me ambientin e jashtëm.
- Ruajtjen e informacionit masiv në kujtesa të jashtme. Një nga detyrat më të rëndësishme të sistemit të shfrytëzimit të kompjuterit lidhet drejtpërdrejt me përdorimin, kontrollin dhe ruajtjen e informacionit masiv në NSP.

Hardware i një NSP tipik ndahet në tri nivele:

1.Në nivelin më të ulët, ndodhën pajisjet periferike (device, ang. péripheriques, fr.), të cilat mund të klasifikohen në dy tipe :

- Pajisje hyrje/dalje (I/O devices), të cilat kanë aftësinë e konvertimit të informacionit nga forma e perceptueshme nga njeriu në formë binare të kuptueshme nga kompjuteri dhe anasjelltas. Të tilla janë p.sh. lexues/shkruesit e perfokartave, terminalet, printrat, ploterat, skanerat, etj.
- Pajisje të ruajtjes së informacionit në formë numerike (digitale) sikurse janë p.sh. disqet dhe shiritat magnetikë, CD-ROM, DVD etj.

2.Në nivelin e dytë gjenden njësitë e kontrollit (Control Units, angl. Unité de Commande, Controleur de Peripheriques. fr.). Funksioni themelor i këtyre njësive është të komandojnë një ose disa pajisje periferike të një tipi të caktuar në vartësi të komandave të transmetuara nga NSQ.

3. Në nivelin më të lartë gjenden kanalet (channel ang. unité d'echange, canal, fr.) të cilët realizojnë funksionin e shkëmbimit të informacionit ndërmjet kujtesës qëndrore dhe pajisjeve periferike. Kanalet më të sofistikuar janë të aftë të lexojnë, dekodojnë dhe ekzekutojnë programe të posaçme, të quajtur "programe kanal", të cilët gjenden në kujtesën qëndrore. Një kanal i tillë quhet edhe procesor i hyrje/daljeve.

Në figurën 6.1 paraqitet skematikisht një NSP me tre nivelet e tij.

Duhet të kihet parasysh se organizimi i NSP në tre nivele është një formë e përgjithshme paraqitje, e cila ndeshet kryesisht në kompjuterat e madhësisë mesatare dhe të mëdhenj ("mainframe"). Në rastin e « personal kompjuterave » (PC), ky organizim në shumë aspekte nuk është i vlefshëm, pasi kanalet nuk ekzistojnë, ndërsa periferikët e ndryshëm shpesh ndërfaqësohen me NSQ-në në mënyrë më të thjeshtë duke përdorur vetëm përshtatës (adaptore) të specializuar. Gjithashtu, duhet të kihet parasysh se struktura e NSP ndryshon nga njeri kompjuter në tjetrin. Kështu në një IBM system 360 në një kontrollor periferiku mund të vendosen deri në 8 periferikë, ndërsa në një kanal mund të lidhen deri në 8 kontrollorë periferikësh. Numri maksimal i kanaleve është 6. Pra, në një sistem të tillë mund të vendosen deri në 384 pajisje periferike.

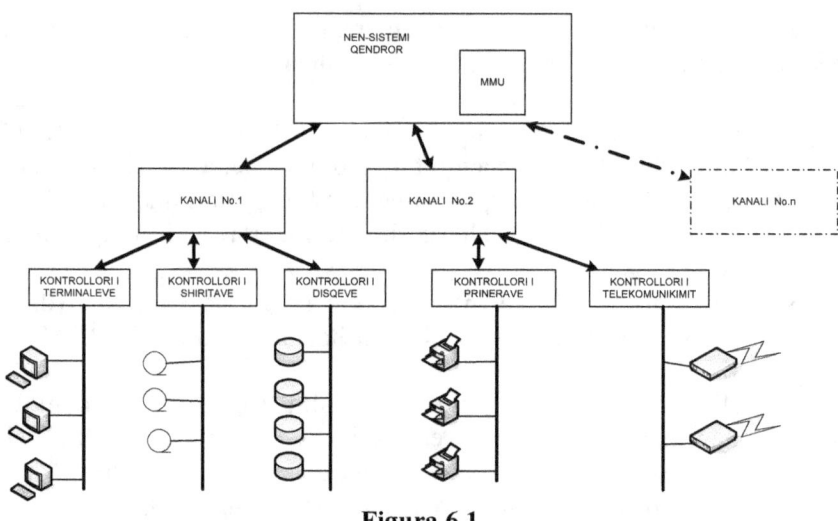

Figura 6.1

6.3 Ndërfaqësimi i pajisjeve përbërëse të një NSP

6.3.1 Parime të përgjithshme

Përkufizim : *Ndërfaqe (Interface ang. enterface fr.) është një organ ose element që ndodhet në kufi të dy sistemeve ose pajisjeve, i cili siguron shkëmbimin e informacionit nga njëra pajisje ose sistem në tjetrin.*

Fizikisht ndërfaqja formohet nge një numër përcjellësish elektrikë. Por nuk mjafton vetëm kaq, pasi është gjithashtu e rëndësishme të specifikohen edhe :

- Natyra dhe madhësia e sinjaleve elektrike që transmetohen në ndërfaqe.
- Forma e sinjaleve.
- Vendosja në kohë ("timing") e sinjaleve të ndërfaqes.

Parimisht përcjellsish elektrikë që përbëjnë ndërfaqen mund të grupohen sipas dy funksioneve:

- Përcjellës të informacionit ose të dhënave, të cilët transmetojnë në paralel ose në seri të dhënat në formë niveli elektrik.
- Përcjellës të komandës dhe sinkronizimit që realizojnë dialogun ndërmjet dy njësive që komunikojnë. Këta percjellës janë përçues të sinjaleve të komandës dhe sinkronizimit.

Skematikisht kjo situatë është paraqitur në figurën e mëposhtme (figura 6.2).

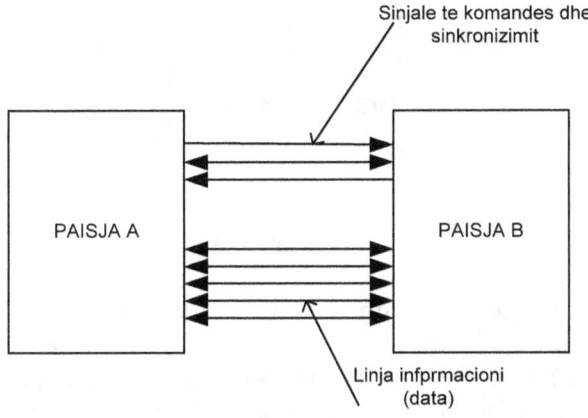

Figura 6.2

Si realizohet transmetimi i të dhënave në një ndërfaqe?

Në përgjithësi, transmetimi i informacionit në një ndërfaqe realizohet në mënyrë asinkrone, pra jo i sinkronizuar nga një sinjal clocku i përbashkët. Kjo për disa arsye, që janë :

1. Ekziston një pavarësi e madhe ndërmjet komponentëve që shkëmbejnë informacion. Kështu p.sh. CPU dhe kanalet ekzekutojnë tipa të ndryshëm programesh dhe ato bashkëveprojnë relativisht rrallë dhe në momente kohë jo të përcaktuara.
2. Shpejtësia e manipulimit të të dhënave nga elementet e ndryshëm të NSP lëviz në kufij shumë të gjerë. Kështu, p.sh. pajisjet periferike funksionojnë me një shpejtësi shumë më të vogël se ajo e kujtesës qëndrore apo CPU. Gjithashtu, edhe vetë pajisjet periferike kanë shpejtësi funksionimi, pra edhe shpejtësi shkëmbimi të informacionit, shumë të ndryshme.
3. Largësia ndërmjet elementeve të ndryshëm të NSP mund të jenë e një madhësie të tillë që të bëjnë të pamundur transmetimin e sinkronizuar të informacionit në ndërfaqen që bashkon këta elementë.

Transmetimi asinkron i informacionit zakonisht realizohet nëpërmjet shkëmbimit të sinjaleve të kontrollit, sipas një teknike që quhet "handshaking" (poignée de main fr.). Kjo teknikë funksionon në këtë mënyrë :

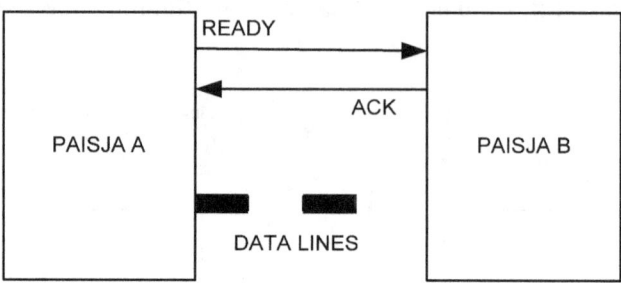

Figura 6.3

Supozojmë se një fjalë informacion (data word) duhet të transmetohet nga pajisja A në pajisjen B (shih fig. 6.3). Për këtë, pajisja A vendos fjalën e të dhënave në përcjellësit e informacionit të ndërfaqes (DATA LINES) dhe i dërgon pajisjes B një sinjal kontrolli (ky sinjal zakonisht quhet "Ready"), për t'i treguar kësaj të fundit prezencën e të dhënave në ndërfaqe. Kur pajisja B detekton sinjalin "Ready", ajo lexon fjalën e të dhënave nga ndërfaqja dhe e vendos atë në një regjistër të saj. Njëkohësisht, pajisja B, aktivizon sinjalin "Acknowledge" (shkurt ACK) për ti treguar pajisjes A se të dhënat u lexuan. Sapo detekton këtë sinjal kontrolli, pajisja A fillon transmetimin e fjalës tjetër të të dhënave. Në këtë mënyrë, nëpërmjet sekuencës së sinjaleve të kontrollit Ready /Acknowledge, e cila shoqëron transmetimin e të dhënave, bëhet i mundur shkëmbimi i të dhënave pavarësisht shpejtësisë së funksionimit të pajisjeve A dhe B. Në figurën e mëposhtme (fig. 6.4) paraqitet sekuenca e sinjaleve në ndërfaqen ndërmjet dy pajisjeve A dhe B.

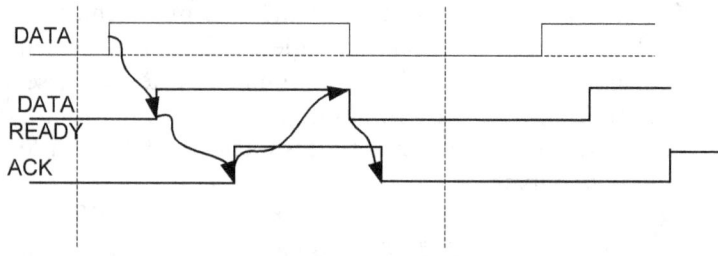

Figura 6.4

Kontrollorët e periferikëve të një tipi të caktuar kanë ndërfaqe të ndryshme nga njeri-tjetri, në vartësi të llojit të periferikut që lidhen në këta kontrollorë. Kështu p.sh. terminalet transmetojnë informacion në seri, ndërsa në shiritat apo disqet magnetike transmetimi kryhet në paralel. Gjithashtu edhe sinjalet e kontrollit në ndërfaqe janë të ndryshëm. Shkurt, periferikët kanë ndërfaqe të ndryshme nga njeri-tjetri. Për më tepër, periferikë të të njëjtit tip, të prodhuar nga konstruktorë të ndryshëm, shpesh kanë gjithashtu ndërfaqe të ndryshme. Megjithatë gjithmonë e më tepër ndërfaqet janë duke u standardizuar. Aktualisht një pjesë e madhe e tyre janë të standardizuara (shikoni paragrafin 6.3.2).

Ndryshe nga periferikët, ndërfaqja që lidh kontrollorët e periferikëve me kanalet, për një sistem të caktuar, është e njëjtë. Prandaj në përgjithësi ajo quhet ndërfaqe hyrje/dalje standard (standart I/O interface).

Të trajtojmë tani një aspekt tjetër të rëndësishëm : mënyrën e lidhjes së pajisjeve të një niveli me pajisjet e nivelit bashkangjitur (p.sh. periferikët me kontrollorin e tyre, kontrollorët e periferikëve me kanalin). Praktikisht ekzistojnë dy mënyra lidhjeje :

1.Nëpërmjet një busi të përbashkët (daisy chainning, shared-bus, ang.) siç paraqitet në figurën 6.5.

Kur aktivizohet sinjali "BUS REQUEST", do të thotë se një ose më shumë pajisje kërkojnë të përdorin busin për të transmetuar të dhëna. Pajisja që ndodhet në nivelin e mësipërm (kontrollor, kanal) përgjigjet nëpërmjet aktivizimit të sinjalit "BUS GRANT", vetëm në rastet kur busi nuk përdoret nga ndonjë pajisje tjetër, d.m.th. kur sinjali "BUS BUSY" nuk është aktiv. Linja e sinjalit "BUS GRANT" kalon në seri nga njëra pajisje në tjetrën, siç paraqitet në figurë. Kur pajisja e parë që ka aktivizuar "BUS REQUEST" detekton sinjalin "BUS GRANT", ajo bllokon përhapjen e mëtejshme të këtij sinjali, aktivizon sinjalin "BUS BUSY", për të treguar se busi është i zënë, dhe fillon shfrytëzimin "DATA BUS" për transmetimin e të dhënave. Pajisjet që nuk kanë aktivizuar sinjalin "BUS REQUEST" e përcjellin sinjalin "BUS GRANT" në pajisjen pasuese. Kështu p.sh. në qoftë se dy pajisje kanë kërkuar njëkohësisht përdorimin e busit, atëherë vetëm ajo pajisje që kap e para sinjalin "BUS GRANT" fiton të drejtën e shfrytëzimit të busit. Pra, sipas këtij parimi, prioriteti i përdorimit të busit nga pajisjet përcaktohet nga renditja sipas së cilës këto pajisje lidhen në linjën "BUS GRANT".

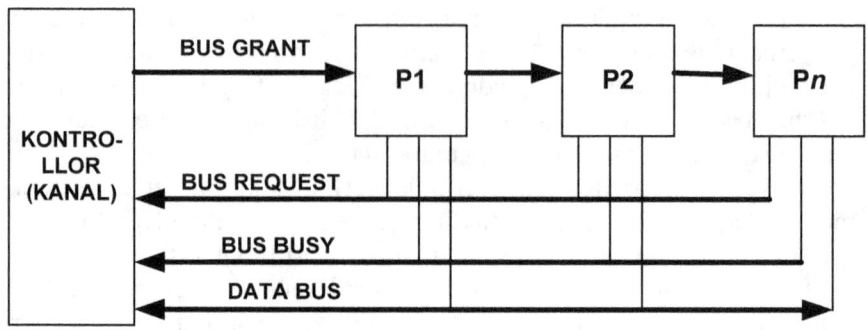

Figura 6.5

Sipas kësaj teknike, në një moment kohë të caktuar, vetëm njëra nga pajisjet mund të transmetoje të dhëna.

2. Mënyra tjetër e lidhjes së pajisjeve është në formë ylli, sikurse paraqitet në figurën 6.6.

Një nga përparësitë e kësaj mënyre lidhje e përbën fakti se në rastin e një kanali inteligjent (procesor hyrje/dalje) është e mundur që në një moment kohë të caktuar disa kontrollorë të mund të shkëmbejnë të dhëna njëkohësisht me kanalin. Kjo është arsyeja përse në sistemet e sotëm përdoret kryesisht kjo mënyrë komunikimi ndërmjet pajisjeve të niveleve të ndryshme të NSP.

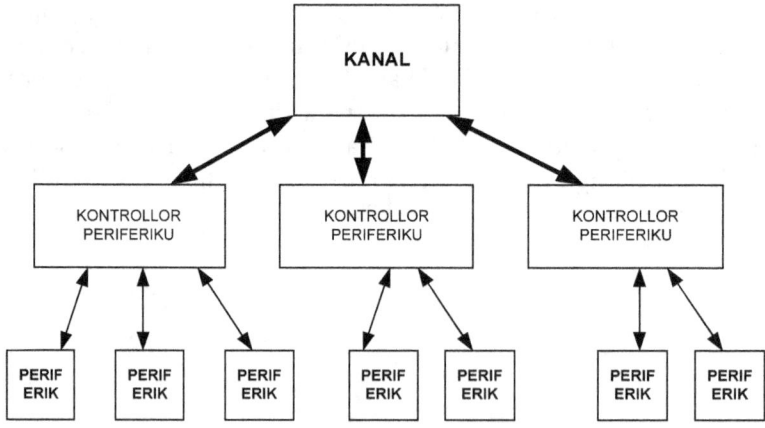

Figura 6.6

6.3.2 Ndërfaqja ose Busi SCSI

Për të ilustruar karakteristikat e një ndërfaqeje, në këtë paragraf do të analizojmë busin SCSI.

Qe prej vitit 1986, për komunikimin e periferikëve të ndryshëm, përdoret masivisht busi **SCSI (Small Computer System Interface),** i cili është një standart i njohur prej organizmave të standardizimit europiane dhe amerikane (ANSI). Në origjinë të këtij busi qëndron ndërfaqja SASI (Shugart Associates System Interface). Në figurën 6.7 paraqitet arkitektura e një sistemi kompjuterik, i cili ka në përbërje të tij busin SCSI.

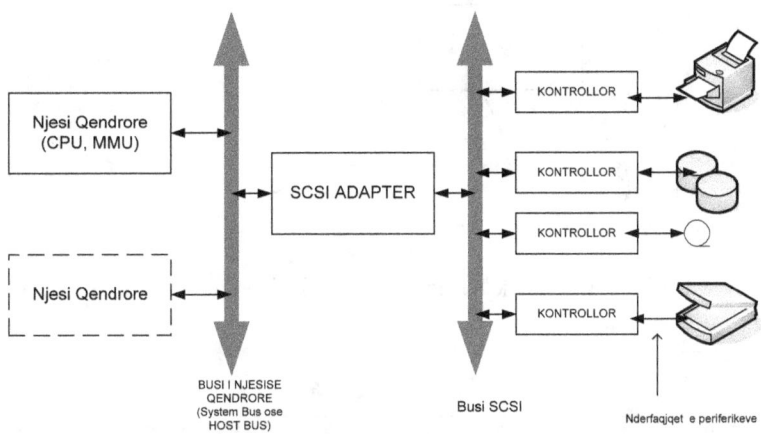

Figura 6.7

Siç shihet edhe nga kjo figurë, busi SCSI është një "shared-bus" (shih figurën 6.5 dhe 3.12), qëllimi i të cilit është që nëpërmjet tij të mund të lidhen me NSQ, nëpërmjet një ndërfaqe standarde, një shumëllojshmëri e madhe periferikësh si p.sh. disqe magnetikë dhe optikë, printera, shirita magnetikë, RAID (Redoundant Arrays of Indipendent Disks), skanera etj.

Karakteristika të hardware të bustit SCSI.

Më poshtë janë renditur disa nga aspektet hardware kryesore të busit SCSI origjinal (SCSI 1).

1. Konektori i SCSI përbëhet nga 50 kontakte elektrikë.
2. Gjatësia maksimale e kabllit bashkues është 6 metra.
3. Transmetimi i të dhënave kryhet në paralel me byte (8 bite). Transmetimi kryhet nën kontrollin e dy sinjaleve REQ dha ACK. Sekuenca e dialogut nëpërmjet këtyre dy sinjaleve paraqitet në figurën 6.8. Në përgjithësi sinjali REQ aktivizohet nga shenja për të kërkuar

aktivizimin e busit të të dhënave nga iniciatori (shih paragrafin "Karakteristika software të busit SCSI").

Sinjali ACK tregon aktivizimin e busit të të dhënave prej iniciatorit. Pra, kemi të bëjmë me një rast të përdorimit të teknikës "handshaking".

4. Shpejtësia e transmetimit është 2.5 Mbytes/sek. për transmetim asinkron dhe 5 Mbytes/sek. kur transmetimi kryhet sinkron.

5. Numri maksimal i njësive periferike që mund të vendosen në bus është 8 (duke përfshirë edhe vetë adaptorin SCSI).

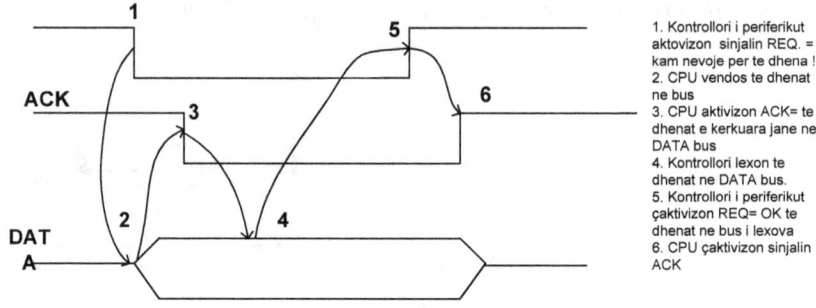

Figura 6.8

Me kalimin e kohës, ky bus komunikimi është përsosur vazhdimisht, siç paraqitet në tabelën 6.1.

Tabela 6.1

Standarded SCSI	Numri i paisjve qe suportohen	Gjatësia max. e kabllit	Shpejtësia e Bus-it	Numri i "Data Lines"	Maksimun Data Transfer Rate
SCSI1 (Narrow SCSI)	8	6 m.	5 MHz	8	5 MB/s
Fast SCSI	8	3 m.	10 Mhz	8	10 MB/s
SCSI2	8	3 m.	5 MHz	8	5 MB/s
Fast/Wide SCSI2	16	3 m.	10 MHz	16	20 MB/s
Ultra SCSI	8	1.5 m.	20 MHz	8	20 MB/s
Ultra/Wide SCSI	16	1.5 m.	20 MHz	16	40 MB/s
Ultra2 SCSI (LVD)	16	12 m.	40 MHz	16	80 MB/s
Ultra3/Ultra 160 SCSI	16	12 m.	80 MHz	16	160 MB/s
Ultra 320	16	12 m.	160 MHz (80 MHs DDR)	16	320 MB/s
Ultra 640	16	12 m.	320 Mhz (80 MHz QDR)	16	640 MB/s

Karakteristika software të busit SCSI.

Ky aspekt i busit SCSI përcakton kryesisht protokollin e komunikimit ndërmjet njësisë iniciatorë dhe "shenjës". Protokolli integrohet në sistemin e shfrytëzimit të kompjuterit.

Busi SCSI përdor dy koncepte :

1. Koncepti i iniciatorit (initiator, angl. initiateur, fr.), i cili është elementi që dërgon komanda.
2. Koncepti i shenjës (target, angl. cible, fr.), që është elementi që merr këtë komandë dhe zbaton ekzekutimin e saj.

Në një moment kohë të caktuar mund të kryhet vetëm një komunikim ndërmjet iniciatorit dhe shenjës, pra praktikisht ndërmjet dy pajisjeve. Komunikimi kryhet nëpërmjet një protokolli komunikimi, që shtrihet në kohë në mënyrë të përcaktuar saktë dhe që quhen "bus phases".
Protokolli i komunikimit përbëhet nga :

- Komanda, që duhen konsideruar si instruksione që iniciatori dërgon drejt shenjës. Ato kanë gjatësi 6 ose 10 byte.
- Mesazhe, që në përgjithësi transmetohen nga shenja për të treguar gjendjen (statuset) në përfundim të ekzekutimit të një komande, ose për të sinjalizuar një gabim në ekzekutimin e saj (p.sh. gabim në shkrim).

Kjo bashkësi komandash/mesazhesh është shumë e pasur, gjë e cila ka bërë që busi SCSI të jetë universal dhe i suksesshëm.

Sekuenca e "bus phases" është si më poshtë :
- **Arbitration phase** – Iniciatori merr kontrollin e busit SCSI.
- **Selection phase** – Iniciatori përzgjedh një pajisje për komunikim.
- **Message phase** – Shkëmbehen mesazhe, të cilat përcaktojnë parametrat për procedurat e shkëmbimit të të dhënave.
- **Command phase** – Iniciatori dërgon një komande. Në vartësi të llojit të komandës, për të optimizuar përdorimin e busit, shenja detyron busin të kalojë në "disconnect phase" e pasuar kjo nga "reselection phase", në momentin kur shenja është gati të realizojë veprimin.
- **Data phase** – Transferohen të dhënat ndërmjet shenjës dhe iniciatorit.
- **Status phase** – Dërgohet gjendja (satus) e operacionit të fundit.

Shënim : Ekzistojnë dy forma të shfrytëzimit të busit SCSI, që janë :

1. SCSI i thjeshtë (Simple SCSI) – Që nga momenti që një iniciator dhe një shenjë vendosin komunikimin, busi SCSI nuk mund të përdoret nga asnjë njësi tjetër, deri në përfundim të ekzekutimit të komandës.
2. SCSI i plotë (Full SCSI)- Në këtë rast busi lirohet, pra mund të përdoret nga njësi të tjera, sapo komanda ti përcillet shenjës (shikoni me kujdes "command phase").

6.4 Mënyrat ose teknikat e realizimit të hyrje/daljeve

Ashtu sikurse theksuam edhe në fillim të këtij kapitulli, për realizimin e dy funksioneve të tij kryesore NSP komunikon me kujtesën qëndrore edhe me regjistrat e CPU, të cilat bëjnë pjesë në NSQ. Në vartësi et faktit se si realizohet ky komunikim do të varet në një masë të madhe edhe efikasiteti i shfrytëzimit të njësisë qëndrore.

Problemi themelor që ndeshet për realizimin e komunikimit NSP ←> NSQ rrjedh nga ndryshimi i theksuar ndërmjet shpejtësive të ekzekutimit të instruksioneve të programit nga NSQ, nga njëra anë, dhe ritmit të ulët të transferimit të të dhënave, i cili kufizohet nga pajisjet periferike, nga ana tjetër. Ky fakt do të thotë, me fjalë të tjera, që informacionet do të transmetohen p.sh. drejt një shirit magnetik më shpejt se sa ai të mund ti regjistrojë ato. Për pasojë, do të rezultojë një humbje e të dhënave që regjistrohen në shirit, ose anasjelltas, apo që NSQ nuk do të këtë të dhënat në dispozicion në momentin që ato do ti nevojiten.

Kjo situatë imponon nevojën e sinkronizimit të veprimeve ndërmjet këtyre dy nën-sistemeve. Kjo do të thotë që NSQ të transmetojë një karakter vetëm kur periferiku të mund ta pranojë atë, ose anasjelltas, që karakteret të transmetohen drejt NSQ me ritmin e periferikut. Për këtë qëllim janë përpunuar teknika të ndryshme, të cilat realizojnë këtë sinkronizim dhe që quhen teknika të hyrje/daljeve.

Të paraqitura në formë kronologjike, pra ashtu siç janë aplikuar ato historikisht në sistemet kompjuterikë, këto teknika janë :

1. **Teknika me bllokim.**
2. **Teknika me testim të gjendjes.**
3. **Teknika me ndërprerje (interruption) të programit.**
4. **Teknika DMA (Direct Memory Access).**
5. **Teknika me ekzekutim automatik të shkëmbimit të informacionit ose shkurt procesor të hyrje/daljeve.**

Thelbësorja që dallon njërën teknikë nga një tjetër është shkalla e ndërhyrjes së CPU në realizimin e operacioneve të hyrje/daljes. Tendenca është që CPU të okupohet ose implikohet sa më pak në një operacion hyrje/dalje, pra që të kërkohet ekzekutimi i njëkohshëm ose në paralel i një programi dhe një operacioni hyrje/dalje. Kështu, shkalla e pavarësisë në ekzekutimin e programeve nga NSQ dhe të një operacioni hyrje/dalje nga NSP vjen duke u rritur nga njëra teknikë në tjetrën.

Me poshtë do të analizojmë me hollësi secilën nga këtë teknika. Në këtë mënyrë ju do të mund të fitoni koncepte të rëndësishme, që janë të aplikueshme për çfarëdo lloj kompjuteri, pavarësisht nga përmasat e tij dhe teknologjisë se përdorur..

6.5 Teknika me bllokim
(delay execution, ang. mode bloqué, fr.)

Eshtë teknika e parë e përdorur për realizimin e operacioneve të hyrje/daljeve. Një operacion i tillë do të realizohet sipas mënyrës me bllokim, në rastin kur ekzekutimi i një instruksion hyrje/dalje (instruksion transferimi të informacionit) do të bllokohet (vonohet) deri në momentin kur periferiku përkatës të jetë i gatshëm të kryejë operacionin e kërkuar. Praktikisht kjo realizohet duke testuar gjendjen e periferikut. Kështu n.q.s. ky i fundit është gati, shkëmbimi i informacionit realizohet duke ekzekutuar një instruksion të hyrje/daljes të transferimit të të dhënave. N.q.s. periferiku nuk është i gatshëm, atëherë programi që po ekzekutohet, mbetet në një cikël ku testohet gjendja e tij, derisa periferiku të ndryshojë gjendje, pra ai të jetë i gatshëm të presë ose të dërgojë të dhëna. Ky proces përsëritet për çdo fjalë informacioni që transferohet. Me fjalë të tjera, metoda që përdoret për sinkronizimin e dy nën-sistemeve është ajo e **vonimit të CPU me qëllim që ai të punojë me ritmin e periferikut.**

Ja disa nga të metat e kësaj teknike .

1. Ngadalëson shumë funksionimin e CPU me qëllim që ai të mund të sinkronizohet me NSP.
2. Pamundësia e punës së njëkohshme me më shumë se një periferik.
3. Pamundësia e rikuperimit në rastin e një gabimi që mund të ndodhë gjatë një operacioni të hyrje/daljes. Për këtë, le të marrim një shembull: Supozojmë se një program përmban instruksione hyrje/dalje që kryejnë transferimin e një blloku me 100 fjalë të dhëna nga periferiku në kujtesën qëndrore. N.q.s. blloku i të dhënave për arsye të ndryshme, që mund të jetë p.sh. një gabim në transmetim, do të përbëhet vetëm nga 98 fjalë, atëherë CPU do të presë pafundësisht për të dhënat që nuk do të mbërrijnë kurrë.

Avantazhi i vetëm i kësaj teknike është fakti se ajo nuk kërkon hardware shtesë, por mund të realizohet vetëm me anë të programimit. Prandaj, ajo mund të aplikohet në çfarëdo lloj kompjuteri. Megjithatë praktikisht kjo teknikë është përdorur dikur në fillimet e kompjuterave elektronikë si dhe në sistemet e vegjël dhe me shpejtësi të ulët, ku kosto e hardwar-it duhet të jetë minimale (p.sh. në sistemet me mikroprocesorë me 8 bite).

Shembull 1.

Nëpërmjet programit të mëposhtëm, i cili përdor teknikën me bllokim, nga pajisja periferike lexohen 100 fjalë të dhëna, të cilat vendosen në kujtesë.

```
STA  SAVE          ;ruaj akumulatorin në adresën SAVE
LXI  99            ;vendos në reg. e indexit vlerën 99 (IXR=99)
CND 21             ; lidhu me periferikun no.21

TEST     SKP       ; if perif. No. 21 është gati, then kerce në
                   ; instruksion tjetër
UNB -1             ;jump i pakushtezuar në instr. Paraardhes
READ               ; vendos një fjalë të dhënash në akumulator
STA,X,DATA         ;AC → DATA+IXR
DEC X              ; dekremento regjistrin e indexit IXR
BXP TEST           ; if IXR >=0, then  jump to TEST
DCD                ; else shkeput (disconnect) periferikun
```

Disa shpjegime rreth shembullit 1.

- Pajisja nga e cila do të lexohen të dhënat është koduar me numrin 21. Kjo përcaktohet nga hardware i kompjuterit.
- Nëpërmjet instruksionit SKP (skip=kërce) kërcehet pas instruksionit pasues, n.q.s. periferiku sinjalizon se është gati të transferojë të dhëna. Në të kundërt, ekzekutohet instruksioni pasues. Në këtë mënyrë, në ciklin e përbërë nga dy instruksione SKP dhe UNB -1, CPU do të presë deri sa pajisja periferike no.21 të jetë gati për transferimin e të dhënave.
- Duke inicializuar regjistrin e indexit (IXR) me vlerën 99, bëhet e mundur leximi i një blloku me 100 fjalë të dhëna.
- Fjala e parë me të dhëna vendoset në kujtesën qëndrore në adresën DATA+99, ndërsa fjala e fundit në adresën DATA.

Shembull 2.
Program në asembler të mikroprocesorëve iX86 për sistemin operativ MS/DOS.
Programi teston vazhdimisht tastierën në se është shtypur taste dhe realizon afishimin në ekran të shkronjës së shtypur.

```
fillim :          mov  ah, 0Bh         ; testim i tastieres
                  int  21h
                  test al,0            ; eshte shtypur taste ?
                  jz   vazhdim         ; po : lexo tastieren
                  jmp  fillim          ; jo : tsto perseri

vazhdim :         mov  ah, 08h         ; lexim i tastiers pa "echo"
                  int  21h
                  cmp  al, 1Bh         ; eshte shtypur tasta "escape"
                  jz   dalje           ; po : ktheu ne MS/DOS

                  mov  dl,al           ; jo afisho karakterin
                  mov  ah, 02h         ; thirrja e rutines se afishimit
                  int  21 h
                  jmp  fillim

dalje             proc near            ; procedura standarte e kthimit ne
                  mov  ah,4ch          ; sistmin operativ MS/DOS
                  mov  al,0
                  int  21h
```

Disa sqarime rreth shembullit 2.

- Për testimin, leximin e tastierës dhe afishimin në ekran përdoren "system calls" që aktivizohen nëpërmjet instruksionit **int 21 h**.
- Funksioni 0Bh (testimi i tastierës) ofron këto përgjigje :

  o AL= OFFh (prezencë karakteri)
  o AL=0 (mungesë karakteri)

6.6 Teknika me testim të gjendjes
(status technique, pooling technique ang. mode par test d'état fr.)

Duke ju referuar teknikës së mësipërme, do të ishte më racionale që CPU të mos bllokohet në testimin e gatishmërisë së periferikut, por shkëmbimi i një fjalë informacioni të bëhet vetëm kur ai (periferiku pra) të jetë gati të ekzekutojë këtë shkëmbim. Parimisht kjo realizohet në këtë mënyrë:

Në programin kryesor, sipas rastit, në mënyrë periodike ose joperiodike, testohet gjendja e pajisjeve periferike që bëjnë pjesë në sistem. N.q.s. pajisja që testohet nuk ka informacion për të transmetuar, ose nuk është gati të presë informacion, atëherë programi vazhdon ekzekutimin e tij normal. Në rast të kundërt, nga programi kryesor kërcehet në një nën-program, i cili merr përsipër shkëmbimin e informacionit me pajisjen periferike. Pas përfundimit të operacionit të hyrje/daljes kalohet në programit kryesor menjëherë pas instruksionit të testit të gjendjes së periferikut.

Përparësitë e teknikes me testim të gjendjes

• Përparësi e kësaj teknike krahasuar me atë me bllokim është mundësia e ekzekutimit të operacionit hyrje /dalje vetëm pasi pajisja periferike të këtë bërë një kërkesë për një shërbim nga NSQ. Në këtë mënyrë pra, eliminohet koha e panevojshme e pritjes.

• Aftësia e rikuperimit në rastin e një gabimi që mund të ndodhë gjatë operacionit të hyrje /daljes. Ashtu siç do të sqarojmë pak më poshtë, ekziston mundësia që në një grup bitësh të quajtur"STATUS CODE CONDITIONS", shkurt "STATUS", të kodohen gjendje të ndryshme të periferikut. Kështu, një nga këto gjendje është p.sh. edhe "operacioni hyrje/dalje përfundoi" ("operation completed"). Kështu n.q.s. në program parashikohet të transferohen 100 fjalë informacion dhe pasi transferohen vetëm 98 fjalë, periferiku ndryshon "STATUS"-in" e tij në "operacioni hyrje/dalje përfundoi", atëherë kuptohet se ka ndodhur një gabim gjatë transferimit të informacionit. Për këtë arsye kalohet në një rutine të korrigjimit të gabimit ("error correction routine"), gjatë së cilës p.sh. mund të analizohen shkaqet e gabimit dhe n.q.s. është e mundur të përsëritet transferimi i informacionit. Në këtë mënyrë pra, do të evitohet bllokimi i kompjuterit në një rast gabimi që mund të ndodhë gjatë transferimit të informacionit nga ose drejt periferikëve të ndryshëm.

Të metat e teknikes me testim të gjendjes

• Gjendja (STATUS-i) e periferikëve duhet të testohet periodikisht . Për pasojë do të rezultojë humbje kohe e CPU-së.

• Nuk mund të parashikohet se kur gjendja (STATUS-i) e një periferiku do të ndryshojë dhe kur me saktësi programi kryesor do të kërcejë në rutinën e hyrje /daljes. Eshtë e qartë që një periferik i sistemit mund të ndryshojë gjendjen e tij, pra të këtë nevojë për shërbim nga ana e CPU, në një moment kohë të çfarëdoshëm ndërmjet dy testimeve të njëpasnjëshme të periferikut në programin kryesor.

Këto ishin disa aspekte të përgjithshme të teknikës me testim të gjendjes. Mënyra se si realizohet ajo praktikisht është specifikë e kompjuterit. Për këtë qëllim, më poshtë do të trajtojmë dy shembuj, të cilët janë karakteristikë respektivisht për kompjuterat e mëdhenj e mesatarë dhe mikro-kompjuterat. (PC).

Shembull 1.

Rasti tipik i një kompjuteri është paraqitur skematikisht në figurën e mëposhtme.

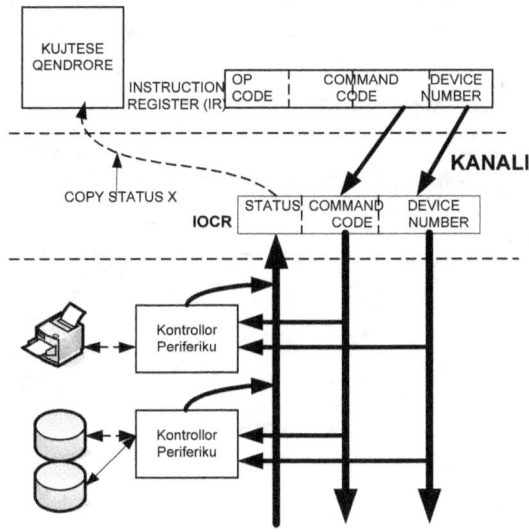

Figura 6.9

Gjendjet e ndryshme të pajisjeve periferike kodohen me një grup bitësh, të cilët në formë të përgjithshme quhen "STATUS CODE CONDITIONS", shkurt "STATUS". Këto gjendje mund të jenë : gati (READY), "jo në gjendje punë (NOT READY), operacioni hyrje /dalje përfundoi (OPERATION COMPLETED), gabim gjatë transmetimit (TRANSFERT ERROR) etj, etj. Në këto kushte është e domosdoshme që ky "STATUS" të lexohet prej periferikut përkatës dhe të vendoset në kujtesën qëndrore. Për këtë qëllim në programin kryesor nevojiten dy instruksione, të cilat janë të specializuar për hyrje /daljet si më poshtë :

STATUS REQUEST Y - lejon që "STATUS-I" i periferikut të përzgjedhur (Device Number) të vendoset në regjistrin IOCR (Input/Outout Control Register).

COPY STATUS X – Transferon përmbajtjen e STATUS-it në IOCR në qelizën X të kujtesës qëndrore.

Në programin kryesor, duke testuar qelizën X të kujtesës, përcaktohet se çfarë ka ndodhur me pajisjen periferike dhe në bazë të kësaj kalohet ose jo në nën-programin përkatës, i cili realizon veprimet e nevojshme të hyrje/daljeve. Kjo situatë është paraqitur skematikisht këtu më poshtë.

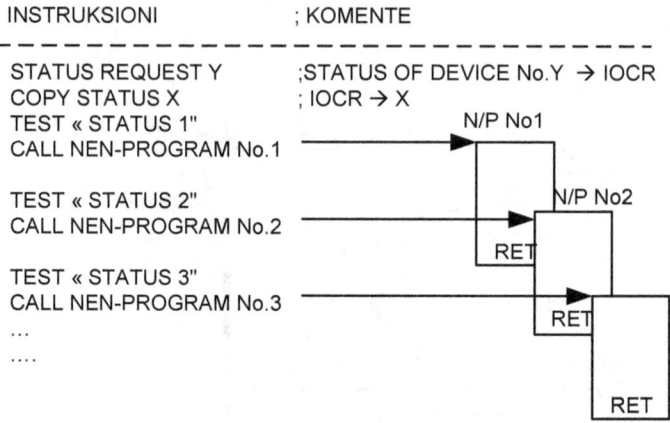

Figura 6.10

Shembulli 2.

Në figurën e mëposhtme paraqitet rasti tipik i ndërfaqësimit të një periferiku në një sistem me mikroprocesorë.

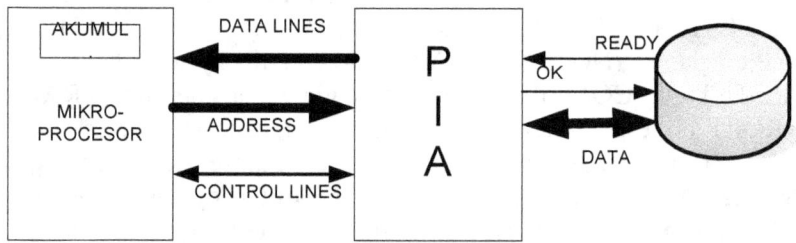

Figura 6.11

Për ndërfaqësimin e periferikut me mikroprocesorin (μP) është përdorur komponenti që quhet PIA (Parallel Interface Adapter). Në vija të përgjithshme PIA përbëhet nga katër regjistra nëpërmjet të cilëve kontrollohet mënyra e funksionimit të këtij komponenti.

Le të shohim se si realizohet transmetimi i të dhënave nga mikroprocesori drejt periferikut :

- Nëpërmjet instruksionit OUT addr 1, të dhënat transferohen nga akumulatori i mikroprocesorit në një regjistër tampon të të dhënave të PIA-s, adresa e të cilit është addr 1.
- Ky fakt bën që sinjali OK i ndërfaqes PIA-Periferik të aktivizohet, duke treguar se të dhënat janë gati për t'u lexuar.
- Nëpërmjet linjave DATA të ndërfaqes PIA-Periferk, periferiku lexon të dhënat nga regjistri tampon i PIA-s, dhe i përpunon ato. Kur mbaron përpunimi (p.sh. shkruan karakteret në letër në rastin e një printeri apo regjistron të dhënat në sipërfaqen magnetike në rastin e një disku magnetik), pra kur periferiku është gati të lexojë të dhëna të tjera, ai aktivizon sinjalin READY, i cili memorizohet në një bit të regjistrit CR (Control Register) të PIA-s.
- Nëpërmjet instruksionit IN addr 2, mikroprocesori lexon në akumulator përmbajtjen e regjistrit CR, adresa e të cilit është addr 2. N.q.s. biti "READY" i këtij regjistri është "1", ai kalon në rutinën e transmetimit të karaktereve të tjerë drejt periferikut. Në rast të kundërt, pra kur transmetimi i fjalës së mëparshme drejt periferikut nuk ka përfunduar, atëherë mikroprocesori vazhdon ekzekutimin e programit kryesor.

Nëpërmjet këtij shembulli të thjeshtë konkretizohen tre koncepte të rëndësishme që kemi parë deri tani :

1. Procedura e komunikimit "handshake" për shkëmbimin e të dhënave në ndërfaqe (sinjalet READY dhe OK).
2. Teknika me testim të gjendjes : leximi dhe testimi i regjistrit CR të PIA-s.
3. Mikroprocesori komunikon me PIA-n me shpejtësinë e busit të të dhënave të ndërfaqes µP-PIA. Nga ana e tij PIA transmeton të dhënat me ritmin e periferikut. Pra, në fund të fundit komponenti PIA mund të konsiderohet si një përshtatës (adaptor) ndërmjet dy shpejtësive : shpejtësisë së lartë të komunikimit të mikroprocesorit dhe shpejtësisë së ulët të funksionimit të periferikut.

Shënim : nga ky shembull vihet re gjithashtu se Ndërfaqësimi i periferikëve në rastin e një mikroprocesori ndryshon mjaft nga skema e përgjithshme e trajtuar në paragrafin 6.2.1 (figura 6.1).

6.7 Teknika e ndërprerjeve
(Interrupt technique, ang. Mode interruption, fr.)

Teknika me testim të gjendjes ka dy të meta kryesore :
1. Ritmi i transmetimit të të dhënave me pajisjet periferike, ose ndryshe shpejtësia e operacioneve hyrje/dalje kufizohet nga shpejtësia me të cilën

CPU mund të testojë dhe t'u shërbejë pajisjeve periferike. Kështu ndërmjet momentit që një periferik kërkon një shërbim nga CPU dhe kohës kur ky periferik testohet nga CPU ekziston një vonesë. N.q.s. sistemi do të përbëhej nga shumë periferikë, atëherë ata do të testoheshin relativisht më rrallë, rrjedhimisht kjo vonesë do të rritej.

2. Koha që CPU shpenzon për testimin e periferikëve dhe ekzekutimin e transferimit e të dhënave, mund të shpenzohej në mënyrë më efektive prej CPU-së.

Me qëllim që të rritet shpejtësia e operacioneve hyrje/dalje dhe të zvogëlohet roli i CPU-së në to, përdoret teknika e ndërprerjeve.

Ideja e përdorimit të ndërprerjeve është e thjeshtë :

CPU të lirohet nga vrojtimi periodik i periferikëve dhe janë këta të fundit që të ndërpresin punën e CPU për t'i treguar atij se kanë diçka që duhet trajtuar me prioritet.

Përkufizim : Termi ndërprerje (interruption) përdoret për të treguar çdo ndodhi të rrallë ose jo të zakonshme, e cila bën që CPU të zhvendosë përkohësisht kontrollin nga programi që po ekzekutohej (programi korrent) për të kaluar në një program tjetër, i cili i shërben ndodhisë.

Pra siç vihet re, fusha e aplikimit të teknikës së ndërprerjeve është më e gjerë se ajo e komunikimit NSQ – NSP. Ndërprerjet mund të gjenerohen nga shumë lloj burimesh, që ndodhen brenda dhe jashtë CPU. Kështu burime të jashtme ndërprerjesh janë :

1. NSP – sa herë që një pajisje periferike ndryshon gjendjen e saj.
2. Gabime të shkaktuara nga hardware (gabim pariteti, defekt në kujtesën qëndrore etj.)
3. Gabime të shkaktuara nga software, si p.sh. tejkalim të kapacitetit ("overflow"), adresë e gabuar në kujtesë, etj.

Ndërprerjet që gjenerohen nga brenda CPU-së quhen *"traps"* dhe mund të ndodhin si pasojë e gabimeve në programim si p.sh. pjestim me zero, tentativë për të ekzekutuar një instruksion të privilegjuar kur CPU nuk gjendet në një gjendje të privilegjuar (gjendje e sistemit të shfrytëzimit) etj.

Me poshtë do të trajtojmë në vija të përgjithshme si realizohet teknika e ndërprerjeve.

Në përgjithësi, metoda që përdoret për ndërprerjen e punës së CPU-së është nëpërmjet aktivizimit të një linje ose sinjali të posaçëm (interrupt request), e cila bashkon burimin që gjeneron ndërprerjen me CPU-në. Ky sinjal ndërprerje memorizohet në një regjistër të CPU, i cili testohet periodikisht nga CPU në fund të ekzekutimit të çdo instruksioni. Ndaj kësaj ndërprerje, CPU reagon në këtë mënyrë :

1. Përcakton burimin e ndërprerjes. Mënyrat që përdoren për këtë qëllim do të trajtohen veçanërisht më poshtë.

2. CPU lexon adresën në kujtesën qëndrore, ku gjendet programi që duhet të ekzekutohet. Eshtë e qartë se ndërprerjet me origjinë të ndryshme do të kërkojnë që të ekzekutohen programe të ndryshme.

3. Përmbajtja e numëruesit të programit (PC) dhe të disa të regjistrave të CPU ruhen në stivë, ashtu siç veprohet në rastin e një nën-programi. PC dhe këta regjistra të CPU përbëjnë atë që quhet konteksti i programit.

4. Numëruesi i programit (PC) ngarkohet me adresën e fillimit të programit që i shërben ndërprerjes. Ekzekutimi i këtij programi do të vazhdojë deri në një instruksion kthimi ("return"), i cili bën që CPU të kalojë në kontrollin e programit që u ndërpre (programi kryesor).

Trajtimi i mësipërm i teknikës së ndërprerjeve është i përgjithshëm. Ai nuk i përgjigjet rasteve të tilla si p.sh. paraqitja e njëkohshme e dy ndërprerjeve, lejimi apo bllokimi i ndërprerjeve etj. Këto aspekte do të trajtohen në paragrafët e mëposhtëm.

Cilat janë përparësitë dhe të metat e teknikes së ndërprerjeve?

Përparësitë :

1. Nuk është e nevojshme të testohen periodikisht periferikët për të parë në se ata janë gati të shkëmbejnë informacion. Pra, efektiviteti i shfrytëzimit të CPU është më i lartë se në rastin e teknikës me testim të gjendjes.

2. Eshtë e mundur të bëhet rikuperimi në rastin e një gabimi gjatë transmetimit të të dhënave. Kështu, në se gjatë shkëmbimit të të dhënave kontrollori i periferikut detekton një gabim, ose një funksionim jo të rregullt, atëherë ai gjeneron një sinjal ndërprerje të veçantë, i cili provokon ekzekutimin e një nën-programi specifik që interpreton dhe në se është e mundur, korrigjon gabimet.

Të metat :

1. Kërkon hardware suplementar, sidomos kur nevojitet të bëhet edhe administrimi i prioritetit të ndërprerjeve.

2. Çdo ndërprerje shoqërohet me një kohë suplementare të përpunimit të saj (overhead, ang.), pasi si në rastin e marrjes parasysh ashtu edhe në përfundim të përpunimit të ndërprerjes nevojiten

operacione të ruajtjes dhe restaurimit të kontekstit të programit të ndërprerë.

Në figurën e mëposhtme (fig. 6.12) paraqitet në mënyrë të thjeshtuar hardware i një sistemi që përdor tekniken e ndërprerjeve.

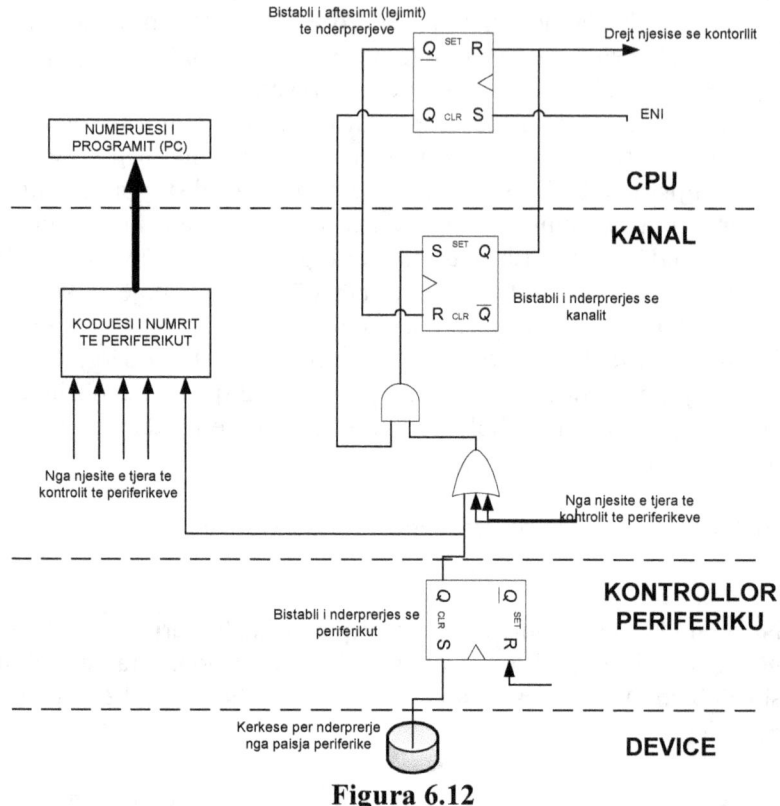

Figura 6.12

Çdo pajisje periferike lidhet me bistablin e saj brenda kontrollorit të periferikut përkatës. Kanali nga ana e tij, është gjithashtu i pajisur me një bistabël, i cili u shërben të gjithë kontrollorëve, pra pajisjeve, që lidhen në këtë kanal. Ky bistabël do të aktivizohet kur bistabli i aftësimit të ndërprerjes që ndodhet në CPU është aftësuar prej sinjalit ENI (Enable Interrupt). Sinjali i ndërprerjes i gjeneruar nga bistabli i kanalit do të bëjë që në fund të instruksionit që ekzekutohet, CPU të transferojë kontrollin e saj në nën-prorgarmin e hyrje/daljeve për ti shërbyer periferikut që gjeneroi ndërprerjen. Kjo realizohet nëpërmjet koduesit të numrit të periferikut, i cili gjeneron një numër binar, që i korrespondon adresës së nën-programit që trajton periferikun nga ku lindi ndërprerja.

Me poshtë do të trajtojmë një shembull programimi, i cili përdor hardwar-in e paraqitur në figurën e mësipërme (figura 6.12).

Adresa në kujtesë	Përmbajtja	Komente
0	0	

*

*

*

15 UNB INT_RUTINE   ;Kërcim pakusht. në rutinën e hyrje/daljeve ;për pajisjen No. 15

*

*

*

INT_RUTINE STA SAVE ; (ACC) --> SAVE,përmbajtja e ACC vendoset në kujtesë në SAVE

LDA 0   ; ACC <-- (0), në ACC vendoset përmbajtja e adresës 0 të kujtesës

STA RETURN   ; (ACC) → RETURN

ENI   ; Aktivizo sistemin e IT.

*

*

*

LDA SAVE   ; (SAVE) → ACC

UNB, I, RETURN   ; kthim ne programin filestar

SAVE   0   ; Zona në kujtesë ku ruhet përmbajtja e
             akumulatorit
RETURN   0   ; Zona në kujtesë ku vendoset adresa kthimit nga rutina e IT.

Disa shpjegime rreth programit :
Supozojmë se CPU është duke ekzekutuar instruksionin që gjendet në adresën 723 dhe në këtë moment bistabli i ndërprerjeve të kanalit vendoset në gjendjen "1" nga ndërprerja e gjeneruar nga një periferik. Përmbajtja e regjistrit PC do të jetë 724. Në fund të ekzekutimit të instruksionit , CPU do të marrë parasysh këtë ndërprerje duke ruajtur fillimisht përmbajtjen e PC në një adresë të posaçme të kujtesës. Supozojmë se kjo është adresa 0. Supozojmë gjithashtu se pajisja që gjeneroi ndërprerjen ka numër 15. Prandaj, në dalje të koduesit të numrit të periferikut do të përftojmë vlerën 01111, e cila do të ngarkohet në regjistrin PC. Për pasojë, instruksioni që

229

do të ekzekutohet tani nga CPU do të jetë ai me adresë 15 në vend të atij me adresë 724.

Në adresën 15, siç shihet edhe në program, gjendet një kërcim i pakushtëzuar, i cili e transferon kontrollin e CPU në fillim të rutinës që trajton ndërprerjet që vijnë nga pajisja Nr.15. Kjo rutinë fillon me adresën INT_RUTINE.

Pyetje : Përse është i domosdoshëm instruksioni i kërcimit të pakushtëzuar në adresën 15 ? A do të ishte e mundur që rutina e trajtimit të ndërprerjeve që gjenerohen nga pajisja nr.15 të fillojë në adresën 15 dhe jo në adresën INT_RUTINE ?

Përgjigje : Jo, kjo nuk është e mundur. Ko sepse pajisjet që lidhen në një kanal kanë numra logjike të njëpasnjëshëm. Kjo do të thotë që në rastin e një ndërprerje të gjeneruar p.sh. nga pajisja nr.16 , në regjistrin PC do të ngarkohet vlera 10000 (16).

Rutina e trajtimit të ndërprerjeve e paraqitur më sipër është tipike. Prandaj në përgjithësi, një rutinë e tillë kryen operacionet e mëposhtme :

1. Ruan përmbajtjen e akumulatorit, i cili ka informacion të përdorur nga programi i ndërprerë. Kjo përmbajtje duhet të restaurohet në akumulator para rikthimit në programin e ndërprerë. Të kihet parasysh se në mjaft kompjutera, përmbajtja e akumulatorit ruhet automatikisht së bashku me regjistrin PC. Për këtë arsye është e nevojshme, që përveç akumulatorit, të ruhen edhe regjistra të tjerë.

2. Zhvendos adresën e kthimit (724), e cila në kohën e marrjes parasysh të ndërprerjes u vendos në adresën 0, në një qelizë tjetër brenda rutinës së hyrje/daljes. Kjo bëhet me qëllim që një periferik tjetër të mund të ndërpresë këtë rutinë pa humbur adresën e kthimit në programin që u ndërpre fillimisht (programi kryesor).

3. Nga figura 6.12 shihet se kur bistabli i ndërprerjeve të kanalit kalon në gjendjen "1", ai çaftëson ("disable") bistablin e lejimit të ndërprerjeve duke penguar kështu çdo ndërprerje tjetër. Nëpërmjet instruksionit ENI (Enable Interrupt) ky bistabël kalon në gjendjen "1" (aftësohet), pra bën të mundur që një pajisje tjetër periferike të mund të ndërpresë rutinën që po ekzekutohet.

4. Realizohen operacionet e nevojshme të hyrje/daljeve (lexim /regjistrim e një karakteri etj.).

5. Restaurohet përmbajtja e akumulatorit, ose e regjistrave të tjerë të ruajtur në fillim të rutinës së ndërprerjeve.

6. Realizon një kërcim të pakushtëzuar duke përdorur adresim indirekt, me adresë që ndodhet në adresën e ruajtur në kujtesë në "RETURN".

Sistemi i ndërprerjeve i paraqitur më sipër është i thjeshtëzuar. Në një sistem kompleks trajtohen edhe probleme të tilla si :

- **Maskimi ose çaftësimi i ndërprerjeve (angl. interrupt disabling, masking).**
- **Marrja parasysh e prioritetit të ndërprerjeve.**
- **Përcaktimi i burimit ose origjinës së ndërprerjeve.**

Këto çështje do të jenë dhe objekt i paragrafëve të mëposhtëm.

6.7.1. Maskimi i ndërprerjeve

Në aplikime të veçanta është e nevojshme që ndërprerjet e gjeneruara nga NSP të mos ndërpresin funksionimin normal të CPU-së. Aplikime të tilla janë p.sh. ato të kontrollit në kohë reale të proceseve industriale, ku ndërprerja e sekuencave të caktuara të programeve mund të sjellë pasoja mjaft serioze. Rast tjetër është edhe ai kur CPU ekzekuton një nën-program të trajtimit të ndërprerjeve të gjeneruara nga pajisjet periferike. Për këto arsye, për të penguar ndërprerjet që ndodhin në momente kohe të padëshiruara, në shumë kompjutera që përdorin teknikën e ndërprerjeve është parashikuar edhe mosmarrja parasysh e tyre. Për këtë qëllim zakonisht përdoren dy mënyra :

1. Në bashkësinë e instruksioneve të CPU përfshihen instruksione për çaftësimin ose siç thuhet ndryshe "maskimin" e ndërprerjeve. Zakonisht ekzistojnë dy instruksione : instruksioni i maskimit ose çaftësimit dhe ai i heqjes së maskës ose i aftësimit të ndërprerjeve. Kështu në hyrje të një programi, i cili nuk duhet të ndërpritet vendoset një instruksion maskimi, ndërsa në përfundim të tij është e domosdoshme të riaftësohet sistemi i ndërprerjeve. Kjo gjë që kryhet nëpërmjet një instruksioni të aftësimit të tyre. Në sistemin që analizuam pak më lart (figura 6.12), maskimi i ndërprerjeve realizohet me hardware (bistabli i maskimit të ndërprerjeve), ndërsa aftësimi realizohet nëpërmjet instruksionit ENI (Enable Interrupt), i cili vendos në gjendje "1" këtë bistabël.

2. Në kompjutera të tjerë, për aftësimin e sistemit të ndërprerjeve përdorin regjistrin e maskës. Secila ndërprerje shoqërohet me bitin përkatës në këtë regjistër. Parimisht në se biti korrespondues i maskës është "1", atëherë ndërprerja është e aftësuar. Ndërsa kur ai është "0", atëherë ndërprerja është e maskuar, pra e palejuar. Bitet e regjistrit të maskës mund të modifikohen me instruksione të posaçme. Kjo mënyrë maskimi përdoret p.sh. në kompjuterat e serisë IBM 360/370.

Rast tipik është edhe ai i mikroprocesorit 8085, i cili disponon tre hyrje për ndërprerjet e maskueshme që janë RST 7.5, RST 6.5 dhe RST 5.5 siç paraqitet në figurën e mëposhtme.

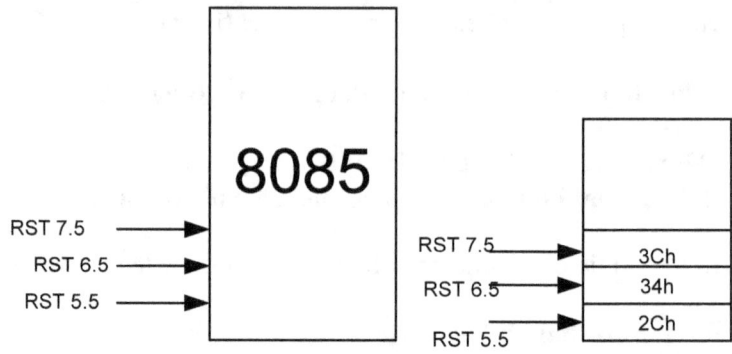

Figura 6.13

Këto tre ndërprerje mund të maskohen në dy nivele :

1. Të gjitha ndërprerjet njëherësh nëpërmjet instruksionit DI (Disable Interrupt). Aftësimi kryhet nëpërmjet instruksionit EI (Enable Interrupt).
2. Në mënyrë selektive ose secila nga ndërprerje në veçanti. Kjo bëhet e mundur nëpërmjet regjistrit të maskës (që quhet regjistri I), i cili ka këtë paraqitje :

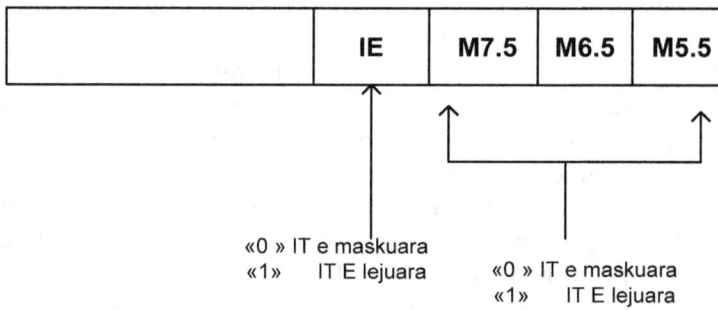

Figura 6.14

Bitet e maskës mund të vendosen nëpërmjet instruksionit SIM (Set Interrupt Mask) dhe të lexohen nëpërmjet instruksionit RIM (Read Interrupt Mask).

Me poshtë paraqitet në formë organigrame marrja parasysh e një sinjali ndërprerje, p.sh. në hyrjen RST 5.5 të mikroprocesorit 8085.

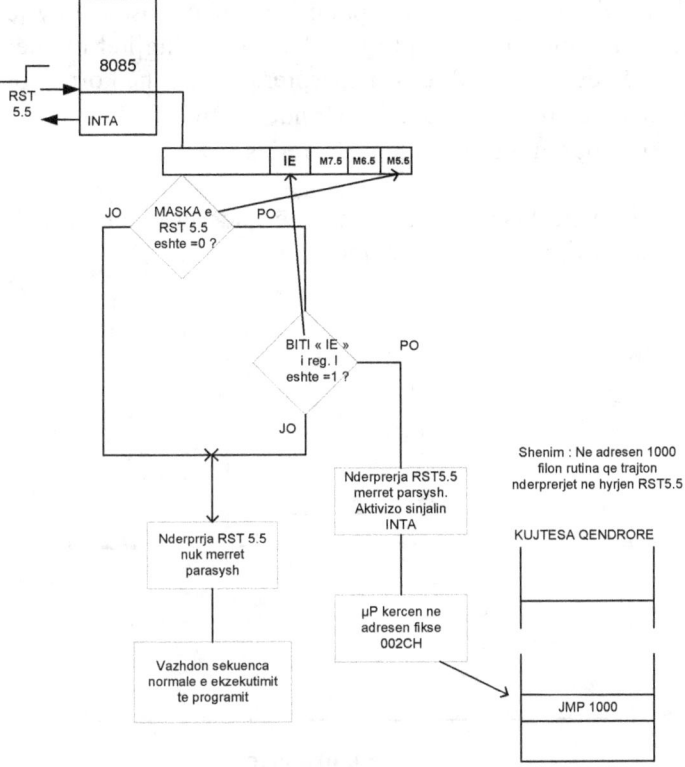

Figura 6.15

Shënim :

- Ndërprerjet që nuk janë trajtuar nga CPU për arsye se në kohën e gjenerimit të tyre, kanë qenë të maskuara, ato memorizohen për tu trajtuar në një kohë më të vonë.

- Ekzistojnë edhe ndërprerje të pamaskueshme, pra që mund të ndërpresin në çdo moment ekzekutimin e sekuencës së instruksioneve. Këto lloj ndërprerjesh njihen zakonisht me emrin NMI (Non Masquable Interrupt).

6.7.2 Prioriteti i ndërprerjeve

Kompjuterat mund të disponojnë disa nivele ndërprerjesh, të cilat renditen sipas prioritetit që ato kanë, ose siç thuhet ndryshe, hierarkisë.

Kjo do të thotë që një program i trajtimit të një ndërprerje mund të ndërpritet gjithashtu nga një ndërprerje tjetër me prioritet më të lartë. Programi i ndërprerjeve kalon në gjendje pritje.

Secilit nivel ndërprerje i korrespondon një sinjal ose një hyrje në C.P.U. me origjinë nga burimi i ndërprerjes dhe i bashkëngjitet një nën-programi të trajtimit të ndërprerjes. Pra, çdo ndërprerje i vihet në korrespondencë:

• Një sinjal ku aplikohet kërkesa për ndërprerje
• Një nën-program i trajtimi të ndërprerjes

Efekti i hierarkisë së sistemit të ndërprerjeve është paraqitur skematikisht në figurën e mëposhtme :

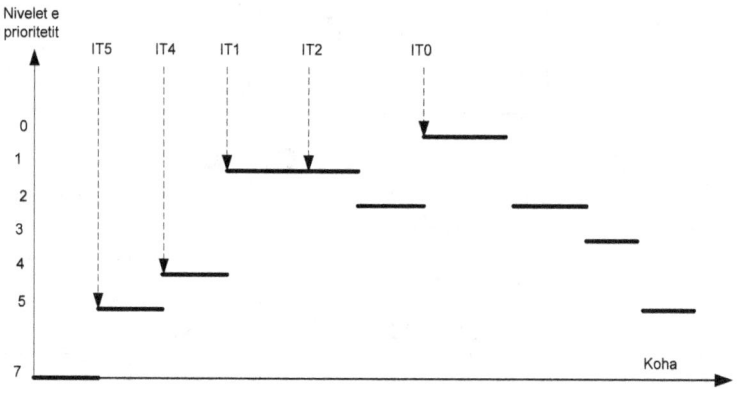

Figura 6.16

Në këtë figurë paraqitet ecuria e programeve në rastin e një sistemi me tetë nivele ndërprerjesh. Niveli 0 është më prioritar se niveli 1, i cili është më prioritar se niveli 2 e kështu më radhë. Niveli 7 i korrespondon programit që ekzekutohet normalisht, ose siç quhet ndryshe programit që ekzekutohet në sfond ("background").

Shpjegim i figurës 6.16 : programi i nivelit 7 ndërpritet nga një ndërprerje e nivelit të 5 dhe nën-programi korrespondues (i këtij niveli) fillon të ekzekutohet deri në ardhjen e një ndërprerje të nivelit 4, me prioritet më të lartë e kështu me radhë. Kur nën-programi i ndërprerjes përfundon, procesori do të kalojë në ekzekutimin e nën-programit të nivelit me prioritet më të lartë, që është në pritje. Kështu një nën-program i nivelit të 1, mund të ndërpritet nga një ndërprerje e nivelit të 3, por ky i fundit do të fillojë të ekzekutohet në përfundim të nën-programit të nivelit 1.

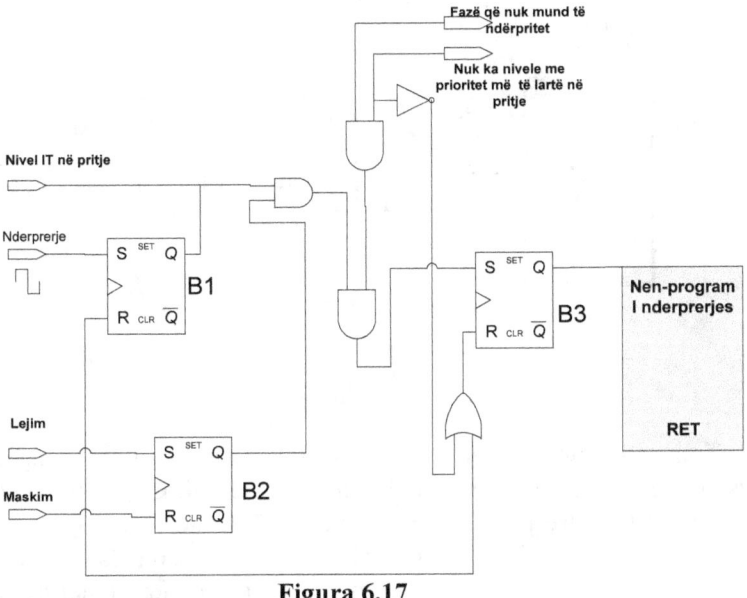

Figura 6.17

Në figurën 6.17 është paraqitur skematikisht një sistem ndërprerjesh i cili merr parasysh prioritetin (skema është marrë nga "mainframe" e tipit IRIS të C.I.I.). Në figurë është paraqitur vetëm një nivel ndërprerjesh. Ardhja e një ndërprerje do të memorizohet në bistablin B1. Ky nivel do të kalojë në gjendje aktive, pra do të fillojë të ekzekutohet nën-programi përkatës n.q.s. :

• niveli nuk është i maskuar,
• nuk ka nivel me prioritet më të lartë në gjendje pritje,
• C.P.U. nuk gjendet në fazën e ekzekutimit të një instruksioni.

Bistabli B1 kalon në gjendjen "0" vetëm nëpërmjet instruksionit të fundit të nën-programit të ndërprerjes. Kjo bën të mundur që me ardhjen e një ndërprerje me prioritet të lartë niveli të mos jetë më aktiv (bistabli B3 kalon në gjendje " 0"), dhe do të mbetet në gjendje pritje deri në përfundimin e plotë të nën-programit të nivelit përkatës.

6.7.3 Përcaktimi i origjinës së ndërprerjeve

Ekzistojnë disa teknika për përcaktimin e origjinës së ndërprerjeve. Ato mund të funksionojnë duke përdorur hardware, software ose kombinimin e tyre. Përdorimi i një teknike të caktuar varet nga kompleksiteti i sistemit.

Metoda që kërkon hardware minimal është metoda me një linjë të vetme ndërprerje, e ilustruar në figurën 6.18.

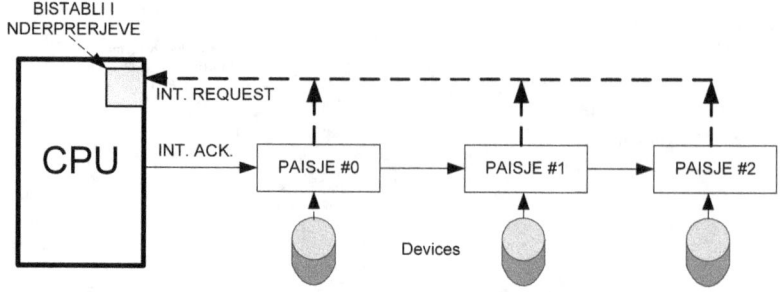

Figura 6.18

Linja e vetme e ndërprerjes përdoret nga të gjitha pajisjet. Në këto kushte duhet që procesori të kontrollojë të gjitha pajisjet për të gjetur origjinën e ndërprerjes. Për këtë mund të përdorim dy mënyra :

1. Nëpërmjet linjës" Interrupt Acknowledge", e cila është e ngjashme me linjën BUS GRANT në figurën 6.5. Pajisja që ka gjeneruar ndërprerjen bllokon përhapjen e mëtejshme të këtij sinjali. Në rast të kundërt, sinjali përcillet. Pra, prioriteti i ndërprerjes do të përcaktohet nga renditja sipas së cilës pajisjet lidhen me linjën "Interrupt Acknowledge". (Kjo është e vërtetë në rastin kur dy ose më shumë ndërprerje gjenerohen njëkohësisht)
2. Ardhja e një ndërprerje, bën që procesori të ekzekutojë një program i cili lexon nga pajisjet statusin e tyre. Në një bit të caktuar të statusit gjendet prezenca e ndërprerjes. Kjo mënyrë lejon që prioriteti i ndërprerjes të mund të programohet.

Në figurën 6.19 është paraqitur metoda me shumë linja ose me shumë nivele ndërprerjesh. Secila linjë konsiderohet si hyrje për kërkesë të pavarur ndërprerje me prioritet të caktuar. Sipas kësaj mënyre, burimi i ndërprerjes përcaktohet menjëherë pa qenë nevoja e skanimit me hardware ose software të pajisjeve që gjenerojnë ndërprerje. Rast tipik i kësaj mënyre është mikroprocesori 8085 e paraqitur në figurën 6.13.

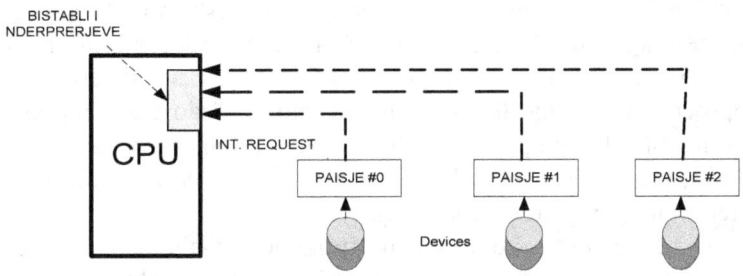

Figura 6.19

Në të dy rastet e mësipërme CPU duhet të nxjerrë nga kujtesa dhe të vendosë në regjistrin PC adresën e rutinës së ndërprerjes. Prandaj përgjigja me e shpejtë dhe fleksibel ndaj një ndërprerje sigurohet kur kërkesa për ndërprerje nga një pajisje e caktuar shkakton në formë direkte kalimin në nën-programin përkatës. Kjo kërkon që pajisja gjeneruese e ndërprerjes të transmetojë drejt CPU-së edhe adresën e fillimit ose siç quhet ndryshe vektorin e transferimit të nën-programit të ndërprerjes. Kjo teknikë që quhet vektorizim i ndërprerjes mund të realizohet në disa mënyra.

Parimi themelor i realizimit të kësaj teknike është paraqitur në figurën e mëposhtme (figura 6.20) :

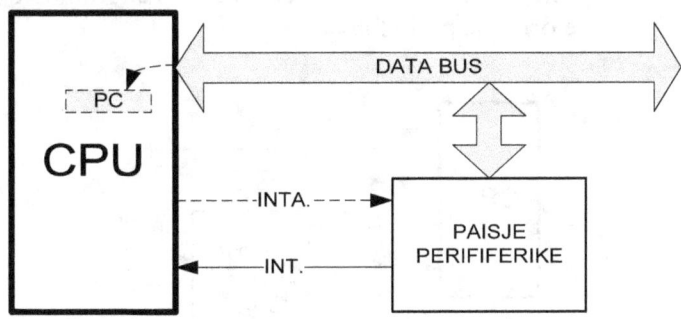

Figura 6.20

Gjenerimi i ndërprerjes sinjalizohet nëpërmjet sinjalit INT. Në përfundim të ekzekutimit të instruksionit korrent, procesori i përgjigjet nëpërmjet aktivizimit të sinjalit INTA-INTerrupt Accepted, pra që ndërprerja u pranua. Pas kësaj, pajisja që gjeneroi ndërprerjen, nëpërmjet Busit të të dhënave i transmeton CPU-së adresën e rutinës së ndërprerjes, e cila vendoset në regjistrin PC. Adresimi mund të jetë direkt, por zakonisht përdoret ai indirekt.

Teknika e vektorizimit të ndërprerjes praktikisht mund të realizohet në mënyra të ndryshme. Megjithatë mënyra më e përdorur është paraqitur në figurën 6.21, e cila është një rast tipik për sisteme me bazë mikroprocesorin. Shpesh në këto sisteme përdoret komponenti PIC ("Programable Interrupt Controller"). Ky komponent është relativisht kompleks, pasi përveç përcaktimit të origjinës, ai kontrollon njëkohësisht prioritetin dhe maskimin e ndërprerjeve.

Në hyrje të këtij komponenti aplikohen n-sinjale ndërprerjesh që gjenerohen nga periferikë të ndryshëm (zakonisht n=8), të cilët memorizohen në një regjistër që gjendet brenda këtij komponenti.

Në figurën 6.22 paraqitet gjendja e kujtesës qëndrore që shoqëron hardware e figurës 6.21. Në adresat e njëpasnjëshme të fillimit të kujtesës 0, 4, 8, C etj. vendosen në 4 byte, adresat e fillimit të rutinave të ndërprerjeve.

Për të parë se si funksionon kjo skemë, le të marrim një shembull.
Supozojmë se ndërprerja IT1 e gjeneruar prej periferikut përkatës, pranohet prej mikroprocesorit sepse është më prioritare. Atëherë adresa që gjeneron PIC (Programable Interrupt Controller), e cila nëpërmjet busit të adresës do ti përcillet CPU-së, do të ishte adresa 00000004(h). Në këtë adresë gjendet vlera 3377(h) që i korrespondon adresës së rutinës që i shërben ndërprerjeve me origjinë prej IT1. Mikroprocesori duke vendosur këtë vlerë në regjistrin PC do të kërcejë në ekzekutimin e rutinës së ndërprerjeve me origjinë prej IT1.

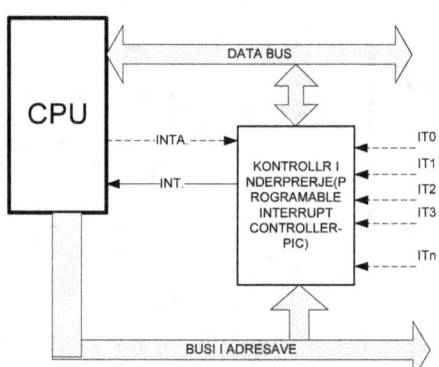

Figura 6.21

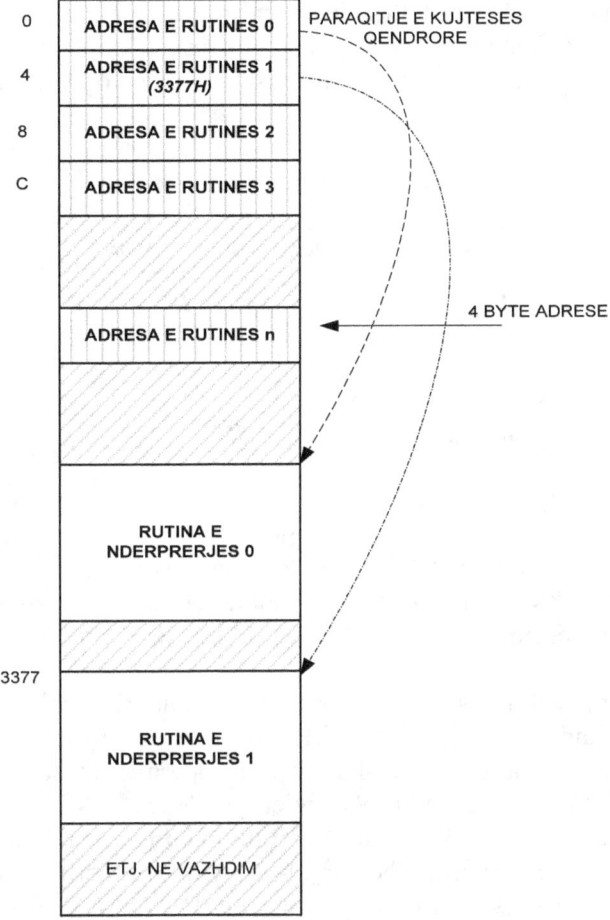

Figura 6.22

6.8 Teknika D.M.A.

(Direct Memory Access, ang. Accès direct à la mémoire, fr.)

Ashtu si dhe teknika e ndërprerjeve, teknika DMA përdoret për të rritur shpejtësinë e operacioneve hyrje/dalje si dhe të kufizojë influencën ose ndërhyrjen e CPU-së në këto operacione. Këto teknika, siç do ta shikojmë këtu më poshtë, ndryshojnë ndërmjet tyre në dy aspekte.

Të metat e teknikës IT.

1.   Një ndërprerje i kërkon CPU-së të fillojë ekzekutimin e një programi të caktuar për trajtimin e kësaj ndërprerje. Ndërsa një kërkesë DMA e gjeneruar nga një pajisje periferike, kërkon nga CPU vetëm ti dorëzojë kontrollin e busit të kujtesës qëndrore, kësaj pajisjeje periferike. Pra, pajisja në fjalë mund të lexojë ose të shkruajë direkt në kujtesën qëndrore pa ndërmjetësinë e CPU-së. Gjatë kësaj kohe, busi është i

okupuar nga DMA, pra CPU nuk mund të përdorë atë për të komunikuar me kujtesën qëndrore. Shihet pra se në rastin e teknikës DMA, influenca e CPU-së në operacionet hyrje/dalje është më e vogël se në teknikën e ndërprerjeve.

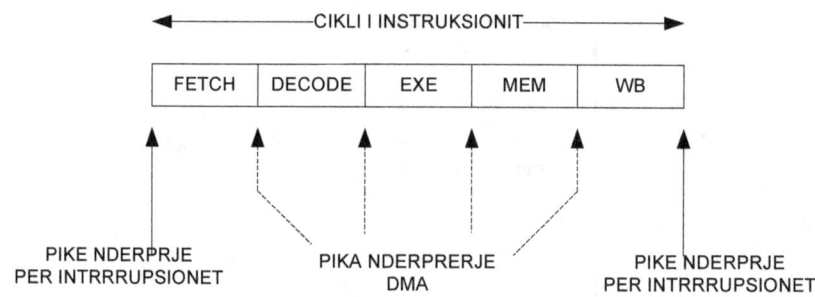

Figura 6.23
2. Në figurën 6.23 paraqitet një sekuencë tipike e ciklit të instruksionit. Ky cikël ndahet në një numër ciklesh CPU, disa prej të cilave kërkojnë përdorimin e busit të sistemit për të komunikuar me kujtesën qëndrore.

Gjatë një cikli instruksion, procesori mund ti përgjigjet një kërkese DMA në fund të çdo cikli CPU (fetch, decode, exe etj.). Kështu gjatë ciklit të instruksionit paraqitur në figurën e mësipërme ekzistojnë të shtrira në kohë 5 pika ku CPU mund ti përgjigjet një kërkese DMA. Kur një kërkesë e tillë kapet nga CPU, ky i fundit pret deri në piken e ndërprerjes pasuese, braktis busin e sistemit dhe sinjalizon pajisjen periferike, që gjeneroi DMA-në duke aktivizuar linjën e kontrollit DMA ACKNOWLEDGE.

Në rastin e teknikës së ndërprerjeve CPU i përgjigjet një ndërprerje të gjeneruar vetëm ndërmjet cikleve të instruksionit, siç është paraqitur në figurën 6.23.

Elementet kryesore të një sistemi DMA paraqiten në figurën 6.24. Pajisjet periferike (I/O device) lidhen me busin e sistemit nëpërmjet një qarku të posaçëm ndërfaqësimi, i cili quhet kontrollor DMA (DMA Controller). Ky kontrollor, në thelb përbëhet prej tre regjistrash, që janë:
1.   Regjistri IODR- regjistri buffer i të dhënave.
2.   Regjistri IOAR- regjistri i adresave
3.   Regjistri DC –Data Count Register (regjistri i numrit të të dhënave)

Regjistrat IOAR dhe DC bëjnë të mundur që kontrollori DMA të transferojë të dhëna nga ose drejt zonave të njëpasnjëshme ose të bashkangjitura në kujtesën qëndrore. Kështu, në regjistrin IOAR vendoset

240

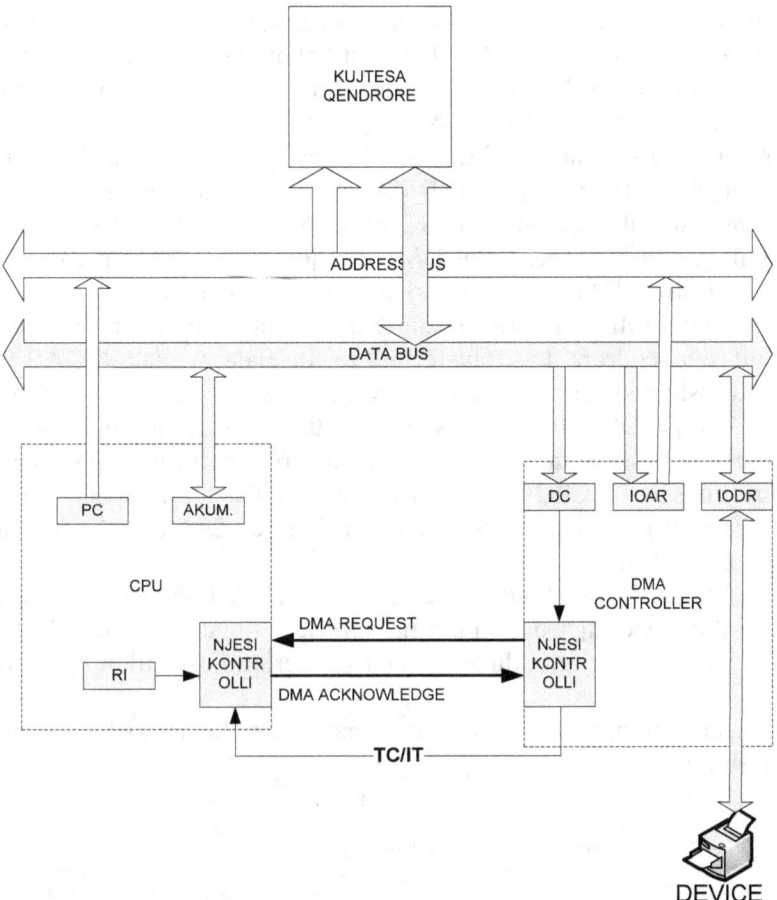

Figura 6.24

adresa në kujtesë e fjalës pasuese që do transferohet. Ai inkrementohet automatikisht pas çdo transferimi. Ndërsa në regjistrin DC vendoset numri i fjalëve të informacionit që mbetet për tu transferuar, i cili dekrementohet automatikisht pas çdo transferimi. Transferimi DMA i informacionit përfundon kur DC= 0. Për të sinjalizuar përfundimin e transferimit, kontrollori DMA dërgon një ndërprerje drejt mikroprocesorit.

Kontrollorët DMA mund të vëzhgojnë transferime në kujtesë të informacionit nga disa pajisje periferike, ku secila ka një prioritet të caktuar për përdorimin e busit të sistemit. Në sistemin e paraqitur në figurën e mësipërme transferimet DMA të informacionit do të kryeshin sipas këtyre etapave :

1.   CPU ekzekuton dy instruksione I/O (hyrje/dalje) me të cilat ngarkon regjistrat IOAR dhe DC me vlerat fillestare. IOAR do të përmbajë adresën e fillimit ose të bazën e zonës në kujtesën qëndrore që do të

përdoret për transferimin e të dhënave. Regjistri DC do të përmbajë numrin e fjalëve të informacionit që do të transferohen nga ose drejt kësaj zone.

2. Kur kontrollori DMA është gati të transferojë ose të marrë të dhëna, ai aktivizon linjën DMA REQUEST. CPU-ja pret deri në piken e ndërprerjes DMA më të afërt, pas së cilës ai lëshon kontrollin e busit të sistemit dhe aktivizon sinjalin DMA ACK. Të kihet parasysh se këto dy linja janë identike me linjat BUS REQUEST dhe BUS GRANT të busit të sistemit (figura 6.5). Kërkesat DMA të njëkohshme që mund të vijnë nga disa kontrollorë DMA, trajtohen sipas prioriteti që ato kanë.

3. Kontrolli DMA transferon të dhënat nga periferiku (device) direkt në kujtesën qëndrore. Pas transferimit të çdo fjale, regjistrat IOAR dhe DC respektivisht inkrementohet dhe dekrementohet.

4. N.q.s. DC është e ndryshme nga 0, por periferiku nuk është gati të transmetojë ose të marrë të dhëna, atëherë kontrollori DMA ja kthen kontrollin e busit CPU-së dhe çaktivizon linjën DMA REQUEST. CPU nga ana e tij i përgjigjet duke çaktivizuar linjën DMA ACK dhe vazhdon punën normalisht.

5. N.q.s. DC = 0, atëherë kontrollori DMA lëshon kontrollin e busit sistem dhe nëpërmjet një sinjali ndërprerje i sinjalizon këtë fakt CPU-së. Kjo e fundit i përgjigjet duke ndaluar periferikun ose fillon një transferim të ri DMA.

Etapat e transferimit DMA janë paraqitur skematikisht në figurën e mëposhtme.

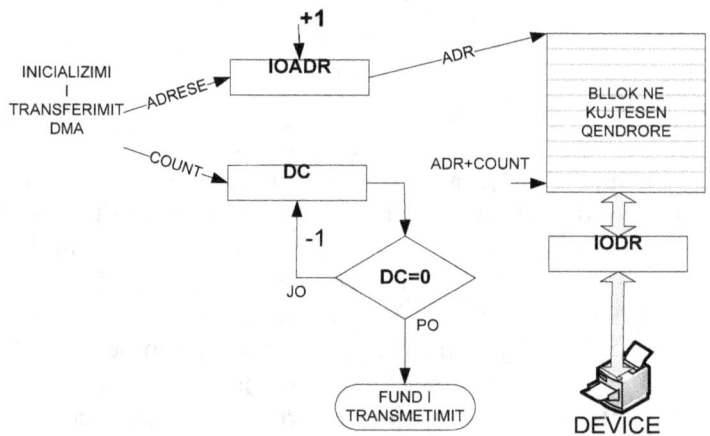

Figura 6.25

Sipas teknikës DMA, të dhënat mund të transferohen në mënyra të ndryshme që janë renditur këtu më poshtë.

1. **Transferimi DMA me bllok (DMA bllok transfer).**

Në këtë rast, një bllok informacioni (ose një sekuence fjalësh) me gjatësi të çfarëdoshme transferohet pa ndërprerje d.m.th njëherazi. Gjatë gjithë transferimit kontrollori DMA mban të okupuar busin e sistemit. Kjo mënyrë transferimi është e domosdoshme në rastin e pajisjeve që shërbejnë si kujtesa dytësore (sekondare) si p.sh. disqe magnetike që shoqërohen me prurje të mëdha informacioni drejt nën-sistemit qendror.

Transferimi në blloqe i informacionit siguron një shpejtësi maksimale të shkëmbimit të tij. Kjo shpejtësi është e barabartë me shpejtësinë e lexim/shkrimit në kujtesën qëndrore. Nga ana tjetër, ai ka të metën se inaktivizon CPU-në për një kohë relativisht të gjatë.

2. **Transferimi DMA me vjedhje ose huazim të ciklit.**

Sipas kësaj teknike kontrollori DMA përdor busin e sistemit për transferimin në kujtesë të një ose disa fjalë të dhënash, pas së cilit ai i kthen CPU-së kontrollin e këtij busi. Sipas këtij mekanizmi, një bllok i gjatë të dhënash për (ose nga) periferiku do të transferohet në kujtesë në formë të cikleve DMA të ndërprera nga cikle CPU, siç është paraqitur në figurë.

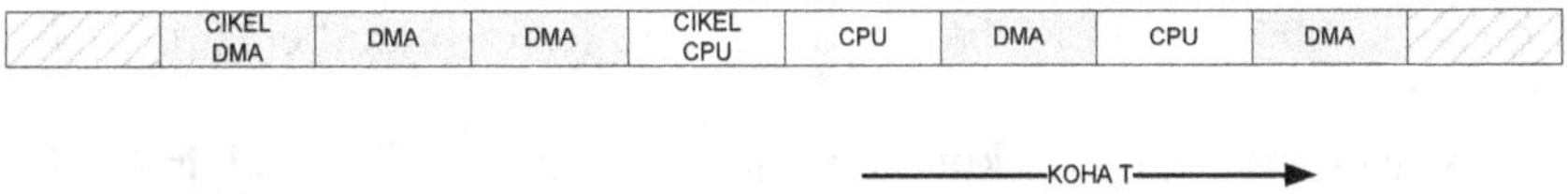

CIKEL DMA	DMA	DMA	CIKEL CPU	CPU	DMA	CPU	DMA

KOHA T ─────▶

Figura 6.26

Kjo teknikë eliminon inaktivitetin e CPU-së për një kohë relativisht të gjatë. Pra zvogëlon ndërhyrjen e kontrollorit DMA në aktivitetin e CPU-së. Ky avantazh i kësaj teknike paguhet natyrshëm me zvogëlimin e debitit të shkëmbimit të informacionit në kanalin DMA.

3. Interferenca e DMA në aktivitetin e CPU-së mund të eliminohet plotësisht nëse ciklet DMA përdorin busin e sistemit vetëm në momentin kur CPU-ja nuk e përdor atë. Në këtë rast kemi të bëjmë me teknikën **DMA transparente**. Në këtë rast kontrollori DMA nuk ndërhyn ndopak në punën e CPU-së.

6.9 Procesorët e hyrje/daljeve

Procesori i hyrje/daljeve (Input Output Processor, shkurt IOP) është një zhvillim logjik i metodave të hyrje/daljeve. Në sistemet që përdorin teknikat e hyrje/daljeve me bllokim, pajisjet periferike lidhen direkt me CPU-në. Koncepti i DMA-së e kufizon kontrollin e CPU në transferimin e të dhënave. Ndërsa një IOP ka një aftësi suplementare, që është mundësia e ekzekutimit të disa instruksioneve të veçantë (instruksione hyrje/dalje). Ky fakt i jep atij një kontroll të plotë mbi operacionet hyrje/dalje. Ashtu si dhe CPU, procesori i hyrje/daljeve është një procesor, pra është i aftë të ekzekutojë një bashkësi instruksionesh, e cila është më e kufizuar se ajo e CPU-së.

Procesorët e hyrje/daljeve janë lidhjet primare komunikuese ndërmjet periferikëve dhe kujtesës qëndrore. Prandaj shpesh ata quhen edhe ''kanale'' (channel) të hyrje/daljeve ose shkurt 'kanale'. IOP quhen dhe Njësi Periferike të Përpunimit (Peripherial Procedssing Unit – PPU) për të shprehur më qartë rolin e tyre në lidhje me CPU.

6.9.1 Instruksionet e hyrje/daljeve (I/O instruksions)

Në një kompjuter të pajisur me IOP, CPU-ja normalisht nuk duhet të ekzekutojë instruksione hyrje/dalje të të dhënave. Këto instruksione ndodhen në një program të hyrje/dalje të vendosur në kujtesën qëndrore, i cili ekzekutohet nga procesori h/d (IOP). Pra, në thelb, duhet të dallojmë dy grupe instruksionesh të hyrje/daljeve :

1.   Instruksione hyrje/dalje që ekzekutohen nga CPU-ja
2.   Instruksione të hyrje daljes që ekzekutohen nga IOP-ja.

1. CPU-ja ekzekuton një numër të vogël instruksionesh hyrje/dalje nëpërmjet të cilave kjo njësi lëshon dhe përfundon ekzekutimin e një programi nga procesori i h/d (IOP) si dhe teston gjendjen e nën-sistemit periferik.

2. Instruksionet që ekzekutohen nga IOP-ja mund ti ndajmë në disa nëngrupe si më poshtë.

2.a. Instruksione që lidhen me transferimin e të dhënave. Një instruksion tipik i tillë ka formën **"READ (WRITE) një bllok prej n fjalësh prej (tek) pajisja X tek (prej) zona e kujtesës Y"**. Procesori IOP është i pajisur me hyrje direkte në kujtesë (DMA). Prandaj ai mund të kontrollojë busin e sistemit kur ky nuk shfrytëzohet nga CPU-ja. Për më tepër IOP mund të realizojë transferime DMA mjaft të sofistikuara, pasi ai është në gjendje të ekzekutojë instruksione hyrje/dalje që implikojnë zona të ndryshme të kujtesës qëndrore dhe pajisje të ndryshme periferike, pa ndërhyrjen e CPU-së.

2.b. Në bashkësinë e instruksioneve të IOP-së përfshihen gjithashtu instruksione arithmetike e logjike dhe të kërcimit. Këto instruksione lehtësojnë llogaritjen e adresave komplekse, prioritetin e pajisjeve periferike etj.

2.c. Instruksione që ekzekutohen nga një pajisje periferike e caktuar. Këta instruksione kontrollojnë funksione të caktuara të pajisjeve si p.sh. REWIND, SEEK, ADDRESS SKIP, LINE FEED etj. Instruksionet e këtij tipi lexohen në kujtesë nga IOP-ja dhe i transmetohen sit e dhëna pajisjes së duhur periferike.

Për të ilustruar sa thamë më sipër, do të analizojmë instruksionet e hyrje/daljeve të kompjuterit IBM S/360-370, forma e të cilave është paraqitur në figurën e mëposhtme.

A. FORMATI I INSTRUKSIONEVE TE I/O QE EKZELKUTOHEN NGA CPU

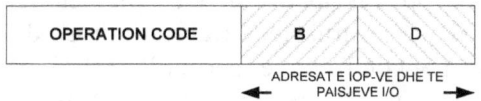

B. FORMATI I INSTRUKSIONEVE TE I/O QE EKZELKUTOHEN NGA IOP

OP. CODE	ADRESA ABSOLUTE NE KUJTESE	FLAGS		COUNT

Figura 6.27

Njësia qëndrore (CPU) kontrollon operacionet e hyrje/daljeve nëpërmjet një bashkësie të vogël instruksionesh të privilegjuar të h/d formati i të cilave është paraqitur në figurën 6.27/a. Në zonën e adresës së këtyre instruksioneve specifikohet regjistri i bazës B dhe zhvendosja D, të cilët identifikojnë periferikun që do të përdoret nga IOP ku ai është lidhur.

Ekzistojnë tre instruksione kryesore të këtij tipi :
1. **START I/O**- lëshon një operacion hyrje/dalje. Nëpërmjet këtij instruksioni procesorit IOP të adresuar i transmetohet adresa në kujtesën qëndrore e programit të hyrje/dalje që duhet të ekzekutohet nga ky procesor hyrje/dalje.
2. **HALT I/O**- shkakton ndërprerjen e ekzekutimit të programit nga IOP.
3.**TEST I/O**- nëpërmjet këtij instruksioni CPU-ja lexon gjendjet e periferikut dhe procesorit të h/d të adresuar. Disa nga gjendjet janë : Gati (Ready), i Zënë (Busy), jo në Gjendje pune (Not Ready) etj.

Në figurën 6.27/b. është paraqitur formati instruksioneve të hyrje/daljeve që ekzekutohen nga procesori IOP. Këto instruksione quhen edhe ''channel'' command words (CCW). Ekzistojnë tre tipe kryesore :
1. Instruksione të transferimit të të dhënave ku përfshihen instruksionet input (lexim), output (shkrim) dhe sense (lexim i gjendjes së periferikut). Këto CCW bëjnë që numri i byteve të specifikuar në zonën "data count" do të transferohen ndërmjet zonës së kujtesës së specifikuar dhe periferikut h/d të zgjedhur paraprakisht.
2. Instruksione të kërcimit (BRANCH), të cilat shkaktojnë kërcime të pakushtëzuara brenda programit të hyrje/daljeve që po ekzekutohet nga IOP.
3. Instruksione të kontrollit të pajisjeve periferike. Këto instruksione transmetohen drejtpërdrejt tek periferiku dhe përdoren për të realizuar një funksion të veçantë në këto pajisje, i cili nuk kërkon transferim të dhënash.

P.sh. për një pajisje të shiritit magnetik, funksione të tilla janë p.sh. ribobinim (REWIND), regjistrimi në shirit i një shenje standard (TAPE MARK). Në rastin e printerit janë komanda të printimit të një linje, kërcim i një faqeje etj.

Të analizojmë tani formatin e instruksioneve që ekzekutohen nga IOP figura 6.27/b). Kodi operativ i një instruksioni transferimit të dhënave zakonisht transmetohet direkt në kontrollin e periferikut (ose pajisjen periferike) si një komandë që duhet të realizojë ky i fundit. Adresa absolute përcakton adresën në kujtesë të informacionit që do të lexohet ose shkruhet nga periferiku. Nëse instruksioni manipulon një bllok të dhënash (COUNT>1), atëherë këtu specifikohet e fillimit të bllokut në kujtesë.

Zona e indikatorëve (FLAGS) shërben për të zgjeruar ose modifikuar operacionet të specifikuara nga kodi operativ. Disa nga indikatorët me të rëndësishëm janë :

- **CC- COMMAND CHAMING**- Tregon se CCW korrent pasohet nga një CCW tjetër që duhet të ekzekutohet menjëherë. Nëse CCW-ja është e ndryshme nga 0, atëherë IOP-ja pas përfundimit të CCW korrent ndërpret ekzekutimin e programit kanal.
- **ULC- UNEQUAL LENGTH CHECK**- Tregon se në përfundimin e transmetimit të dhënave duhet të krahasohen vlerat e zonës COUNT në CCW (d.m.th. numri i fjalëve informacion që duhet të transferohen) me numrin e fjalëve të transmetuara realisht.
- **SKIP** – CCW-ja korrente të mos ekzekutohet.
- **DC –DATA CHAINING**

Programet e hyrje/daljeve që ekzekutohen nga IOP-ja quhen 'Programe kanal' Struktura e një programi të tillë paraqitet në figurën 6.29.

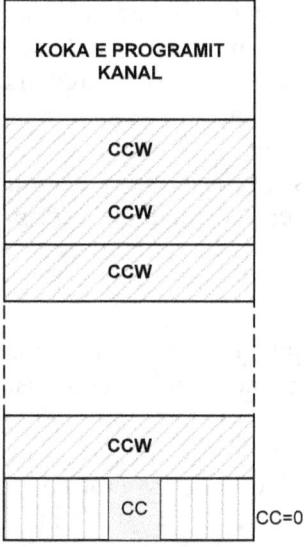

Figura 6.28

Në kokën e programit kanal (header), në një gjatësi që zakonisht është katër fjalë, specifikohen elemente të rëndësishëm si :

- Prioriteti i ekzekutimit të programit.
- Adresa e periferikut për të cilin destinohet ky program kanal.
- Adresa e kujtesës qëndrore ku në përfundim të ekzekutimit të programit kanal do të vendosen statuset e periferikut. Këto statuse informojnë për korrektësinë e ekzekutimit të programit kanal.
- Adresa e në kujtesë e semaforit ku do të vendoset mesazhi i përfundimit të programit kanal etj.

Shënim : të kihet parasysh se zakonisht IOP-ja mund të ekzekutojë paralelisht disa programe kanal.

Le të marrim një shëmbull. Këtu më poshtë është paraqitur një program kanal që përmban instruksione të formatit B (figura 6.27). Ky program regjistron një rekord prej 100 byte në paisjen e shirit magnetik.

OP. CODE	ADDRESS	FLAGS	COUNT	KOMENTE
07		40		RIBOBINO (REWIND) SHIRITIN
37		40		KAPERCE REKORDIN E PARE
01	BUFFER1	40	100	RREGJISTRO REKORDIN E DYTE NGA BUFFER1, 100 BYTE
1F		40		RREGJISTRO FUNDIN E SHIRITIT (TAPE MARK)
07		00		REIWIND TAPE DHE NDALO

247

CCW-të përmbajnë 4 zona të ndara nga presje, që janë : kodi i operacionit (Op. Code), adresa në kujtesë, indikatorët (flags), data count. (shiko figurën 6.27). Vlera "40" e "FLAGS" tregon që "command chaining (CC)"=1, pra që programi kanal vazhdon në instruksionin pasues. Programi kanal përfundon kur CC=0 ("FLAGS"=0). Në këtë program vetëm një CCW është instruksioni që kryen transferimin e të dhënave (op.code =01). CCW-të e tjera komandojnë veprimet e pajisjes së shiritit magnetik.

6.9.2   Organizimi i IOP

Struktura e një sistemi tipik që përpunon një procesor të h/d paraqitet në figurën 6.29. CPU dhe IOP përdorin, nëpërmjet busit të sistemit, të njëjtën kujtesë qëndrore. Kujtesa përmban programe të veçantë që ekzekutohen nga IOP-ja dhe CPU-ja si dhe një zonë të përbashkët komunikimi IOCR, e cila përdoret për shkëmbimin e informacionit ndërmjet dy procesorëve në formën e mesazheve. Përveç kësaj mënyre komunikimi IOP dhe CPU-ja komunikojnë gjithashtu në formë direkte nëpërmjet linjave të posaçme të kontrollit. Kështu për shfrytëzimin e busit të përbashkët përdoren linjat DMA Request dhe DMA ACKnowledge, njësoj si në rastin e teknikës DMA. Nga ana e tij, CPU-ja mund të tërheqë vëmendjen e IOP-së nëpërmjet aktivizimit të linjës ATTENTION. Kjo ndodh kur CPU-ja ekzekuton një instruksion të h/d si p.sh STRAT I/O, TEST I/O, etj.

Kështu në rastin kur CPU-ja ekzekuton instruksionin START I/O, ai aktivizon linjën ATTENTION, e cila bën që IOP-ja të filloje ekzekutimin e programit kanal, specifikimet e të cilit gjenden në zonën e komunikimit IOCR.

Procesori IOP i tërheq vëmendjen CPU-së duke aktivizuar një ose disa linja INTERRUPT REQUEST. Ky fakt bën që CPU-ja të kalojë në ekzekutimin e nën-programit të trajtimit të ndërprerjeve me origjinë nga IOP. Procesori IOP përdor zonën IOCR për vendosjen e gjendjeve (status) të tij dhe të përfundimit të programeve kanal.

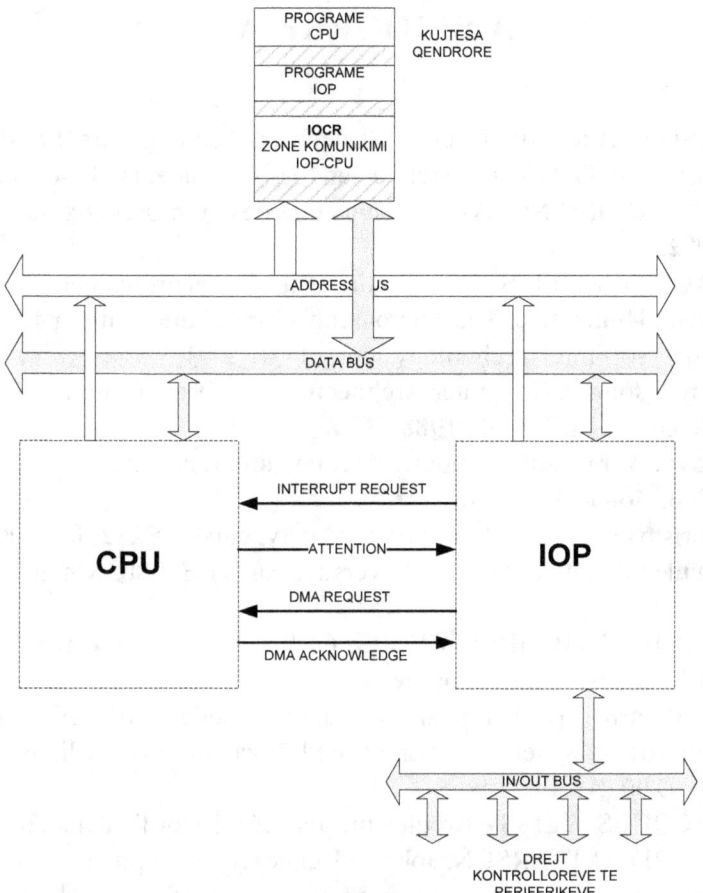

Figura 6.29

BIBLIOGRAFIA

1. G.SUACIER, C.BELLON – Structure des calculateurs, Leksione.
2. OLIVIER TEMAM – Architecture des Ordinateurs, 3 ére partie.
3. FRANÇOIS ANCEAU - Architecture des processeurs x 86, 2002.
4. JACQUES WEISS - Architectue avancée des ordinateurs, 2004.
5. Glenn Hinton, etc. The Microarchitecture of the Pentium 4. Processor, Intel Technology Journal Q1, 2001.
6. Hayes John P. Computer Architecture and Organization, Mc.Graw –Hill Book, 1988
7. David Abramson, Computer Architecture, Leksione 2004,MonachUniversity.
8. Christos Kozyrakis,StanfordUniversity, curse EE282, fall 2004
9. Kunle Olukotun,StanfordUniversity, curse EE108b, winter 04/2005
10. DANIEL ETIEMBLE, CECILE GERMAIN - Architecture des Ordinateurs, première partie.
11. S. B. Furber, D. A. Edwards and J. D. Garside, AMULET3: a 100 MIPS AsynchronousEmbedded Processor, Proceedings of ICCD'00, Austin, Texas.
12. JACQUES WEISS - Architectue avancée des ordinateurs,2004.
13. DAVID PATTERSON, John L. Hennessy - Computer OrganizationandThe Hardware/Software Interface, 2004 (III), 2008 (IV)
14. David A. Peterson, Memory systems, Leksione, spring 2000.
15. Jerry Breecher, Memory Design I, UCLA 2001
16. Vinodh Cuppu, Bruce Jacob, A Performance Comparison of Contemporary DRAM Architectures, IEEE , May 1999.
17. ANDREW TANENBAUN, Architecture de l'ordinateur
18. JEAN-ANTOINE MONTAGNON, ETIENNE PICHET – Architecture des Ordinateurs, Tome 1, Le sous-systeme central

AGIM ÇAMI

www.ingramcontent.com/pod-product-compliance
Lightning Source LLC
Chambersburg PA
CBHW081256170526
45165CB00011B/3321